Entrepreneurship für Ingenieure

von
Helmut Kohlert (Hrsg.)

Oldenbourg Verlag München Wien

Dr. Helmut Kohlert ist Professor für Business Management an der Fachhochschule Esslingen – Hochschule für Technik (FHTE) mit den Schwerpunkten B2B-Marketing, Internationales Marketing und Entrepreneurship. Er leitet die MBA-Programme der FHTE in Esslingen und Moskau als „Academic Director". Zudem ist er seit vielen Jahren als Cusultant und Trainer tätig. Zu seinen Mandanten gehören Unternehmen wie Nokia, IBM, Festo, Roche, Chelyabinsk Tube Rolling Plant.

Bibliografische Information Der Deutschen Bibliothek

Die Deutsche Bibliothek verzeichnet diese Publikation in der Deutschen Nationalbibliografie; detaillierte bibliografische Daten sind im Internet über <http://dnb.ddb.de> abrufbar.

© 2005 Oldenbourg Wissenschaftsverlag GmbH
Rosenheimer Straße 145, D-81671 München
Telefon: (089) 45051-0
www.oldenbourg.de

Lektorat: Kathrin Mönch
Herstellung: Anna Grosser
Umschlagkonzeption: Kraxenberger Kommunikationshaus, München
Gedruckt auf säure- und chlorfreiem Papier
Druck: R. Oldenbourg Graphische Betriebe Druckerei GmbH

ISBN 3-486-27552-6

Inhalt

Vorwort

Entrepreneurship für Ingenieure? Kein Gegensatz, sondern die Voraussetzung für Unternehmen, innovative Marktangebote zu kreieren und erfolgreich auf dem Markt zu platzieren. Es ist das Zeitalter der „Hybriden", Menschen, die in der Lage sind, unterschiedliche Disziplinen zu einem neuen Ganzen zu verknüpfen, wie z.B. Technik oder Naturwissenschaft und Betriebswirtschaft. Dazu soll dieses Buch einen Beitrag leisten.

Zu Beginn wird der Leser mit den Wesenszügen eines erfolgreichen Entrepreneurs vertraut gemacht, die ihm in der Geschäftswelt helfen werden. Entrepreneure sind keine Spieler, sie suchen nicht das Risiko, aber sie vermeiden es auch nicht unbedingt. Sie sind eher Risikomanager, die versuchen, das Risiko greifbar und steuerbar zu machen. Daher schließt sich in der Folge eine Abhandlung zum Risikomanagement an. Der Entrepreneur ist auch Verkäufer. Er verkauft sich, sein bzw. ihr Marktangebot und letztendlich sein bzw. ihr Unternehmen. Eine gewisse Organisation ist für die Ordnung im Unternehmen von Nöten. Heute gehören zur Organisation auch Netzwerke zu Geschäftspartnern, ohne die Unternehmen heute nicht mehr auskommen. Längst macht der Ausdruck „Man führt nicht mehr Wettbewerb gegen Unternehmen, sondern gegen andere Netzwerke" die Runde. Betriebswirtschaft heißt auch Zahlen. In den darauf folgenden zwei Kapiteln wird der Leser in die Zahlenwelt der Betriebswirtschaft eingeführt. Von der Buchhaltung und den Bilanzen wird er, immer unter Berücksichtigung dessen, was er wirklich braucht, in den Komplex Finanzen eingewiesen. Der Kauf eines Unternehmens kann auch eine Alternative darstellen, wie die Abhandlung im siebten Kapitel verdeutlicht. Die letzten drei Kapitel stellen dar, wie das Unternehmen zu Kunden kommt, welche Vorarbeiten geleistet werden müssen und es werden einige Hinweise zur Umsetzung gegeben. Daran schließt sich der Geschäftsplan als das Herzstück eines jeden Unternehmens an, ob Neugründung, Aufbau einer neuen Geschäftseinheit im Unternehmen oder Neuausrichtung des gesamten Unternehmens.

Dieses Buch hilft Technikern und Wissenschaftlern, die Realität der Geschäftswelt besser zu verstehen, es gibt Einblick in betriebswirtschaftliche Sachverhalte, die selektiv ausgewählt und dargestellt werden. Es orientiert sich daran, was Techniker und Naturwissenschaftler benötigen, um Geschäftsgelegenheiten bewerten zu können.

Mein besonderer Dank gilt den Mitarbeitern des Oldenbourg Verlages, die dieses Buch möglich gemacht haben.

Esslingen   Helmut Kohlert

1 Entrepreneure als Führungskräfte

1.1 Entrepreneure – eine besondere Spezies?

Prof. Dr. Helmut Kohlert führt Beratungen und Workshops in Unternehmen durch. Er ist Professor für Business Management, insbesondere Marketing, Internationales Marketing und Entrepreneurship an der Fachhochschule Esslingen – Hochschule für Technik (FHTE) und Akademischer Direktor der MBA-Programme der FHTE in Esslingen und Moskau.

Sind Unternehmen heute so groß, dass sie durch einzelne Führungskräfte nicht mehr beeinflusst werden können? Diese Frage kann klar verneint werden, wenn man daran denkt wie Piëch zuerst Audi und später den Koloss Volkswagen AG geprägt hat, wie Schrempp der damaligen Daimler-Benz AG durch die Fusion mit Chrysler seinen Stempel aufgesetzt hat und wie Wiedeking Porsche zum profitabelsten Unternehmen der Automobilbranche machte. Es bestehen keine Zweifel – **Menschen gestalten Unternehmen**. Auf diese „Freude am Gestalten" weist bereits Schumpeter 1934 hin, neu ist der Gedanke also nicht![1] Die Qualitäten eines Entrepreneurs fallen vor allem in Perioden von Unsicherheit ins Gewicht. Man benötigt sie dann am meisten, wenn die Richtung, in die das Unternehmen steuert, nicht klar erkennbar ist, wenn neue Geschäftsgelegenheiten gesucht, neue Visionen entwickelt und die Mitarbeiter zum gemeinsamen Handeln und Wirken in dieselbe Richtung motiviert werden müssen.

Als Robert L. Katz im Jahr 1955 den Artikel „Skills of an Effective Administrator" veröffentlichte, waren große Unternehmen gerade dabei, Charaktereigenschaften einer idealen Führungskraft herauszufinden. Für Katz zeichnen eine Führungskraft die drei grundsätzlichen Fähigkeiten aus: [2]

- Technischer Sachverstand, d.h. die Kenntnis und Beherrschung bestimmter Methoden, Verfahren und Prozesse

---

[1] Vgl. Schumpeter, 1993.

[2] Vgl. Katz, 1955.

- Menschenkenntnis als die Fähigkeit ein Team effizient zu führen
- Konzeptionelles Denken als die Fähigkeit, das „Big Picture" eines Unternehmens mit all seinen Abhängigkeiten zu erkennen.

Schon damals zeigte sich, das es über diese Frage, was eine gute Führungskraft nun ausmacht, erstaunlich wenig Übereinstimmung gab!

Der Begriff „**Entrepreneur**" oder Unternehmer taucht zum ersten Mal in der französischen Militärgeschichte des 17. Jahrhunderts auf und bezog sich damals auf den Leiter einer Militärexpedition. Richard Cantillon verwendete als erster den Begriff „Unternehmer" im wirtschaftlichen Kontext. Er bezeichnete damit eine Person, die Waren und Leistungen zu einem bestimmten Preis einkauft, um sie später zu einem unbestimmten Preis zu verkaufen, und damit ein nicht versichertes Risiko eingeht. Jean Baptiste Say stellte 1803 die Funktion des Unternehmers in einen breiteren Kontext, und setzte dabei den Akzent auf das Zusammenführen der Produktionsfaktoren mit dem Management und das Eingehen eines bestimmten Risikos. Wenngleich es Say und Cantillon gelungen war, ein vorübergehendes Interesse an der Gestalt des Unternehmers und seiner gesellschaftlichen Rolle zu wecken, war es das große Verdienst von **Joseph Schumpeter** am Anfang des 20. Jahrhunderts, das Wirken von Unternehmern als den zentralen Akteuren des Wandels in das öffentliche Bewusstsein zu rücken. Seiner Auffassung nach bestand die wichtigste Aufgabe des Unternehmers in der Durchsetzung von Innovationen. Für Schumpeter kann ein Unternehmer in jeder beliebigen Bevölkerungsgruppe auftreten und besitzt sowohl die besondere Gabe, die Dinge intuitiv so zu erfassen, wie sie sich im nachhinein als richtig herausstellen als auch die Dynamik und Willenskraft zur Überwindung der herkömmlichen Normen und gesellschaftlichen Widerstände.[3] Durch die vielen benötigten Talente, die ein Entrepreneur vereinen muss, versteht sich **Entrepreneurship als Querschnittsfach**, in dem eine **ganzheitliche unternehmerische Sichtweise** angenommen wird. Die Betonung liegt auf dem Kreativen, dem in die Zukunft gerichteten Handlungsschwerpunkt beim Management früher Lebensphasen eines „Ventures". Unter einem „**Venture**" versteht man hier ein neues Unternehmen. Ein neues „Venture" stellt nicht nur eine Unternehmensneugründung dar, mit der sich die traditionelle Entrepreneurship-Forschung primär beschäftigt[4], sondern auch der Gang eines bestehenden Unternehmens in neue Märkte, sei es im Ausland oder in anderen Branchen oder die Positionierung eines neuen Marktangebots in neuen Geschäftsfeldern. Hierbei sind vom zuständigen Mitarbeiter die Eigenschaften eines Entrepreneurs erforderlich.

---

[3] Vgl. Schumpeter, 1950.

[4] Vgl. Klandt, 1999.

> Unter einem **Entrepreneur** versteht man jemanden, der eine Gelegenheit für ein Geschäft erkennt, eine Organisation aufbaut, um diese Gelegenheit zu verfolgen, und zwar ohne die erforderlichen Ressourcen, die momentan vorhanden sind, mit in das Kalkül zu ziehen.[5]
>
> **Entrepreneurship** ist Ausdruck von außergewöhnlichen Talenten und Fähigkeiten. Es steht in Verbindung mit dem aktiven Suchen nach Gelegenheiten, der bewussten Übernahme von Risiken, einer Entscheidungsfreude, eingebettet in ein Unternehmen mit einer besonderen Unternehmenskultur. Es beinhaltet einen Lernprozess und benötigt Praxis und „Commitment".

Wir leben heute im **Zeitalter des Entrepreneurs**: Entrepreneure stellen bestehende Geschäftsfelder in Frage, führen neue Produkte ein, schaffen neue Organisationen, entwickeln ein offensives Marketing etc. Entrepreneure können überall gefunden werden: Unternehmensgründer, wie auch unternehmerisch denkende Mitarbeiter in Unternehmen. „Dazu muss man geboren sein" ist eine Eigenschaft, die man oft Verkäufern zuschreibt. Es wird unterstellt, dass es Dinge gibt, die nicht erlernbar sind, sofern nicht die Grunddisposition vorliegt. Ähnlich verhält es sich auch mit den Meinungen über Entrepreneurship. Unternehmerisches Denken lasse sich nicht erlernen, sondern man habe es, oder nicht. Zumindest ist es dies, was man oft hört. Die Frage nach der Möglichkeit, ob Entrepreneurship erlernt werden kann, konnte jedoch in einer Studie klar positiv bejaht werden. Es zeigt sich hier, dass einige die notwendigen Eigenschaften bereits mitbringen, aber die Mehrzahl der Menschen sie erst erwerben muss, um erfolgreich auf dem Markt zu agieren. Über fünfzig unternehmerisch handelnde Personen wurden befragt, nur wenige kamen aus Unternehmerhaushalten, alle hatten einen sichtbaren Erfolg in „Corporate Germany".[6] Es kann konstatiert werden, dass die oben genannte Argumentation oft als Entschuldigung für eigenes Unvermögen herangezogen wird. Selbstverständlich hilft es, wenn jemand aus einem unternehmerischen Haushalt kommt und von klein auf eine gewisse Sympathie für unternehmerisches Handeln, etwas zu bewegen mitbekommen hat. Diesen vermeintlichen Vorteil holt der wahre Entrepreneur bald auf! Selbstverständlich gilt das nicht für den Menschen, der nach einer zwanzigjährigen Tätigkeit als Verwaltungsbeamter stehen geblieben ist! In diesem Sinne kann man Menschen in drei verschiedene Kategorien einteilen:

- Es gibt Menschen, die etwas bewegen.
- Es gibt Menschen, die beobachten, was sich bewegt.
- Es gibt Menschen, die sich wundern, was sich alles bewegt.

Vieles kann man trainieren. Die **Einstellung eines Entrepreneurs** muss an die Anforderungen angepasst werden:

---

[5] Vgl. Bygrave, 1994, S. 2; vgl. Stevenson, 1999, S. 9.

[6] Vgl. Arbeitskreis Entrepreneurship der Wirtschaftsjunioren Stuttgart, 1998.

- Durch **Teamwork** kommt man zu besseren Ergebnissen. Dies wiederum setzt den gegenseitigen Respekt vor unterschiedlichen Disziplinen und Kulturen voraus. Entrepreneure motivieren Menschen mit Fähigkeiten, in ein Team zu kommen. Erfolg im Unternehmen ist ein Zusammenspiel verschiedener Talente. Kaufleute helfen den Technikern, ihre Marktangebote besser im Markt unterzubringen.
- **Wahre Entrepreneure rekrutieren immer!** Für einen neuen Mitarbeiter, der einen Gewinn für das Unternehmen darstellt, ist immer Platz. Wenn der Entrepreneur allerdings keine zwingenden Gründe findet, jemanden mit in das Unternehmen zu nehmen, dann wird er dies nicht tun.
- Neue Kunden benötigen eine **Beziehung zum verkaufenden Unternehmen**, bevor sie ihm vertrauen. Sie möchten das Gefühl haben, dass der Verkäufer ihren Markt, ihren Wettbewerb, ihre spezifische Situation, ihre Visionen, Hindernisse und Zielsetzungen versteht.
- Die **positive Einstellung zum Gewinn** ist wichtig, denn Gewinn ist das Zeichen dafür, dass man sich auf dem richtigen Weg befindet. Ohne Gewinne ist die Kontinuität des Unternehmens gefährdet, an Expansion nicht zu denken!
- In einem **guten Geschäftsplan** erkennt man schon auf den ersten Seiten, wo z.B. in einem neuen Geschäftsfeld die ersten zwanzig Kunden kommen können. Es macht erst Sinn, Ressourcen in die Erstellung eines Geschäftsplans zu investieren, wenn man weiß, dass er erfolgreich sein wird. Ohne Motor läuft kein Auto, der Entrepreneur ist der Motor für das neue Geschäftsfeld.
- Der Verkauf von Produkten ist etwas anderes als der **Aufbau eines neuen Geschäfts**. Das ist der Unterschied zwischen Umsatz und Wohlstand für das Unternehmen. Der Verkäufer ist darauf aus, seine vorgegebenen Verkaufszahlen zu erreichen, während der Entrepreneur, der das neue Geschäftsfeld aufbaut, Geschäftsfelder sucht, in denen bestimmte Personen, die über Budgets verfügen, Kummer haben und deren Kummer er auflösen kann. Hier bewahrheitet sich wieder einmal die Aussage „**Business is People**", denn ohne gute persönliche Kenntnisse der Situation bei den potenziellen Kunden ist nichts zu gewinnen. „Stellen Sie fest, was der Kunde will, bevor Sie die Verkaufspräsentation starten." Viele Verkäufer brennen mehr darauf, ihr eigenes Marktangebot zu zeigen als zuerst zu fragen, was der Kunde wirklich benötigt. Denn weiß der Verkäufer nichts über das Unternehmen, gibt es keinen Grund, bei ihm zu kaufen!
- **Entscheidungen** setzen voraus, dass Alternativen bestehen. Gute Entscheidungen setzen voraus, dass man getroffene Annahmen herausfordert, sie hinterfragt und die Spielregeln in einer Branche ändert. Oft müssen „geheiligte Kühe", z.B. „so wie es immer gemacht worden ist", geopfert werden.
- Die **Einstellung zu Fehlern** muss im Unternehmen geändert werden. Selbstverständlich machen Entrepreneure Fehler, es kann aber bei Entrepreneuren keine Gewinner und Verlierer geben, sondern Gewinner und Lernende. Überhaupt ist in Unternehmen die **Fehlerkultur** ein wichtiger Aspekt. In einer derartig komplexen Welt kann heutzutage niemand arbeiten, ohne Fehler zu machen, denn Entscheidungen müssen oft rasch getroffen werden. Werden Fehler gesucht, wird man sie immer finden, werden sie sanktioniert, tötet man eigenverantwortliches Handeln im Unternehmen ab.
- Verständnis darüber ist erforderlich, dass wir in einer **schnellen Geschäftswelt** leben. Geschwindigkeit ist heute ein Schlüssel für den Erfolg, denn es gibt immer Wettbewer-

ber, die nicht ruhen. Entrepreneure sind alle in Eile und verstehen Zeit als eine wertvolle Ressource. Eile ist der Schlüssel zum Erfolg, damit besteht die Möglichkeit schneller zu sein als alle anderen. Der Wettbewerber schläft nie!

Die Faktoren, die einen Entrepreneur ausmachen, liegen, wie hier dargestellt, sehr stark in den „Soft Skills". Allerdings lassen sich diese weniger schnell und effektiv trainieren als die technischen Kenntnisse. Einstellungsänderungen benötigen immer Zeit und Überzeugungs-arbeit.

Nicht überstrapaziert, aber doch erwähnt werden sollte die berühmte so genannte „**positive Einstellung**", die nicht nur ein Entrepreneur haben sollte. Wenn einem Menschen etwas Positives gelingt, dann fühlt er sich beflügelt und eine innere Kraft treibt ihn weiter voran. Hat er dagegen negative Erlebnisse, wird auch seine innere Kraft schwinden und er wird sich künftig nicht mehr viel zutrauen. Dazu eine kleine Geschichte, die diese Wirkung sehr ein-drucksvoll darstellt: „Am Heiligabend öffnen zwei Kinder ihre Geschenke, das eine ist Op-timist, das andere Pessimist. Das pessimistische Kind bekommt ein neues Mountain Bike mit allen Extras im neuesten Stil. „Es sieht toll aus", sagt es bewundernd, „aber es wird wohl bald kaputt gehen." Das zweite Kind, ein Optimist, bekommt eine große Schachtel mit Pfer-demist! „Draußen muss irgendwo das Pony stehen". Der Optimist hat die Vision, der Pessi-mist die passenden Probleme zu allem Neuen. Welches von beiden wird wohl eine erfolgrei-chere Entwicklung einschlagen?"[7] Es ist die Frage des Fokus, wie eine Herausforderung begriffen wird:

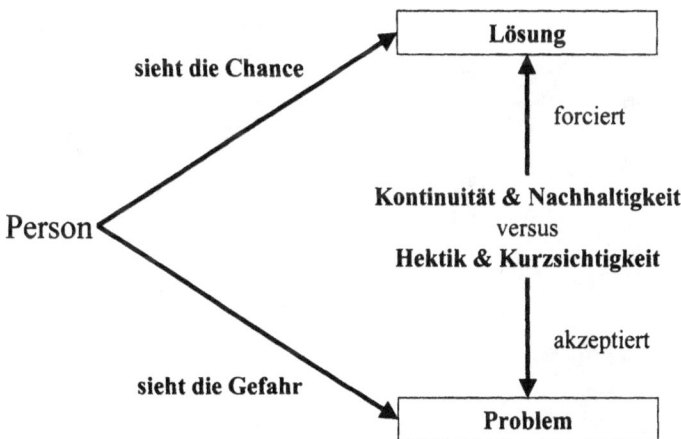

Abb. 1.1: Fokus der Person

Entgegen der Meinung vieler sind nicht alle Entrepreneure reich, viele werden aus dem „sich über Wasser halten" nicht hinauskommen. Daher einige Worte zum Thema „Geld". **Geld ist ein wichtiger Gradmesser für den Erfolg** des Entrepreneurs. Allerdings muss beachtet

---

[7] Kohlert, 1997, S. 4 f.

werden, „dass man sich mit Geld ein Haus kaufen kann, jedoch kein Zuhause; man kann sich ein Bett kaufen, nicht jedoch den ruhigen Schlaf; man kann sich Vergnügen kaufen, nicht jedoch das Glücklichsein; man kann sich Menschen kaufen, nicht jedoch Freunde"[8].

1.2   Erkenntnisse für den Entrepreneur

Es bestehen eine ganze Reihe von Kräften, die den Entrepreneur fördern oder hemmen. Diese werden in der Folge dargestellt:

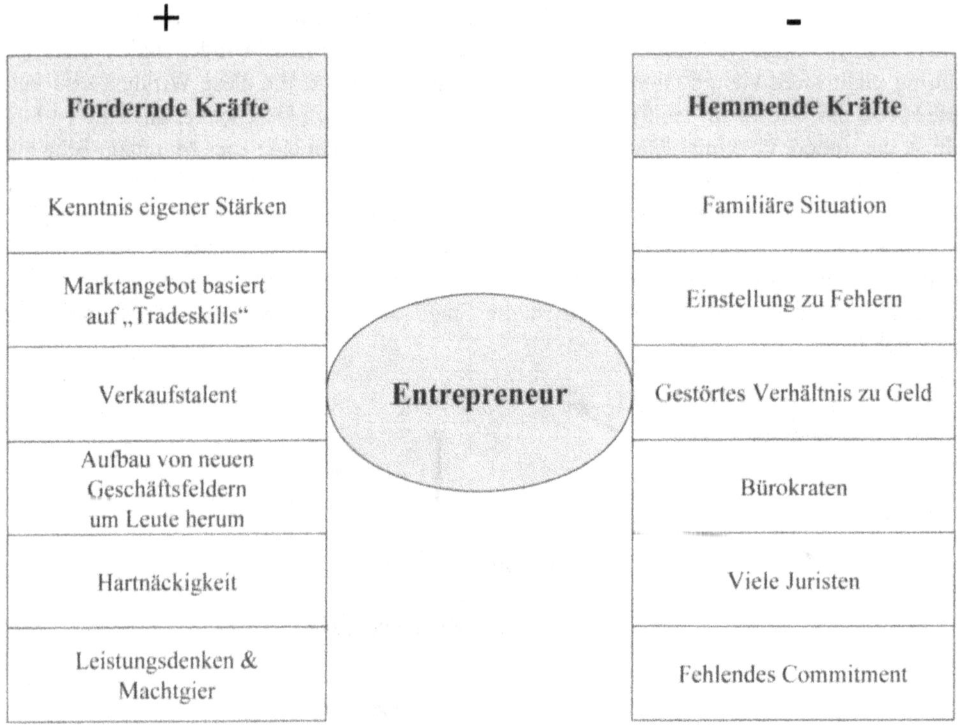

+   -

Fördernde Kräfte		Hemmende Kräfte
Kenntnis eigener Stärken		Familiäre Situation
Marktangebot basiert auf „Tradeskills"	Entrepreneur	Einstellung zu Fehlern
Verkaufstalent		Gestörtes Verhältnis zu Geld
Aufbau von neuen Geschäftsfeldern um Leute herum		Bürokraten
Hartnäckigkeit		Viele Juristen
Leistungsdenken & Machtgier		Fehlendes Commitment

Abb. 1.2: Fördernde und hemmende Kräfte eines Entrepreneurs

Die Kenntnis über die eigenen **Stärken**[9] ist fundamental für einen Entrepreneur. Stärken sind die **Basis von Strategien**, Strategien fußen auf Stärken, die über sie offensiv vermarktet

---

[8] Kohlert, 2002, S. 5 f.

[9] Strategische Erfolgspositionen (SEP), „Key Factors of Success" (KFS), kritische Erfolgsfaktoren, Alleinstellungsmerkmale, „Unique Selling Propositions" (USP), strategische Wettbewerbsvorteile etc. sind Synonyme für Stärken.

werden. Kunden kaufen Stärken, Stärken machen ein Unternehmen unverwechselbar. Daher sind die Stärken so entscheidend für den Erfolg eines Unternehmens. Bei Start-up-Unternehmen müssen von den eigenen Stärken der Gründer oft die Teile abgezogen werden, die in der alten Position in einem anderen Unternehmen zur Stärke implizit beigetragen haben. So können etwa ein Teil der Kontakte nicht mitgenommen werden, da sie zu stark an das alte Unternehmen gebunden sind und nicht an die Person. Der Entrepreneur ist sich auch oft nicht bewusst, dass er im Start-up-Unternehmen die gewohnten Strukturen nicht mehr zur Verfügung hat und alles selber machen muss, das fängt mit „Termine machen" an.

Der Entrepreneur muss genau wissen, welches **Marktangebot** er konkret anbietet, um welches Problem des Kunden zu lösen; d.h., welches Leistungsspektrum muss dem Kunden angeboten werden, um sein spezifisches Problem zu lösen. Im Marketing spricht man oft von Produkten, darunter subsumiert man im Allgemeinen auch die Dienstleistungen. Allerdings verkürzt dies die Realität. Produkte können heutzutage nicht mehr als einzelne Leistungen verkauft werden, sondern sie umfassen eine ganze Anzahl von verschiedenen Dienstleistungen, die erst in ihrer Gesamtheit den Wert des Produkts für den Kunden zum eigentlichen Marktangebot werden lassen.[10] Wofür sind andere bereit, Geld auszugeben? a) weil sie es dringend benötigen und b) weil sie es von dem Entrepreneur schneller, besser und billiger bekommen können. Bestehende Kunden der Wettbewerber wechseln nicht, weil das neue Marktangebot marginal besser ist, sondern die Vorteile müssen offensichtlich sein. Diese erforderliche Eigenschaft des Entrepreneurs kann sehr treffend mit dem Begriff „Tradeskills" umschrieben werden. Darunter versteht man die Fähigkeit, zu verstehen, was Menschen wollen, wie viel sie bereit sind dafür zu bezahlen und wie sie ihre Entscheidungen treffen. Auf einen einfachen Nenner gebracht sagen sie aus, wie man Geld investiert, was man kauft und verkauft.

Schließlich ist alles **Verkauf**: Das beginnt mit dem Sich-Verkaufen-Können. Dies zu müssen ist vielen Naturwissenschaftlern und Technikern unerträglich. Es soll nicht behauptet werden, dass diese Gruppen nicht verkaufen können, die Frage ist nur, ob sie es auch mögen, den Leuten „etwas zu verkaufen". Schließlich geht es immer darum, dass am Ende vom Tag jemand etwas verkauft haben muss!

Entrepreneure sind in der Lage, **neue Geschäftsfelder um Leute** herum zu bauen. Sie suchen permanent neue Mitarbeiter, erkennen ihre Stärken und bauen sie in das neue Unternehmen ein. In einer Zeit, in der die Mitarbeiter eines Unternehmens oft das einzige Kapital sind, ist das Verhältnis zu den Kollegen und die Fähigkeit, zusammen im Team Großes zu bewirken, ein kritischer Erfolgsfaktor. Man „managt keine Mitarbeiter", sondern man arbeitet mit ihnen.

Entrepreneure besitzen **Hartnäckigkeit**, denn Geschäfte bestehen aus dem Zusammenwirken vieler Details, Entscheidungen, Aktionen und Ideen, die alle Zeit benötigen und verfolgt werden müssen. Denkt man nur einmal daran, dass etwa die Akquisition von Schlüsselkunden oder erforderlichen Referenzkunden gerne mit ein bis zwei Jahren veranschlagt werden kann. Selten verlaufen neue Gelegenheiten gerade, meist müssen eine Vielzahl von Anpas-

---

[10] Vgl. Kohlert, 2003, S. 4 f.

sungen auf dem Weg zum Ziel vorgenommen werden. Dazu gehört auch, dass man sich durch Rückschläge nicht entmutigen lässt, sondern nach Alternativen sucht, eigene Annahmen in Frage stellt und „heilige Kühe" des Unternehmens herausfordert.

Entrepreneure haben ein **Bedürfnis nach Leistung**, sie wollen herausgefordert werden und stellen nicht selten selbst gesetzte Grenzen in Frage. Dabei gehen sie ein moderates Risiko ein, sie sind keine Spieler und formulieren Maßnahmen, wie sie Widerstände umgehen oder beseitigen können. Gleichwohl haben sie ein Bedürfnis nach **Macht**. Sie lieben es, Einfluss über jemanden zu haben und ihn von eigenen Vorstellungen zu überzeugen, ja mitreißen zu können. Diese Fähigkeit wird sich in dem Stadium eines Entrepreneurs bewähren müssen, in dem er gegenwärtige und zukünftige Kollegen von einer Idee mitreißen muss. Sie sind in der Lage, Emotionen aufzubauen und zu nutzen. Ihre Reputation geht ihnen über alles. Entrepreneure haben ein starkes soziales Bedürfnis. Sie sind keine Einzelkämpfer, sondern fühlen sich nur im Team wirklich wohl.

Als Problem kann sich die **familiäre Situation** erweisen. Das Geschäft fordert einen Großteil der zeitlichen Ressourcen eines Entrepreneurs. Dies erfordert zweifelsohne eine verständnisvolle Familie, die seinem bzw. ihrem Lebenswandel fördernd gegenübersteht und ihn bzw. sie unterstützt. Dies stellt in vielen Fällen ein Problem dar und findet seinen Niederschlag in den hohen Scheidungsquoten unserer Zeit.

Fehler zeigen den Bedarf an Korrekturen auf, ohne sie kann ein Marktangebot nicht weiterentwickelt, eine Strategie nicht den wirklichen Erfordernissen angepasst werden. Fehler fordern auf, aus ihnen zu lernen und sie nicht zu wiederholen. Sie sind damit der Ursprung des Fortschritts. Diese positive Einstellung zu Fehlern muss Entrepreneuren gegeben werden. Ohnehin pflegt man heutzutage die Mentalität, alles mannigfaltig abzusichern, bevor eine Entscheidung getroffen wird, um die eigene Karriere nicht zu behindern. Dies ist das Ende von Entrepreneurship in einem Unternehmen.

Wie schon erwähnt, ist **Geld** ein sichtbares Zeichen dafür, dass man sich auf dem richtigen Weg befindet. Wenn ein Unternehmen profitabel ist, ist die Wahrscheinlichkeit, dass es gute Arbeit abliefert, hoch.

Bürokraten messen die falschen Dinge: Verhalten innerhalb der gesetzten Grenzen wird belohnt, nicht aber die Effektivität, die den Schlüssel für den Erfolg im Unternehmen darstellt.

Viele Juristen zeigen in Deutschland Gründe auf, warum etwas nicht funktionieren kann, anstatt nach Möglichkeiten oder Bedingungen zu suchen, unter denen es glücken kann.

„Du kannst nur entzünden, was in Dir brennt" hat Martin Luther einmal gesagt. Das will heißen, dass das „**Commitment**" vorhanden sein muss. „Commitment" steht für mehr als nur die Verpflichtung, sondern für die emotionale Hingabe zu einer Sache. Es ist wie beim Huhn (legt Eier) und dem Schwein (liefert Schinken). Das Huhn ist involviert, das Schwein wirklich „commited". (Aber begeistert ist das Schwein wohl nicht!)

Die **Kenntnisse, die Entrepreneure benötigen**, können in Anlehnung an Quinn, Anderson und Finkelstein in vier Ebenen untergliedert werden, die von oben nach unten an Wichtigkeit zunehmen:[11]

- Kognitives Wissen („**Know-what**") ist die Basis einer jeden Disziplin, die durch die Ausbildung nachgewiesen werden muss. Meist reichen die Kenntnisse jedoch nicht aus, wirkliche Herausforderungen in praxi zu lösen.

- Das Wissen um die praktische Verwirklichung („**Know-how**") ist Voraussetzung, um Theorie in praxisbezogene Handlungsanweisungen zu transformieren. Die Fähigkeit, das erlernte Wissens in einem neuen Umfeld erfolgreich anzuwenden, ist bei sehr vielen erfolgreichen Entrepreneuren gegeben.

- Das Systemverständnis („**Know-why**") ist das tiefe Verständnis über Ursache/Wirkungs-Zusammenhänge. Dieses ist erforderlich, um durch neue Geschäftsmodelle neue Märkte zu schaffen, in dem die Kundenbedürfnisse noch besser getroffen werden und neue Prozesse erstellt werden, die dem Kunden einen Mehrwert bereitstellen.

- Die kreative Selbstmotivation („**Care-why**") ist das Gegenteil von Selbstgefälligkeit, die sich bei Personen mit langen Erfolgsperioden einschleichen kann. Sie ermöglicht es dem Entrepreneur, Veränderungen wahrzunehmen und neue komplexe Systeme zu verstehen.

Es ist heute eine gute Zeit, um neue Geschäftsfelder zu erschließen: Die Erwartungen sind nach der Blase im Neuen Markt wieder realistisch, ebenso die Zeitperspektiven. Die Rekrutierung von fähigen Mitarbeitern funktioniert wieder besser, da sich der Arbeitsmarkt deutlich entspannt hat und wagemutige Unternehmen mit hoher „Burn Rate of Cash" ihres Kapitals, von Anlegern bewundert, aus dem Wettbewerb ausgeschieden sind. Außerdem setzen sich die Trends fort, die mit dem Aufstieg des „Neuen Marktes" begonnen haben, nämlich die **stärkere Zusammenarbeit zwischen großen und kleinen Unternehmen**. Bedingt wird dies durch die folgenden Faktoren:[12]

- Große Unternehmen dekonstruieren ihre Wertschöpfungskette, da immer mehr Leistungen auf Dienstleistungen und IT-Serviceleistungen entfallen, die sie alleine nicht mehr bereitstellen können oder wo es sich nicht lohnt, die Kapazitäten vorzuenthalten. Die daraus folgende Rekonfigurierung von Geschäftsprozessen führt zu intermediären Lücken für interessante neue Geschäftsfelder, die durch Entrepreneure belegt werden können.

- Es erfolgt eine Konzentration auf Wertschöpfungsstufen, d.h. weg vom Portfoliodenken mit einzigartigen Vorteilen bzw. eine Auslagerung aller Bereiche, die nicht zur Kernkompetenz gehören oder keine strategische Relevanz haben. Durch die Refokussierung auf Kernleistungen der einzelnen Unternehmen entstehen komplexe neue Konfiguratio-

---

[11] Vgl. Quinn/Anderson/Finkelstein, 1996.

[12] Vgl. Gerybadze, 2000, S. 9 ff.

nen in den Innen- und Außenbeziehungen der Unternehmen, die viele neue Formen der
Zusammenarbeit zulassen.

- Durch die Entwicklung von Geschäftsbeziehungen zwischen bis dahin unverbundenen
  Branchen entstehen neue Geschäftsfelder die hinsichtlich Inhalten und „Spielregeln"
  noch gestaltet werden können.

1.3   Verständnis für den Kunden

Wenn ein neuer Kunde akquiriert wird, bedeutet dies, dass er einem anderen Unternehmen
weggenommen werden muss, zumindest solange es sich um keinen expansiven Markt handelt. Man sollte sich bewusst sein, dass ein Kunde nicht ohne weiteres wechselt.

Um in neuen Geschäftsfeldern **Kunden zu bekommen**, reicht es nicht aus, geringfügig
besser zu sein als der Wettbewerber. Das eigene Marktangebot sollte

- zweimal schneller,
- zweimal besser und
- zweimal billiger sein

als das des Wettbewerbers, der den Kunden heute bedient. Das eigene Marktangebot
muss anders, das eigene Unternehmen anders, die Mitarbeiter anders, die Preise anders
und die Dienstleistungen anders sein als bei den Wettbewerbern. Das gilt umso mehr für
Newcomer auf einem Markt.

Daher ist es notwendig zu verstehen:
- wie die Kunden das augenblickliche Problem lösen,
- wie sich die Geschäftsprozesse der Kunden durch die neue Problemlösung verändern und
- schließlich sollte der finanzielle Rückfluss aus der Investition kalkuliert werden.

Entrepreneure lösen wirkliche, wichtige Probleme für Kunden, die Geld haben, bereit
sind dafür viel Geld auszugeben, einen kurzen Akquisitionszyklus haben und wiederkeh-
rende Kunden sind.

Die Kundenbeziehung ist das Nonplusultra eines jeden Unternehmens. Diese so schnell wie
möglich zu erhalten, ist der kritische Erfolgsfaktor. Denn ein schneller relativer Erfolg ist für
den Entrepreneur wichtig als Zeichen dafür, dass er sich auf dem richtigen Weg befindet.
Um dies zu erhalten, sollte man jedoch nicht nach dem Motto „Spray and Pray" vorgehen,
mit dem die Botschaft über die eigene Leistungsfähigkeit in den Markt gerufen wird. Man
sollte in den Markt eingeführt werden, z.B. über Schlüsselkunden, die später als Referenz-

kunden dienen können.[13] Doch wie kommt man an Referenzkunden? Als **Referenzkunde** eignen sich Unternehmen, die Führungsstrategien in ihrem Markt fahren und fortlaufend nach Verbesserungen ihrer Wertschöpfungskette suchen. Werden sie derzeit von einem Verfolger herausgefordert, kommt noch eine gewisse Dringlichkeit dazu. Dabei ist es grundsätzlich einfacher, dem Kunden ein klar definiertes Marktangebot anzubieten als seine Geschäftsprozesse neu zu definieren. „Missionary Selling" ist meist der falsche Weg, weil zu zeitaufreibend, bis der Kunde von einer gänzlich neuen Lösung überzeugt ist.

> Kunden kaufen selten von jemandem, den sie gar nicht kennen, solange sie nicht das Gefühl haben, dass eine Beziehung aufgebaut wurde. **Kunden wollen das Gefühl haben, dass der Verkäufer ihre Bedürfnisse wirklich kennt**, ihre Situation wirklich versteht, ihre Visionen teilt, die Widerstände erkennt und die Zielsetzungen unterstützt.

Der Entrepreneur muss hier zwei zentrale Fragegruppen beantworten:
- Existieren wirklich **Kunden**, die das neue Marktangebot kaufen werden? Sind die anvisierten Zielgruppen wirklich offen für das neue Marktangebot? Bestehen für sie Alternativen (Substitute) und welche Argumente sprechen dann für das neue Marktangebot? Können die Kunden gut erreicht werden, d.h. besteht ein Zugang zu ihnen?
- Was werden die **Wettbewerber** tun?[14] Sind sie in denselben Marktsegmenten tätig? Bieten sie dieselben Stärken an wie das in dem Markt neue Unternehmen? Wie werden sie ihren Kundenwert darstellen und somit versuchen, die Kunden zu überzeugen?

Dabei spielt die Zeit eine nicht unerhebliche Rolle. Mit der Zeitspanne, bis man auf den Markt kommen kann („**Time to Market**"), steigt auch das unternehmerische Risiko. Es ist oft auch mit hohen Entwicklungskosten verbunden. Ein hohes „Time to Market" lässt sich fast nur bei radikalen Innovationen vertreten, die dann entsprechende Margen abwerfen.

---

[13] Vgl. dazu die Ausführungen in: Kohlert, 2003, S. 343 f.

[14] Es ist nicht davon auszugehen, dass sie sich kampflos zurückziehen und dem neuen Unternehmen einen Markt überlassen. Dies hängt auch ab von den erzielbaren Margen, den Zukunftsaussichten und der Anzahl und Größe der Wettbewerber in diesem Markt.

Literaturhinweise

Arbeitskreis Entrepreneurship der Wirtschaftsjunioren Stuttgart: Entrepreneure unternehmen. Eine Studie des Arbeitskreises Entrepreneurship der Wirtschaftsjunioren an der IHK Stuttgart, Stuttgart 1998

Bygrave, William D.: Portable MBA in Entrepreneurship, New York 1994

Gerybadze, Alexander: Informationstechnik und Entrepreneurship. Geschäftspotenziale im internationalen IT-Markt, in: Gerybadze/Kohlert, Branchenstudie Entrepreneure in der IT-Industrie. Spin-offs und Neugründungen, Düsseldorf 2000, S. 9–24

Katz, Robert L.: Skills of an Effective Administrator, in: Harvard Business Review, January–February 1955, S. 1–10

Klandt, Heinz: ·Entrepreneurship. Unternehmerausbildung an deutschen Hochschulen, in: Betriebswirtschaftliche Forschung und Praxis, Heft 3/1999, S. 241–255

Kohlert, Helmut: Marketing für Ingenieure, München/Wien 2003

Kohlert, Helmut: Faszination Selbständigkeit. Herausforderung Entrepreneurship, Renningen 2002

Kohlert, Helmut: Herausforderung Selbständigkeit, Renningen/Wien 1997

Quinn/Anderson/Finkelstein: Making the Most of the Best, in: Harvard Business Review, March–April 1996, S. 71–80

Schumpeter, Joseph: Theorie der wirtschaftlichen Entwicklung. Eine Untersuchung über Unternehmergewinn, Kapital, Kredit, Zins und den Konjunkturzyklus, 1993, S. 129–139

Schumpeter, Joseph: Capitalism, Society and Democracy, New York 1950

Stevenson, Howard H.: A Perspective on Entrepreneurship, in: Sahlman/Stevenson/Roberts/Bhidé, The Entrepreneurial Venture, Boston 1999, S. 7–22

2 Entrepreneure als Risikomanager

Birger Kohlert, Dipl. Kfm., ist nach einer langjährigen Tätigkeit bei der KPMG Wirtschaftsprüfungsgesellschaft AG in München heute Manager im Bereich Accounting, Planning & Reporting bei der DaimlerChrysler AG, Stuttgart. Zu seinem Aufgabengebiet gehörte neben Jahresabschlussprüfungen unter anderem auch die Prüfung von Risikomanagement-Systemen.

2.1 Begrifflichkeiten

Jedes Unternehmen ist Risiken ausgesetzt – nicht umsonst wurde der Begriff des unternehmerischen Risikos geprägt. In den vergangenen Jahren wurde unternehmerisches Handeln permanent riskanter. Im Extremfall ist der Fortbestand eines Unternehmens durch Risiken bedroht. Die Gründe liegen unter anderem in der zunehmenden Globalisierung und den daraus resultierenden internationalen Geschäftsbeziehungen. Hinzu kommen stetig komplexer werdende IT-Strukturen, E-Commerce sowie die Tendenz, immer mehr Tätigkeiten im Dienstleistungs- und Fertigungsbereich auszugliedern, was zu einem weiteren Verlust von Kontrollmöglichkeiten führt. Der Zwang, Unternehmensprozesse ständig zu beschleunigen, erzeugt ebenfalls neue Unsicherheiten. Aufgrund der in den letzten Jahren durchgeführten „Cost Cutting"-Programme besteht die Gefahr, dass Unternehmer auch Maßnahmen reduziert haben, welche die Sicherheit von Prozessen gewährleisten. Bei Unternehmen, die außerhalb des Euro-Raums agieren oder von internationalen Rohstoffpreisen in verstärktem Maße abhängig sind, besteht zudem die Gefahr, dass durchaus gut gemeinte Sicherungsmaßnahmen, wie zum Beispiel der Einsatz von Finanzderivaten, ebenfalls ein latentes Risiko beinhalten können.

Risiken waren schon immer **Bestandteil sämtlicher Geschäftsprozesse** sowie unternehmerischer Entscheidungen. Im Rahmen des Risikomanagements wird eine Identifikation der Risiken und deren Bewertung vorgenommen. Daraus resultierend werden entsprechende Handlungsalternativen erarbeitet. Der Begriff des Risikos (ital. = Wagnis, Gefahr) beinhaltet eine Verlustgefahr, die mit jeder wirtschaftlichen Betätigung verbunden ist. Im unternehmerischen Sinne ist das Risiko als Gefahr definiert, dass Ereignisse oder Aktionen das Unter-

nehmen daran hindern, seine Ziele zu erreichen.[1] Es ist unmittelbar mit dem unternehmerischen Handeln verbunden.

Ein **Risiko** besteht grundsätzlich aus **zwei Komponenten**: einer Ursachen- und einer Wir-
kungskomponente. Während die Ursache den Grund für das Erscheinen der Risikosituation
beschreibt, stellt die Wirkung den wirtschaftlichen Effekt für das Unternehmen dar. Risiken
beschreiben somit potenzielle Abweichungen vom Planwert eines Unternehmens und stellen
daher die gesamte Bandbreite der zu erwartenden Ereignisse dar.[2]

Abb. 2.1: Modellierung von Risiken

Grundsätzlich lassen sich zwei **Risikotypen** unterscheiden:
- quantifizierbare Risiken: direkt bewertbare Risken wie z.B. Absatzrisiko, Forderungsausfälle, Fremdwährungsrisiken;
- nicht quantifizierbare Risiken: darunter versteht man Risiken, die nur anhand von Hilfs-
  konstruktionen bewertbar sind (beispielsweise das Qualitätsrisiko des Outsourcings von
  Teilprozessen an Drittfirmen). Hierbei kann der Risikoverantwortliche oftmals nur anhand von Vergangenheitswerten eine Risikoneueinschätzung vornehmen.

Nicht selten liegen in einem Unternehmen auch Risiken vor, die sich gegenseitig beeinflussen (Korrelationseffekte) und auf unterschiedliche Unternehmensprozesse sowie Abläufe
einwirken. Eine Erfassung und Quantifizierung derartiger Risiken ist im Regelfall nur durch
detaillierten Einblick in die Geschäftsprozesse aus einer übergeordneten Perspektive möglich.

Jedes unternehmerische Handeln ist mit einer Unsicherheit bzw. mit Risiken verbunden. Es
wäre daher falsch, Risikomanagement als reine Risikovermeidung zu betrachten. Ziel und
Zweck des Risikomanagements ist es vielmehr, Risiken zweckgerichtet einzugehen und

---

[1] Vgl. Füser/Gleißner, 2003, S. 5.

[2] Vgl. Kless, 1998, S. 3.

ihnen systematisch und rationell zu begegnen. Daher beinhaltet der Begriff des Risikomanagements die **strukturierte Abwehr von Risiken** durch aktives Risikomanagement, welches eine Risikovermeidung, -minderung oder -begrenzung sowie eine Risikoabwälzung vorsieht. Der **Risikomanagement-Prozess** kann sich daher wie folgt darstellen:

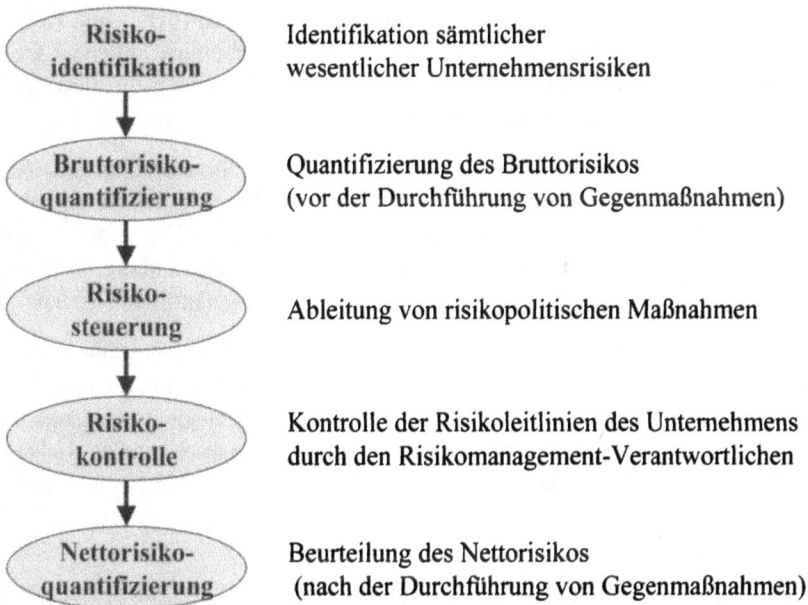

Risiko-identifikation	Identifikation sämtlicher wesentlicher Unternehmensrisiken
Bruttorisiko-quantifizierung	Quantifizierung des Bruttorisikos (vor der Durchführung von Gegenmaßnahmen)
Risiko-steuerung	Ableitung von risikopolitischen Maßnahmen
Risiko-kontrolle	Kontrolle der Risikoleitlinien des Unternehmens durch den Risikomanagement-Verantwortlichen
Nettorisiko-quantifizierung	Beurteilung des Nettorisikos (nach der Durchführung von Gegenmaßnahmen)

Abb. 2.2: Risikomanagement-Prozess (Beispiel)

2.2   Gründe für Risikomanagement

2.2.1   Gesetzliche Grundlagen

Infolge zahlreicher Unternehmenskrisen Mitte der 1990er Jahre in Deutschland (Balsam, Schneider, Metallgesellschaft) wurde im Jahr 1998 das Gesetz zur Kontrolle und Transparenz im Unternehmensbereich (KonTraG) verabschiedet.[3] Darin werden die Vorstände von Aktiengesellschaften verpflichtet „geeignete Maßnahmen zu treffen, insbesondere ein Überwachungssystem einzurichten, damit den Fortbestand der Gesellschaft gefährdende Entwick-

---

[3] Vgl. Badran, 2003, S.2.

lungen früh erkannt werden"[4]. Obwohl das Gesetz zunächst nur für börsennotierte Gesellschaften gilt, hat es auch auf andere Gesellschaftsformen wie etwa GmbHs eine vom Gesetzgeber durchaus gewünschte Ausstrahlung.[5] Aus diesem Grund sind nicht wenige GmbHs an der Einführung von Risikomanagementsystemen interessiert. Ein angemessenes Risikomanagementsystem ist daher **Bestandteil der Sorgfaltspflichten**, die einem GmbH-Geschäftsführer obliegen. Mit dem Kapitalgesellschaften- und Co-Richtlinien Gesetz (KapCoRiLiG) aus dem Jahr 2000 werden auch offene Handelsgesellschaften (oHG) und Kommanditgesellschaften (KG), bei denen keine natürliche Person als persönlich haftender Gesellschafter bürgt, den Kapitalgesellschaften gleichgestellt.[6] Somit ist es auch für diese Gesellschaftsformen notwendig, sich mit Risikomanagementsystemen zu befassen.

Kerngedanke des KonTraG ist die Einführung eines Kontroll- und Überwachungssystems, das Entscheidungsträger von Unternehmen über eventuelle Schieflagen bzw. bestandsgefährdende Tatsachen und Entwicklungen **rechtzeitig warnt**.[7] Weiterhin ist gem. § 289 Abs. 1 HGB im Lagebericht auf eventuelle Risiken der zukünftigen Entwicklung einzugehen. Dabei bezieht sich der Gesetzgeber auf wesentliche bzw. bestandsgefährdende Risiken.

Letztlich sollte es aber auch, unabhängig von gesetzlichen Vorschriften und Bestimmungen, im Interesse des Unternehmers selbst liegen, seine unternehmerischen Risiken zu kontrollieren, um somit existenzielle Gefahren rechzeitig zu erkennen, um dann adäquate Gegenmaßnahmen ergreifen zu können. Ein auf die jeweiligen Unternehmen zugeschnittenes Risikomanagementsystem ist in einem immer komplexer werdenden wirtschaftlichen Umfeld unerlässlich.

2.2.2   Risikopolitische Maßnahmen

Im Folgenden werden verschiedene Maßnahmen diskutiert, die ein Unternehmer ergreifen kann, um sein unternehmerisches Risiko zu begrenzen bzw. zu reduzieren. Grundsätzlich hat der Unternehmer die Möglichkeit, Risiken ursachenbezogen einzudämmen oder auszuschalten, oder er kann die ökonomischen Auswirkungen eines Risikos ausgleichen. Für Letzteres wäre das Eingehen von entsprechenden Versicherungen ein typisches Beispiel. Aus dieser Überlegung heraus ergeben sich folgende Optionen:

- **Risikovermeidung bzw. -limitierung**: Eine Vermeidung von Risiken ist auch mit der Nichtwahrnehmung von damit korrespondierenden Chancen verbunden und daher möglicherweise die schlechteste risikopolitische Maßnahme. Eine solche Entscheidung sollte lediglich nach sorgfältiger Überlegung getroffen werden, da diese nicht selten unumkehrbar ist. Typisches Beispiel hierfür wäre eine Entscheidung über die mögliche Entwicklung eines neuen, innovativen Produktes. Entscheidet sich hierbei der Unternehmer für

---

[4] § 91 Abs. 2 AktG.

[5] Vgl. IDW, 2000, S. 1372.

[6] Vgl. KapCoRiLiG, S. 19 ff.

[7] Vgl. Vogler/Gundert, 1998, S. 2378.

einen solchen Schritt, so ist dies meist mit hohen Fixkosten für Sachinvestitionen, Personalaufbau sowie Forschung und Entwicklung verbunden. Für kleine oder mittelständische Betriebe mit einer geringen Eigenkapitalquote kann eine falsche Investitionsentscheidung katastrophale Folgen haben. Entschließt sich der Unternehmer gegen eine solche Entwicklung, so verpasst er möglicherweise den Einstieg in einen lukrativen und zukunftsträchtigen Markt. Eine Möglichkeit wäre die Limitierung von derartigen Risiken, zum Beispiel durch das Eingehen von Joint-Ventures mit anderen Unternehmern, bei dem das wirtschaftliche Risiko auf mehrere Schultern verteilt wird.

- **Risikoabwälzung**: Eine weitere Möglichkeit besteht in der Abwälzung von Risiken auf Dritte. Bestes Beispiel hierfür sind Versicherungen, die gegen die Zahlung einer Prämie bestimmte Risiken des Unternehmers tragen. Der Ausfall von Forderungen kann gerade für junge Unternehmen mit einer geringen Eigenkapitaldecke zum existenziellen Risiko werden. Der Unternehmer hat die Möglichkeit durch den gezielten Verkauf (so genanntes „Factoring") von Forderungen an Inkassogesellschaften gegen eine Gebühr seine Liquidität aufrecht zu erhalten und sein Ausfallrisiko zu reduzieren. Das Ausfallrisiko trägt fortan die Inkassogesellschaft, sofern vertraglich nichts anderes vereinbart wurde. Vor allem für neugegründete Unternehmen mit einer nur begrenzten Liquidität ist der punktuelle Einsatz von „Factoring" unter Umständen überlebensnotwendig, da sich oftmals vor allem in den ersten Jahren nach Neugründung der Umsatz auf nur wenige Kunden verteilt.

- **Risikokompensation**: Der Unternehmer ist im Regelfall bemüht, sein unternehmerisches Risiko im Preis seiner Marktangebote zu reflektieren. Ausgehend von einem risikolosen Zinssatz, etwa für Staatsanleihen, wird er (entsprechend seines Risikos) einen Premium- bzw. Risikozuschlag für sein unternehmerisches Handeln einkalkulieren (risikoadäquates „Pricing"). Sollte dieser Zuschlag am Markt für seine Produkte nicht durchsetzbar erscheinen, so wird er in aller Regel von der Fertigung absehen bzw. nach anderen Investitionsmöglichkeiten Ausschau halten.

Das so genannte „**Hedging**" bietet eine weitere Möglichkeit, Risiken auszugleichen. Dies geschieht durch den Einsatz von Finanzderivaten, etwa Devisenterminkontrakten bzw. Devisenoptionen, und ist für Unternehmer, die außerhalb des Euro-Raumes, sei es nun im Einkauf oder Verkauf agieren, überlegenswert. Bei Devisenterminkontrakten geht der Unternehmer mit seiner Bank einen Vertrag ein, bei dem er sich im Vorfeld auf einen bestimmten Wechselkurs festlegt.[8] Der Vorteil dieser Methode liegt in der Planungssicherheit für den Unternehmer. Er weiß, was seine US-Dollar-Zahlung, die er beispielsweise in drei Monaten erwartet, in Euro wert sein wird. Hinzu kommt, dass sich die Hedgingkosten für derartige Kontrakte in aller Regel in Grenzen halten. Nachteil dieser Methode ist, dass der Unternehmer von einer eventuellen positiven Wechselkursentwicklung nicht zusätzlich profitieren kann. Er ist an den Kontrakt gebunden. Um solche Nachteile zu vermeiden, kann er auch auf Währungsoptionen zurückgreifen. Bei diesen hat er zwar das Recht, seine empfangenen US-Dollar zu einem bestimmten Kurs in Euro zu wechseln, muss dieses Recht aber, anders als bei Devisenterminkontrakten, nicht ausüben, falls es für ihn nicht vorteilhaft wäre. Nachteil sind die hohen Anschaffungskosten für Optionen. Das hier beschriebene Beispiel lässt sich auch auf

---

[8] Vgl. Cooper, 1999, S. 371.

Rohstoffe wie etwa Brennstoffe oder Metalle übertragen, da hierfür auch entsprechende Derivate gehandelt werden.

Wichtig ist, dass derartige Entscheidungen nur von Unternehmern oder deren Mitarbeitern getroffen werden, die mit dem Einsatz von Finanzderivaten bestens vertraut sind. Ferner sollte das **Vier-Augen-Prinzip** gelten, das heißt, kein Mitarbeiter sollte selbständig derartige Transaktionen, die ein gewisses Volumen überschreiten, ohne Abstimmung mit dem kaufmännisch Verantwortlichen bzw. Geschäftsführer tätigen.

2.2.3 Risikoausprägungen

Der Unternehmer kann, abhängig von der Art seines Gewerbes, auf verschiedene Risiken treffen. Im Wesentlichen lassen sich die **Risikobereiche** wie folgt untergliedern:

- **Allgemeine Geschäftsrisiken**: Diese Risikogruppe gilt als die komplexeste, da sie kaum quantifizierbar ist und adäquate Gegenmaßnahmen meistens mit hohen Kosten verbunden sind. Hat das Unternehmen beispielsweise seine Kapazitätsgrenze erreicht, so stellt sich für den Unternehmer die Frage nach eventuellen Erweiterungen bzw. Investitionen. Das Risiko besteht darin, dass im Falle eines Nachfragerückgangs infolge eines veränderten wirtschaftlichen Umfeldes, die im Vorfeld getätigten Investitionen und damit verbundenen Fixkosten (z.B. Abschreibungen, Personalkosten) bzw. Liquiditätsabflüsse (Kredittilgungen) sich nicht oder nur in geringem Maße reduzieren lassen. Zu diesem Punkt zählen auch Risiken wie etwa das Produkthaftungsrisiko, das Risiko von strategischen Fehlentscheidungen durch das Management sowie Elementarrisiken wie etwa höhere Gewalt (Naturkatastrophen).

- **Organisatorische Risiken**: Organisatorische Risiken bestehen unter anderem darin, dass sich Entscheidungsbefugnisse bzw. Know-how bei einzelnen Mitarbeitern bündeln. Dies hat zur Folge, dass wesentliche Transaktionen, die unter Umständen den Bestand des Unternehmens gefährden könnten (z.B. der Einsatz von Finanzderivaten), von lediglich einer Person veranlasst werden können. Abhilfe könnte das so genannte „Vier-Augen-Prinzip" schaffen, bei dem für bestimmte Transaktionen grundsätzlich zwei Entscheidende notwendig sind.

- **Technische Risiken**: Hierunter versteht man das Risiko einer technischen Veralterung von Maschinen und Anlagen. Typisch sind z.B. Computeranlagen und -netzwerke sowie Computerserver. Da solche Anlagen sehr schnell veralten, gehen immer mehr Unternehmen dazu über, sich diese zu leasen. Dadurch wird das technische Risiko auf den Leasinggeber übertragen. Ob dies in jedem Fall auch finanziell Sinn macht, ist im Einzelfall zu prüfen. Was Spezialmaschinen betrifft, so wird sich ein Unternehmer schwer tun, einen Leasinggeber zu finden, der zu annehmbaren Konditionen einen Kontrakt eingeht. Weiterhin subsumiert man unter technischem Risiko die Gefahr des zufälligen Untergangs der Anlage oder Maschine aufgrund höherer Gewalt. Dieses lässt sich jedoch in den meisten Fällen durch eine Sachversicherung vermeiden.

- **Marktrisiko**: Das Marktrisiko umschreibt den potenziellen Gewinn oder Verlust, der aufgrund von Marktgegebenheiten bzw. der Stellung eines Unternehmens innerhalb seines Marktes auftritt. Beispielsweise ist das Marktrisiko eines Monopolisten, welcher nicht bzw. nur schwer substituierbare Güter herstellt, sehr gering, da er selbst durch seine Produktmengensteuerung einen unmittelbaren Einfluss auf die Preisgestaltung hat. Unternehmen, welche in hartem Wettbewerb zu anderen Unternehmen stehen, sind diesbezüglich einem wesentlich höheren Risiko ausgesetzt, da sie einem Preisverfall hilflos ausgesetzt sind. Bei einem produzierenden Betrieb stellen steigende Rohstoffpreise ebenfalls ein Risiko dar. Aber auch im Dienstleistungsbereich liegen Marktrisiken vor: Ende der 1990er Jahre schnellten beispielsweise die Gehälter von IT-Fachkräften aufgrund der starken Nachfrage enorm in die Höhe. Vor allem junge Unternehmen mit dünner Eigenkapitaldecke und geringer Liquidität hatten in dieser Zeit Schwierigkeiten, qualifiziertes Personal zu akquirieren.

- **Liquiditätsrisiko**: Das Liquiditätsrisiko ist vor allem bei neu gegründeten Unternehmen hoch. Kommt es aufgrund von Zahlungsschwierigkeiten bei einem Hauptkunden zu einem verspäteten oder gar zu einem verringerten Zahlungseingang, bringt dies meist Liquiditätsprobleme mit sich. Das Unternehmen kann dann unter Umständen seinen eigenen Zahlungsverpflichtungen nicht mehr in vollem Umfang nachkommen. Sollte der Unternehmer die Rechtsform einer Kapitalgesellschaft (GmbH, AG) gewählt haben, so hat er zu beachten, dass er bei Zahlungsunfähigkeit aufgrund fehlender Liquidität zur Eröffnung eines Insolvenzverfahrens verpflichtet ist. Dies muss ohne schuldhaftes Zögern, jedoch spätestens binnen drei Wochen nach Eintritt der Zahlungsunfähigkeit geschehen sein (§ 64 Abs. 1 Satz 1 GmbHG).

- **Rechtsrisiko**: Das Rechtsrisiko beinhaltet, dass bestimmte Geschäfte bzw. Verträge rechtlich aufgrund unzureichender Dokumentation bzw. Form nicht oder nur teilweise durchsetzbar sind. Dies tritt vor allem bei unzureichender juristischer Beratung auf. Aufgrund von gesetzlichen Änderungen bzw. behördlichen Auflagen kann es ebenfalls zu Risiken kommen. Arbeitet beispielsweise ein Unternehmer mit umweltgefährdenden Stoffen, so kann er aufgrund von Gesetzesänderungen zu kostenintensiven Sanierungen verpflichtet werden. Jüngstes Beispiel ist die so genannte Elektroschrottverordnung, aufgrund derer ein Hersteller zur Rücknahme von Produkten verpflichtet wird.

2.3 Implementierung von Risikomanagement-Systemen

2.3.1 Grundlagen eines Risikomanagement-Systems

Im Folgenden stellt sich die Frage, was man unter Risikomanagement versteht bzw. wie man Risiken erfasst und transparent darstellt. Der für das Risikomanagement Verantwortliche erfasst und bewertet sämtliche bestandsgefährdenden potenziellen Risiken. Dabei macht er der Unternehmensführung Vorschläge zur systematischen Risikoerfassung sowie zur Überwachung und Steuerung der identifizierten Risiken. Sofern dies möglich ist, versucht er anhand von Indikatoren (Risikokennziffern) negative Entwicklungen frühzeitig zu erkennen und an die Unternehmensleitung zu kommunizieren (Frühwarnsystem).

Ziel eines Risikomanagement-Systems (RMS) ist es, Gefahren, die einen signifikanten, wenn nicht gar bestandsgefährdenden Einfluss auf das Unternehmen haben, rechtzeitig zu identifizieren, falls möglich zu quantifizieren und Gegenmaßnahmen einzuleiten.

In der Literatur und auf Seminaren bzw. Schulungen entsteht oft der Eindruck, dass die Einführung eines RMS zu erheblichen zusätzlichen Zeitaufwendungen führt. Dies muss jedoch nicht zwingend der Fall sein.[9] In der Vergangenheit wurden die risikorelevanten Informationen von den Verantwortlichen der verschiedenen Abteilungen durchaus wahrgenommen und zum Teil entsprechende Gegenmaßnahmen auch eingeleitet. Das heißt, die notwendigen Informationen liegen teilweise bereits ohne Mehraufwand im Unternehmen vor. Nun kommt es darauf an, diese Informationen im Unternehmen zu bündeln bzw. zu strukturieren, zu dokumentieren und adäquate Abwehrmaßnahmen zu finden, die dem Unternehmen als Ganzes gerecht werden.

Abb. 2.3: Risikomanagement-System

Ein Beispiel: In einem produzierenden Gewerbe, das in hohem Maße von Rohstoffpreisen abhängt, hat der verantwortliche Abteilungsleiter „Einkauf" durch langfristige Verträge bisher erfolgreich eine durch steigende Rohstoffpreise ausgelöste Kostenexplosion verhindert. Er hat im Rahmen seiner Kaufpreisverhandlungen mit den Zulieferern die jeweiligen Bestellmengen, die Lieferzeitpunkte sowie den Preis vereinbart. Ansonsten hat er diesbezüglich

---

[9] Vgl. Vogler/Gundert, 1998, S. 2378.

nichts veranlasst. Eine Dokumentation des Einkaufsprozesses bzw. eine Kommunikation desselbigen an andere Abteilungen, wie z.B. „Abteilung Finanzen", hat nicht stattgefunden. Das Risiko an dieser Vorgehensweise für das Unternehmen liegt darin begründet, dass der Einkaufsprozess von einer einzigen Person abhängt. Des Weiteren werden andere, unter Umständen effektivere Maßnahmen, wie z.B. das Eingehen von Terminkontrakten an Rohstoffbörsen bzw. bei Großhändlern, nicht betrachtet.

Ein weiteres Beispiel: In einem mittelständischen produzierenden Betrieb hängt der gesamte IT-Prozess von einer einzigen Person ab. Diese ist für alle IT-Abläufe innerhalb des Unternehmens wie z.B. Buchhaltungs- und Rechnungswesen-Programme, Betriebssysteme und Hardwarethemen allein verantwortlich. Wie in den letzten Jahren immer wieder deutlich wurde, schlummern vor allem in IT-Prozessen enorme Risiken. So kann z.B. der Sicherheitsstandard der EDV-Systeme unzureichend sein und gesetzliche Änderungen werden nicht rechtzeitig oder gar falsch in die Rechnungswesen-Software integriert. Nicht selten kommt es vor, dass wichtige Dateien aufgrund von Manipulation bzw. Sabotage abhanden kommen oder schlimmer, in falsche Hände geraten. Da Risiken, die sich aus IT-Prozessen ergeben, nicht innerhalb des Unternehmens im Rahmen eines RMS gebündelt bzw. strukturiert werden, ist das Unternehmen von dem IT-Verantwortlichen gänzlich abhängig. Des Weiteren kann es passieren, dass die Unternehmensleitung bzw. der GmbH-Geschäftsführer sich über eventuelle Risiken nicht bewusst ist und daher auch keinerlei Gegenmaßnahmen ergreift. Bei größeren Unternehmen kann es daher mitunter ratsam sein, die IT-Systeme in regelmäßigen Abständen prüfen zu lassen. Bei börsennotierten Unternehmen ist dies Bestandteil der Jahresabschlussprüfung (§ 317 Abs. 4 HGB i.V.m. § 91 Abs. 2 AktG).

Die **Qualität eines Risikomanagement-Systems** (RMS) hängt vor allem von der Vollständigkeit der risikorelevanten Informationen sowie deren systematischer und konsequenter Erfassung und Bewertung ab. Mit einem RMS soll erreicht werden, dass sich die Geschäftsführung über alle wichtigen bzw. bestandsgefährdenden Risiken vollständig im Klaren ist sowie deren mögliche finanzielle Auswirkungen hinreichend einschätzen kann. Dies kann nicht allein damit erreicht werden, dass zu bestimmten Zeitpunkten im Jahr eine „Risikoinventur" durchgeführt wird.[10] Vielmehr versteht sich Risikomanagement als permanenter Prozess. So kann beispielsweise das relativ hohe Risiko einer Produktneueinführung als „normal" eingeschätzt werden, währenddessen ein ungewöhnlicher Umsatzverlauf innerhalb des Produktlebenszyklus eine signifikante Bedrohung darstellen kann. Das RMS versteht sich daher nicht als starres System, sondern als eines, das vielmehr an neu auftretende Risiken bzw. Unternehmenssituationen angepasst werden sollte.

2.3.2   Einführung eines Risikomanagement-Systems

Vor der Einführung eines Risikomanagement-Systems (RMS) sollte sich der Unternehmer im Klaren darüber sein, welche Anforderungen an ein solches System gerichtet werden müssen. Die Anforderungen an das RMS eines Fertigungsbetriebs mit Einkauf und Vertrieb sind

---

[10] Vgl. Vogler/Gundert, 1998, S. 2377.

andere als die bei einem Dienstleistungsbetrieb. Das Institut der Wirtschaftsprüfer (IDW) hat bestimmte Mindestanforderungen an ein RMS formuliert. Es sollte sichergestellt sein, dass alle wesentlichen Risiken identifiziert werden. Das Risikomanagement sollte in einem ständigen, fest installierten Prozess stattfinden. Ferner sollte eine entsprechende Dokumentation über das RMS bzw. den Risikomanagement-Prozess vorliegen und es muss sichergestellt sein, dass die Geschäftsführung zeitnah über alle wesentlichen Risiken in Kenntnis gesetzt wird.[11]

Als Erstes müssen die Verantwortlichen im Unternehmen (Geschäftsführung und/oder kaufmännisch Verantwortlicher), gegebenenfalls mit Unterstützung eines Steuer- bzw. Unternehmensberaters oder Wirtschaftsprüfers, die **risikopolitischen Grundsätze für das Unternehmen** festlegen. Dabei sollte definiert werden, welche unternehmerischen Risiken das Unternehmen eingeht, eventuell auf Dritte abwälzt (z.B. durch Versicherungen, langfristige Lieferverträge) oder ablehnt (beispielsweise risikoreiche Investitionen). Die Geschäftsführung bzw. der risikoverantwortliche Mitarbeiter sollte den RMS-Einführungsprozess hinsichtlich Konzeptumsetzung, Zeit, Unternehmensressourcen sowie Zielerreichung überwachen und, falls notwendig, eingreifen.

Bei mittelständischen Betrieben mit verschiedenen Abteilungen wie etwa Einkauf, Entwicklung, Vertrieb, Rechnungswesen etc. sollte der RMS-Verantwortliche zusammen mit den anderen Abteilungsleitern ein **Risiko-Manual** bzw. Handbuch erstellen. Ziel eines solchen ist es, alle wesentlichen Risiken frühzeitig zu identifizieren, zu dokumentieren und zu kommunizieren und die einzelnen Schritte entsprechend darzustellen. Die Dokumentationserfordernisse richten sich dabei nach der Unternehmensgröße, der Rechtsform und dem Kerngeschäft. Es erscheint sinnvoll, die Dokumentation bei einer mittelgroßen bzw. großen GmbH ausführlicher zu gestalten als bei einem Unternehmen in der Start-up-Phase mit nur wenigen Mitarbeitern und einem einzigen Geschäftsfeld. In der jüngsten Vergangenheit hat sich immer wieder bestätigt, dass Unternehmen, die über eine hinreichende Dokumentation ihres RMS verfügen, bei Kapitalgebern im Vorteil sind.

In der Einführungsphase des RMS kommt es vor allem darauf an, ein **Risikobewusstsein** innerhalb des Unternehmens zu schaffen. Zuvor sollte jedoch die Geschäftsführung ihre risikopolitischen Grundsätze eindeutig definieren und kommunizieren. Ferner kann, je nach Unternehmensgröße, ein Risikobeauftragter ernannt werden. Dieser leitet bzw. koordiniert im Folgenden alle für die Einführung und Fortentwicklung eines RMS relevanten Schritte.

Als Nächstes bietet es sich an, einen **Risiko-Workshop** zu veranstalten, bei dem sämtliche Mitarbeiter und Entscheidungsträger potenzielle Risiken „ihres" Bereiches, möglicherweise im Rahmen eines „Brainstormings" darstellen. Dies könnte man auch als eine Art „**Risikoinventur**" auffassen. Ziel eines solchen Workshops ist es, ein Risikobewusstsein zu schaffen und die wesentlichen unternehmensspezifischen Risiken zu erfassen. Der RMS-Verantwortliche hat dann die Möglichkeit, aus der Grundgesamtheit der zuvor erfassten Unternehmensrisiken die wichtigsten bzw. bestandsgefährdenden Risiken herauszufiltern und zu aggregieren. Die Risikoinventur kann beispielsweise folgendes Aussehen haben:

---

[11] Vgl. IDW, 2003, Tz. 1–6.

Abteilung	Identifiziertes mögliches Risiko	Schadens-wahrscheinlichkeit	Schadensausmaß (in Euro)	Gegen-maßnahmen	Verantwortlicher	Empfänger	Häufigkeit
		Risikobeschreibung			Risikobeobachtung		

Abb. 2.4: Beispiel für eine Risikoinventur

Im Rahmen der **Risikoaggregation** können Redundanzen sowie Korrelationen zwischen den verschiedenen Risiken erarbeitet und dokumentiert werden. Dabei werden diese systematisiert sowie deren mögliche Auswirkungen auf die Vermögens-, Finanz- und Ertragslage ermittelt.

Anschließend können sämtliche wesentlichen Unternehmensrisiken in einem RMS integriert werden. Um den RMS-Prozess nicht als einmalige, starre Veranstaltung erscheinen zu lassen, bietet es sich an, dass das Management permanent mit den Risikoverantwortlichen bzw. Mitarbeitern der verschiedenen Abteilungen kommuniziert. Dies kann über Rundschreiben oder auch über eine RMS-Intranetseite geschehen. **Risikomanagement versteht sich nicht als Hoheitsaufgabe der Geschäftsführung** oder eines zentralen Risikomanagers. Vielmehr sollten dabei die Verantwortlichen der jeweiligen Unternehmensbereiche miteinbezogen werden. Nur so ist sichergestellt, dass alle wesentlichen Risiken im RMS erfasst werden.

Ferner muss durch die Berichterstattung der Unternehmensbereiche bzw. -abteilungen an die Geschäftsführung sichergestellt sein, dass sämtliche Risiken, die einen zuvor bestimmten Grenzwert übersteigen und mittelfristig auftreten können, der Geschäftsführung zur Kenntnis gelangen. Um die vollständige Erfassung der Risiken sicherzustellen, bietet es sich an, den Verantwortlichen der Unternehmensbereiche eine **Risikomanagement-Checkliste** an die Hand zu geben. Diese kann wie folgt aussehen:[12]

---

[12] Je nach Kerngeschäft des Unternehmens muss die Liste entsprechend erweitert bzw. angepasst werden. Sie dient lediglich als erste Grobeinschätzung von potenziellen Unternehmensrisiken.

Unternehmensrisiko	Mögliche Gegenmaßnahmen	Verantwortlich
Markteintritt von Wettbewerbsunternehmen	• Rechtzeitige Diversifikation der Marktangebote • Technologieführerschaft • Wettbewerbsbeobachtung	
Bestehende Abhängigkeit von bestimmten Zulieferern	• Erfassung von weiteren Zulieferern	
Bestehende Abhängigkeit von Hauptkunden	• Akquisition von Neukunden	
Bestehende Abhängigkeit von bestimmten Mitarbeitern ('Know-how-Monopole')	• Know-how-Splitting bzw. Transfer auf andere Mitarbeiter	
Zins- und Fremdwährungs- risiken (z.B. Zinsanstieg oder US-Dollar-Schwäche)	• Eingehen von langfristigen Kreditverträgen bzw. Devisenterminkontrakten	

Abb. 2.5: Beispiel für eine Risikomanagement-Checkliste (Teil 1)

Unternehmensrisiko	Mögliche Gegenmaßnahmen	Verantwortlich
Ausfallrisiken von Forderungen	• Factoring	
Risiken aus dem Einsatz von Finanzderivaten (zu spekulativen Zwecken)	• Schaffung von Transparenz bzw. Vermeidung von derartigen Geschäften	
Organisatorische Schwächen	• Vier-Augen-Prinzip	
Risiken aus der Produkthaftung	• Rechtliche Beratung	
Marktrisiken (nicht recht- zeitiges Erkennen von Trends)	• Marktforschung	
Risiken aus Verträgen (z.B. mögliche Drohverluste aus langfristigen Lieferverträgen)	• Rechtsberatung • Rücksprache mit dem Produktcontrolling	
Beschädigung von Sach- anlagevermögen (z.B. durch höhere Gewalt)	• Sachversicherung	

Abb. 2.6: Beispiel für eine Risikomanagement-Checkliste (Teil 2)

Alle wesentlichen Erkenntnisse, die sich aus der Risikoerfassung ergeben, sollten sich auch im „**Business Plan**" bzw. in der strategischen und operativen Planung widerspiegeln. Aus diesem Grund ist es notwendig, dass der jeweilige Abteilungs-Verantwortliche in die Planung mit eingebunden ist. Liegt beispielsweise die Plan-Zielsetzung (z.B. Umsatzziel) für einen Vertriebsverantwortlichen sehr hoch, so kann dies dazu führen, dass der Vertrieb alles dafür tut, um dieses aus der Planung vorgegebene Ziel zu erreichen, dabei aber andere Gesichtspunkte (z.B. Bonität des Kunden, Kreditlinien) außer Acht lässt und somit das Unternehmensrisiko erhöht. Die Geschäftsführung muss sich im Klaren darüber sein, dass beispielsweise hohe Rendite- oder Umsatzvorgaben in der Planung den Vertriebsverantwortlichen dazu verleiten könnten, risikoreichere Geschäfte zu tätigen. Anhand dieses Beispiels wird das **Zusammenspiel zwischen Unternehmensplanung und Risikomanagement** deutlich. Die verschiedenen Bausteine der Unternehmensführung sollten daher keinesfalls isoliert betrachtet werden.

Sind die wesentlichen unternehmensspezifischen Risiken identifiziert und deren mögliche Auswirkungen transparent dargestellt, so können in einem zweiten Schritt die entsprechenden Risikomanagementmaßnahmen bzw. eine **Risikostrategie** entwickelt werden. Wurde beispielsweise das Währungsrisiko als eines der wesentlichen Risiken identifiziert, so lassen sich daraus die finanziellen Auswirkungen in verschiedenen Szenarien darstellen (**Bruttorisiko**). In einem dritten Schritt können nunmehr adäquate Maßnahmen erarbeitet werden, wie z.B. das Eingehen von Fremdwährungskontrakten mit einem Kreditinstitut. Durch diese Gegenmaßnahmen lässt sich das ursprüngliche Risiko deutlich minimieren (**Nettorisiko**). Ziel dieses dritten Schrittes ist es, jedem wesentlichen Unternehmensrisiko eine entsprechende Maßnahme zuzuordnen und anschließend das entsprechende Nettorisiko zu ermitteln sowie transparent und strukturiert darzustellen.

Im ersten Schritt wurden die wesentlichen Risiken erfasst. Im zweiten die entsprechenden möglichen Gegenmaßnahmen formuliert. Als Drittes kommt es nun darauf an, einen entsprechenden **Maßnahmenplan für das Risikomanagement** zu erarbeiten, aus dem die operative Vorgehensweise deutlich wird. In einem Maßnahmenplan wird dargestellt, welche konkreten Handlungen von den jeweiligen Fachabteilungen bzw. Verantwortlichen durchzuführen sind. Da in den meisten, vor allem mittelständischen Betrieben, Personalressourcen lediglich in begrenztem Maße zur Verfügung stehen, kommt es darauf an, dass die zu treffenden Maßnahmen priorisiert werden. Auf diese Weise ist sichergestellt, dass die wichtigsten Schritte zuerst veranlasst werden.

Abschließend sollte das Ist-Risikomanagement-System dahingehend analysiert werden, ob die identifizierten Kernrisiken und die entsprechenden Gegenmaßnahmen sich in konsistenter Weise gegenüberstehen. Je nach Unternehmensgröße bzw. Komplexität des Geschäftsfeldes ist es dabei ratsam, sich der Hilfe Externer (z.B. Wirtschaftsprüfer, Steuerberater oder Unternehmensberater) zu bedienen. Um die Funktionalität eines RMS darzustellen, ist es ratsam, die einzelnen Schritte des RMS (Erfassung, Bewertung, Gegenmaßnahmen etc.) auch für Dritte transparent zu gestalten bzw. zu dokumentieren. Dies kann je nach Unternehmensgröße anhand eines RM-Handbuchs oder einer formlosen Dokumentation geschehen. Darin sollten die risikopolitischen Grundsätze, der Ablauf des RM-Prozesses, die Verantwortlichkeiten sowie die Terminplanung für die Einführung des RMS erfasst sein.

Am Ende dieses Arbeitsprozesses können sämtliche wesentlichen Unternehmensrisiken, einschließlich eventueller Gegenmaßnahmen sowie deren mögliche Auswirkung auf die Finanz- und Ertragslage übersichtlich dargestellt werden. Diese Aufstellung kann folgendes Aussehen haben:

Geschäftsvorfall			Bruttorisiko		Gegenmaßnahmen	Nettorisiko	
Beschreibung	Risiko	Eintrittswahr-scheinlichkeit	Mögliche Auswirkung auf		Beschreibung	Mögliche Auswirkung auf	
			Cash Flow	Ertrag		Cash Flow	Ertrag
Ausstehende Forderung in US-Dollar	Kursverfall des US-Dollars	50%	-20.000 €	-20.000 €	Hedging durch Devisenterminkontrakte	-5.000 €	-5.000 €
Wesentliche Forderung gegen Großkunden	Konkurs des Großkunden	20%	-80.000 €	-80.000 €	Factoring	-15.000 €	-15.000 €
Maschine mit derzeitigem Buchwert von 500.000 €	Beschädigung aufgrund eines Brandes	2%	0	-30.000 €	Sachversicherung	0	0

Abb. 2.7: Risikomanagement (Beispiel)

2.3.3 Nutzen eines Risikomanagement-Systems

Ein Risikomanagement-System (RMS) versteht sich als Instrument zur **Sicherung von Erfolgspotenzialen** innerhalb eines Unternehmens. Durch ein systematisch aufgebautes RMS können potenzielle Gefahren, die den Fortbestand des Unternehmens gefährden könnten, rechtzeitig erkannt und Gegenmaßnahmen ergriffen werden. Ein RMS schafft somit Transparenz über die Risikosituation eines Unternehmens.

Der Unternehmer kann durch ein RMS die **Qualität seiner Planung** verbessern und im Rahmen von verschiedenen Szenarien die jeweilige Auswirkung auf die Ertragssituation sowie den „Cash Flow" prognostizieren. Bei der unternehmerischen Entscheidungsfindung können somit mögliche Erträge den potenziellen Risiken gegenübergestellt und entsprechend bewertet werden.

Ein RMS stellt zudem sicher, dass **Verantwortlichkeiten innerhalb eines Unternehmens klar geregelt** sind. Dies ist eine Voraussetzung dafür, dass eventuelle Risiken rechtzeitig erkannt, bewertet und eingegrenzt werden können. Ein RMS trägt somit zur Risikofrüherkennung bzw. Krisenprävention bei.

Ein weiterer Aspekt ergibt sich vor dem Hintergrund der **Unternehmensnachfolge** bei mittelständischen Unternehmen. Zieht sich der bisherige Gesellschafter-Geschäftsführer aus dem aktiven Geschäft zurück, so hat er als Mehrheitseigner nicht selten den Anspruch, über wesentliche Vorgänge informiert zu sein.[13] Ein RMS bietet die Möglichkeit, sich über Bilanz

---

[13] Vgl. www.mittelstand-spezial.de (vom 24.04.2004).

sowie Gewinn- und Verlustrechnung und Planung hinaus über Chancen und Risiken zu informieren.

Wie bereits erwähnt, haben auch Banken ein gewisses Interesse an Unternehmensinformationen, z.B. bei der Kreditvergabe. Im Rahmen des eingeführten Ratings zu Basel II werden die Banken ihre Kunden bzw. potenzielle Kreditnehmer intern bewerten. Das heißt, Unternehmen werden in Zukunft wesentlich detailliertere Informationen als lediglich Jahresabschlusskennzahlen vorlegen müssen. In das Unternehmensrating der Bank fließen dabei potenzielle Chancen und Risiken der Unternehmen mit ein. Eine gute diesbezügliche Dokumentation als Ausfluss des Risikomanagements kann daher nur von Vorteil sein.

2.4 Handlungsempfehlungen

Aufgrund der gestiegenen Komplexität der Unternehmensprozesse ist es notwendig geworden, das **Risikomanagement zu systematisieren**. Aus Informationen, die möglicherweise auch bisher schon erfasst wurden, sollte nunmehr ein systematisches RMS aufgebaut werden. Ein RMS ist daher kein kostspieliges Unterfangen ohne Mehrwert für das Unternehmen. Vielmehr kann es zur langfristigen Werterhaltung und -steigerung beitragen.

Kurz- bzw. mittelfristig kommt es darauf an, sämtliche **wesentlichen Unternehmensrisiken zu identifizieren und entsprechende Gegenmaßnahmen zu ergreifen**. Langfristig sollte das Unternehmen eine Risikokultur schaffen, in der ein funktionierendes Frühwarnsystem eventuelle Fehlentwicklungen rechtzeitig aufzeigt. Risikomanagement versteht sich nicht als eine einmalige Aktion. Vielmehr kommt es darauf an, das RMS ständig auf die jeweilige Unternehmenssituation sowie an eventuelle Gesetzesänderungen anzupassen bzw. weiterzuentwickeln.

Zu jedem Unternehmen gehören Risiken. Ziel des Risikomanagements ist es nicht, Risiken zu vermeiden. Vielmehr sollen Möglichkeiten aufgezeigt werden, **unternehmerischen Risiken verantwortungsvoll und rational zu begegnen bzw. selbige einzugrenzen**. Risikomanagement ermöglicht somit eine systematische Steuerung und Kontrolle von Risiken. Ein aktives, effizientes Risikomanagement bedeutet somit das Wahrnehmen von unternehmerischen Chancen bei gleichzeitig effizientem und rationellem Umgang mit den dazugehörigen Risiken.

Jedes System ist allerdings nur so gut, wie es im Unternehmen gelebt wird. Gelingt es nicht, innerhalb des Unternehmens eine Risikokultur dahingehend aufzubauen, dass zuvor definierte Prozesse auch umgesetzt und gelebt werden, so ist das beste RMS sinnlos und erfüllt seinen Zweck somit nicht. Es ist also sinnvoll, sich je nach Unternehmensgröße und -komplexität auf die wesentlichen Risiken zu beschränken. Dabei sollten in regelmäßigen Abständen die Kernrisiken des Unternehmens erfasst und neu bewertet werden. Es erscheint nicht sinnvoll, eine 100%ige Risikoerfassung anzustreben, da dies die Mitarbeiter überlastet und den Blick für das Wesentliche verwässern kann. Kosten und Nutzen stünden zudem auch in einem Missverhältnis. Ist gewährleistet, dass das RMS effizient funktioniert und alle wesentlichen Kernrisiken abdeckt, so ist ein Mehrwert für die Unternehmen geschaffen. Je nach Situation kann es sinnvoll sein, das RMS von Externen (beispielsweise Wirtschaftsprüfern oder Unternehmensberatern) beurteilen zu lassen. Dies kann, wie bereits beschrieben, bei Verhandlungen mit Kapitalgebern von Vorteil sein.

Literaturhinweise

Badran, Samy: Zielsetzung des KonTaG, in: Gleißner, Werner, Risikomanagement im Unternehmen, Loseblattsammlung, Kapitel 5, Augsburg 2003

Cooper, Ian: Derivate, in: The Wharton School of the University of Pennsylvania, MBA-Buch zum Finanzmanagement, Stuttgart 1999, S. 319–388

Füser/Gleißner: Risikomanagement – Was ist das? in: Gleißner, Werner, Risikomanagement im Unternehmen, Loseblattsammlung, Kapitel 4, Augsburg 2003

IDW: Die Prüfung des Risikofrüherkennungssystems nach § 314 Abs. 4 HGB, Loseblattsammlung, Abschnitt PS 340, Düsseldorf 2003

IDW: WP-Handbuch 2000, Abschnitt P, Düsseldorf 2000

Kless, C.: Beherrschung der Unternehmensrisiken. Aufgaben und Prozesse eines Risikomanagementsystems, in: DStR, Heft 3/1998, S. 93–96

KPMG Deutsche Treuhand-Gesellschaft AG Wirtschaftsprüfungsgesellschaft: KapCoRiLiG, Berlin 2000

Vogler/Gundert: Einführung von Risikomanagementsystemen, in: Der Betrieb, Heft 48/1998, S. 2377–2383

3 Entrepreneure als Client Manager

Wolfgang Bechtle, *Dipl.-Wirt.-Ing.(FH), ist Bezirksleiter der Volkswagen Nutzfahrzeuge AG und Lehrbeauftragter am IME – Institut für Marketing und Entrepreneurship an der Fachhochschule Esslingen – Hochschule für Technik (FHTE).*

3.1 Entrepreneure als Zukunftssensoren der Unternehmen

Die Geschwindigkeit, mit der sich „the World of Business" verändert und Prozesse kritisch analysiert und angepasst werden müssen, erhöht sich kontinuierlich. Das heißt, mittel- und langfristige Strategien und daraus resultierende Planungsaspekte und -parameter bedürfen eines hohen Flexibilisierungsgrades. Dies hat natürlich zur Folge, dass Unternehmen, die ihre Planungen mit viel Aufwand systematisch erarbeitet und umgesetzt haben, in Zukunft nicht unerheblichen Problemen entgegen gehen, wenn sie nicht in der Lage sind, die Strategien qualitativ wie auch quantitativ den neuen Markterfordernissen anzupassen. Oftmals werden festgelegte Ziele und Wege zu Blockaden, die eine höhere Flexibilität verhindern. Wenn Ereignisse nicht so eintreffen wie geplant, wenn sich Märkte ändern und somit Ziele neu überdacht werden müssen, gehen die Diskussionen und Schuldzuweisungen schon los, ohne die exakten Gründe zu analysieren. Hier entscheidet es sich, wer in Zukunft die Gewinner am Markt sein werden. Es werden die Unternehmen sein, die sich am besten anpassen können, also diejenigen Firmen, die am schnellsten reagieren. Man kann dies auch einleuchtend mit **„Management by Speed"** bezeichnen.[1]

Entrepreneure müssen sich in dieser neuen Welt zurecht finden, in der die alten Wertvorstellungen von Stabilität nur noch in Fragmenten erkennbar sind und deren Entwicklungen oftmals sprunghaft verlaufen beziehungsweise nicht mehr vorhersehbar sein werden. Erfahrungen aus der Vergangenheit werden in der zukünftigen kompromisslosen Geschäftswelt kaum noch den Stellenwert vergangener Zeit einnehmen. Die Entwicklung von Trends, aber auch

---

[1] Vgl. Becker, 1996, S. 40.

von Werten, wird sprunghafter werden und bedarf einer äußerst sensitiven Wahrnehmungs-fähigkeit der Entrepreneure, um ihr Unternehmen auf diese neue Wirklichkeit einzustellen. Was heißt das konkret, und was wird in Zukunft von einem Entrepreneur verlangt bzw. wel-che Anforderungen werden an die Person des Unternehmensgestalters gestellt? Wenn man heute schon die Produktlebenszyklen von Gütern, aber auch Dienstleistungen analysiert, so ist exakt zu erkennen, dass sich die Zyklen viel kürzer darstellen und die einzelnen Bereiche teilweise nicht mehr genau abgegrenzt zu definieren sind.

Nehmen wir zum Beispiel die Automobilindustrie. Hier ist ganz klar erkennbar, dass Fahr-zeuge, Personenkraftwagen wie auch Nutzfahrzeuge, eine viel kürzere Fertigungszeit haben als früher. Dies resultiert nicht nur aus der Wettbewerbssituation, sondern vor allem aus den gestiegenen Kundenforderungen, aber auch aus den in den letzten Jahren sehr stark veränder-ten Gesetzen und Regelungen.

Oder betrachten wir den Markt der Finanzdienstleistungen. Wo früher fast ausschließlich gewerbliche Anbieter ihre Dienste verkauften (Banken, Versicherungen etc.), kann heute der Interessent online sein Vermögen managen und es so vermehren oder verlieren. In keiner anderen Branche werden so viele neue Marktangebote entwickelt und bestehende Anlage-möglichkeiten diversifiziert wie in der Finanzbranche. Und das mit regem Erfolg. Der Kon-sument, der Anleger und somit Kunde, muss laufend angesprochen und damit der Bedarf geweckt werden. Beispiele wie Fonds, die gegründet werden und kurze Zeit später wieder vom Markt verschwinden, oder auch Versicherungsprodukte, welche bei deren Einführung von den gesetzlichen Rahmenbedingungen ins wirtschaftliche Abseits gestellt werden, sind keine Einzelfälle. Das heißt aber auch, dass eine ausschließliche Konzentration auf Ge-schwindigkeit nach dem Motto „grundsätzlich schneller als die anderen sein" nicht unbedingt die richtige Strategie sein kann.

Märkte und deren Szenarien, aber auch die Gesellschaft ändern sich kontinuierlich. Ziel-gruppen, welche man noch vor Jahren exakt definieren konnte, verändern ihre Anforderun-gen und werden so zu kaum greifbaren Individuen mit vielfältigen und sich ständig wech-selnden Identifikationen. Diesen Gegebenheiten muss Rechnung getragen werden, es ver-langt nach flexiblen Möglichkeiten einer optimalen Kundenbetreuung.

Der Entrepreneur muss in der Lage sein, auf diese sich **kontinuierlich ändernden Bedin-gungen** einzugehen. Dies setzt allerdings voraus, dass der Entrepreneur als Verkäufer von Ideen und Strategien auch die nötige Hard- und Software besitzt und optimal einsetzen kann. Der Verkäufer muss situativ und unternehmerisch denken und handeln und darf trotzdem die Stimulanz seines Gesprächspartners nicht vernachlässigen. Es ist äußerst wichtig, dass hier die Regeln der Merkmal/Vorteilsargumentation, also des Kundennutzens, angewandt und gelebt werden.

Wer in Zukunft erfolgreich Kunden, Mitarbeiter und somit auch seine Mitmenschen gewinnen will, muss sich intuitiv in die kommenden Zeiten versetzen und somit schon die Zukunft leben. Jeder Mitarbeiter und jeder Kunde hat andere Vorstellungen und Wünsche; auf diese gilt es individuell einzugehen und sie optimal zu befriedigen. Das ist die hohe Kunst der optimalen Kundenorientierung, aber auch des Mitarbeitereinsatzes, auf dessen Klaviatur ein sensibler Entrepreneur spielen können muss.

3.2   Entrepreneure als Verkäufer

3.2.1   Verkauf ist Unternehmenskommunikation

Wenn man heute die vielfältigen Möglichkeiten der Kundenbetreuung analysiert, so fallen mehrere Faktoren positiv wie auch negativ auf. Gerade in diesem Bereich werden die meisten Fehler und Irritationen beim Kunden erzeugt. Man verkennt sich als Person, das Unternehmen, welches man vertritt, und die Marktangebote, die man dem Kunden verkaufen will. Dies beginnt bei einer nicht optimalen Bedarfserörterung bzw. -analyse und endet mit einem völlig ungeeigneten und deplazierten Angebot. Diese Fehler dürfen nicht auftreten, denn oftmals hat man nur eine Chance, die es zu nutzen gilt. Eine zweite Möglichkeit wird meistens nur dann gewährt, wenn man schon eine gewisse Bindung zum Kunden aufgebaut hat.

Daraus folgt, dass es wichtig ist, schon vor dem eigentlichen Verkaufen die Kundenbindung zu pflegen, somit das „Clienting" zu optimieren.

„**Clienting**" ist die Kunst mit Menschen umzugehen und setzt eine ordentliche Portion an Menschenkenntnis voraus. Dabei muss der Verkäufer vom Leitbild und der Philosophie des Unternehmens unterstützt werden. Leitbild und Unternehmensgrundsätze sind in Verbindung ideal geeignet, die Strategie und Ziele eines Unternehmens nach außen klar zu transportieren, und geben den bestehenden Kunden und Interessenten ein klares Bild.

Dies ist eine bedeutende Chance, Informationen über sich und das Unternehmen zu geben. Hier ist es natürlich sehr nützlich, eine klare Vision zu vermitteln. Aus dieser Vision müssen Leitlinien und Grundsätze ausformuliert und Maßnahmen abgeleitet werden können, um sie dann als Philosophie nach außen zu kommunizieren. Dabei genügt es nicht nur, diese Grundsätze auf Hochglanzprospekten zu drucken oder im Internetauftritt zu veröffentlichen, es muss von allen Bereichen getragen und gelebt werden. Dadurch ergibt sich zwangsläufig eine Unternehmens-Identität, ein unverwechselbarer Charakter des Unternehmens.

Der Entrepreneur wird jedoch nicht nur von der Unternehmensidentität unterstützt, vielmehr gestaltet er aktiv den Außenauftritt seines Unternehmens. Da er sich als Motor und Sensor versteht, hat er in diesem Bereich die Möglichkeit, relativ zeitnah und aktuell Informationen und Einschätzungen von Geschäftspartnern in den ganzen Prozess der Unternehmensphilosophie einzubringen und gegebenenfalls zu korrigieren. Dies ist ein kontinuierlicher Vorgang, er erfordert von allen Beteiligten ein hohes Maß an unternehmerischer und sozialer Kompetenz. Alle am Prozess beteiligten Bereiche müssen strukturiert an der Thematik arbeiten, Betroffene müssen zu Beteiligten werden.

Kundenorientierung, -information und -zufriedenheit gelten zur Zeit als zentrale Managementziele. Wichtig hierbei ist, dass Unternehmen ihre Kunden und deren Wünsche kennen und respektieren. „**Communicating**" ist die Schnittstelle zwischen Anbieter und Kunde. Ein leistungsfähiges Communicating verbessert nicht nur die Akzeptanz, es erhöht auch Umsatz und Rentabilität. Neue Märkte und Kunden können erfolgreicher und mit weniger Mitteleinsatz erschlossen, Wettbewerbsvorteile besser kommuniziert werden.

Der Begriff des Verkaufens und der Beruf des Verkäufers werden auch heute noch allzu oft mit dem negativen Bild des „Klinkenputzers" oder „Treppenterriers" verbunden. Dies spiegelt sich in einem geringschätzigen Flair des Verkäufers wider. Was aber dabei übersehen wird ist, dass **Verkaufen eine enorme Leistung darstellt**, die auf speziellen Leistungen und Fähigkeiten basiert mit Menschen umzugehen und zu kommunizieren. Die Zeiten, in denen zum Beispiel Finanzdienstleistungsverkäufer mit Drückermethoden ahnungslosen Mitmenschen überteuerte und unnötige Versicherungen oder Anlagemöglichkeiten verkauften, sind zum Großteil vorbei. Aufgrund der umfassenden Transparenz der Marktangebote sind heute die Kunden und Ansprechpartner hervorragend informiert und besitzen eine breite Wissensgrundlage über Wettbewerbsprodukte und -angebote. Es ist heute selbstverständlich, bei Bedarf über Internet und E-Commerce Produkteigenschaften und Vergleichsangebote einzuholen und diese im Verkaufsgespräch einzubringen.

Somit hat sich die Rolle des Verkäufers in der Vergangenheit von der abschlussorientierten Prägung zur **win/win**-orientierten Dienstleistung gewandelt. Diese Thematik fordert vom Entrepreneur nicht nur das Wissen und die Fachkompetenz über Marktangebote, sondern auch die Fähigkeit, Kundenbeziehungen kompetent aufzubauen und zu pflegen. Das beste Produkt, die innovativste Dienstleistung kann nicht optimal verkauft werden, wenn sie vom Verkäufer nicht optimal präsentiert wird und der Kunde ihren Nutzen nicht erkennen kann. Hierzu gehört eine starke Persönlichkeit und die Fähigkeit, den Kunden zu managen.

Dies ist eine äußerst komplexe Aufgabe und erfordert umfangreiche Kenntnisse in den Bereichen Fach-, Kommunikations-, Führungs- und Sozialkompetenz, aber auch die Eigenschaft hoher Flexibilität und die Fähigkeit, Veränderungen schnell zu erkennen und Maßnahmen abzuleiten. Individuelle Kundenwünsche und die Ansprüche an Serviceleistungen steigen kontinuierlich an und erfordern eine neue Dimension der Systemdienstleistung. Um sich diesen Herausforderungen erfolgreich stellen zu können, braucht der Entrepreneur eine Vielzahl an Eigenschaften, Fähigkeiten und Wissen:
- Kommunikationsfähigkeit
- Positives Denken und Handeln
- Partnerorientiertes Handeln
- Teamfähigkeit
- Beherrschung von Moderations- und Präsentationstechniken
- Fachkompetenz

- Sozialkompetenz
- Informations- und Zeitmanagement
- Coaching der Kunden
- Coaching der Mitarbeiter
- Konfliktmanagement
- Verhandlungssicherheit auf allen Ebenen
- Vernetztes Denken und Handeln
- Führungskompetenz
- Stressbewältigung
- Selbststeuerung

Diese Auflistung der Kernkompetenzen kann nur einen unvollständigen Überblick der komplexen Aufgaben darstellen, die ein erfolgreicher Entrepreneur beherrschen muss, um seine Vision, sein Unternehmen und seine Leistung profitabel einzusetzen. Das Ziel hierbei ist, die Begeisterung des Kunden zu wecken und diesen längerfristig an das Unternehmen zu binden. Das lässt sich auch mit dem umfassenden Begriff des Kundenmanagements beschreiben und beinhaltet hierbei natürlich auch das Kunden-Coaching.

3.2.2 Kunden-Coaching als aktives Partnerschaftsmanagement

Aktives Kundenmanagement hat zum Ziel, nicht nur neue Kunden zu akquirieren, sondern auch „vagabundierende" wie auch bestehende Kunden zu langfristigen Partnern zu machen. Die Verbindung, welche zukünftig die Beziehung von Partnern prägen wird, kann man auch mit „**Coaching**" bezeichnen. Ursprünglich aus dem Sportbereich kommend und als moderne Mitarbeiterführungsthematik instrumentalisiert, kann man zwei Arten des **Kunden-Coachings** unterscheiden:[2]

- strategisches Kunden-Coaching
- taktisches Kunden-Coaching

Beim **strategischen Kunden-Coaching** steht der Kundennutzen im Vordergrund, d.h. die zentralen Fragen lauten:

- Wie mache ich den Kunden mit meinem Marktangebot erfolgreicher?
- Welchen Vorteil erwirbt der Kunde, wenn er mein Marktangebot kauft?
- Wie setzt man Leistungsmerkmale in eine optimale Vorteilsargumentation um?

Strategisches Denken und Handeln ist hier der Schlüssel zum Erfolg und die zentrale Anforderung an den Verkäufer. Somit beginnt der Verkaufsprozess nicht erst, wenn das erste persönliche Gespräch beginnt, sondern schon im Stadium der Vorbereitung. Man kann das am besten am Beispiel des Automobilverkaufs erkennen. Der Verkäufer wird nicht nur die Vor-

---

[2] Vgl. Senner, 1997, S. 53 ff.

teile der Marke und des Modells hinreichend darstellen müssen, sondern sich auch umfassende Informationen über seinen Kunden, seine Bonität und wirtschaftlichen Verhältnisse beschaffen müssen, um sein Angebot als eine umfassende Dienstleistung zum Erfolg seines Kunden platzieren zu können. Wenn der Kunde seinen Vorteil erkennt, wird dadurch auch automatisch der eigene Erfolg des Verkäufers generiert. Deshalb ist ein wichtiger Faktor in diesem Prozess die Schaffung von Vertrauen und Verlässlichkeit.

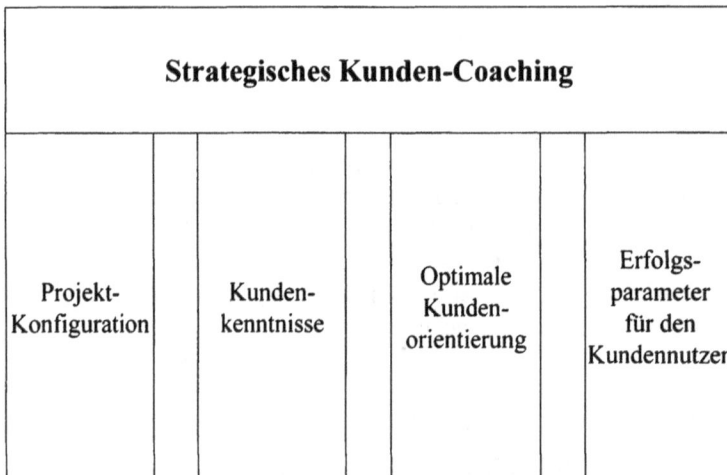

Strategisches Kunden-Coaching			
Projekt- Konfiguration	Kunden- kenntnisse	Optimale Kunden- orientierung	Erfolgs- parameter für den Kundennutzen

Abb. 3.1: Strategisches Kunden-Coaching

Beim **taktischen Kunden-Coaching** stehen die Gesprächsführung und Fragetechniken im Vordergrund. Man kann diesen Bereich auch als den operativen Teil bezeichnen. Hier lauten die zentralen Fragen:
• Wie leiste ich kontinuierliche Überzeugungsarbeit?
• Wie komme ich an für mich wichtige Informationen?
• Wie bereite ich mich auf die Gespräche vor?

Hierzu gehören verschiedene Bausteine:
• Aktives Zuhören
• Gesprächslenkung durch Fragetechnik
• Positives Gesprächsklima
• Win/win-Zielsetzung
• Motivation durch Anerkennung
• Checkliste für die Gesprächsführung

Die taktische Ebene des Kunden-Coachings hat die Aufgabe, durch den gezielten Einsatz der oben beschriebenen Bausteine das partnerschaftliche Gefühl in der Kundenkommunikation zu gestalten und den Umgang zwischen Partnern zu verbessern.

3.2.3   Entrepreneure als Key-Account-Manager

Wenn man heute die Vertriebsbereiche der großen Produzenten, z.B. in der Kosmetikbranche analysiert, so bemerkt man, dass der klassische Verkäufer, wie noch vor einigen Jahren, nicht mehr existiert, sondern der gesamte Vertrieb von wenigen Key-Account-Managern gesteuert wird.

> Beim Key-Account-Management erfolgt die Organisation der Mitarbeiter im Vertrieb nach Größe der Kunden bzw. Schlüsselkunden, denen besondere Aufmerksamkeit gewidmet werden muss. Das setzt voraus, dass der Key-Account-Manager breite und tiefe branchenspezifische Fach-, Produkt- und Markenkenntnisse besitzt.[3] Der Key-Account-Manager (KAM) baut eine Beziehung zu Kunden und Interessenten auf, bereitet Kooperationen und Allianzen vor und baut das so genannte personenbezogene Management aus. Wichtig dabei ist es, dass sich der KAM als Botschafter seines Unternehmens sieht und seinem Gesprächspartner signalisiert, dass er ihm bei der Lösung seiner Probleme helfen kann, natürlich zu beiderseitigem Nutzen.

Dabei ist der reine Verkauf von Marktangeboten nur ein Bereich, in dem der Entrepreneur Fachkompetenz beweisen muss. Ein weiterer ist die Analyse und das Wissen um die strukturellen und organisatorischen Gegebenheiten in den Firmen seiner Gesprächspartner. Ein weiterer Punkt sind persönliche Informationen über den Kunden, welche die Grundlage darstellen, um entsprechende positive Kundenbeziehungen aufzubauen. Das Entscheidende und somit die Basis dafür ist, dass der Entrepreneur einem bestimmten Anforderungsprofil entspricht. Das **Anforderungsprofil an einen Entrepreneur als Key-Account-Manager** kann wie folgt dargestellt werden:
- Allrounder sein
- Visionär und strategisch vorgehen
- Ergebnisorientiert arbeiten
- Fach-, Produkt- und Firmenkenntnis haben
- Menschenkenntnis und Einfühlungsvermögen besitzen
- Beziehungsmanagement aufbauen
- Teams und Teammitglieder begeistern und coachen
- Meetings moderieren
- Lobbying und Netzwerke aufbauen
- Nr.1-Mentalität beim Kunden erzeugen

Wie schon im vorigen Kapitel aufgezeigt, basiert der Erfolg des Entrepreneurs auf verschiedenen Erfolgsfaktoren, welche sich im Anforderungsprofil widerspiegeln. Die Fähigkeit einer systematischen Auswahl, der Analyse und Betreuung von potenziellen Kunden und Interessenten, kombiniert mit einer totalen Kundenorientierung, ist die Basis des Erfolgs. Dies spiegelt sich in proaktivem und reaktivem Vorgehen wieder und bedingt einen kontinu-

---

[3] Vgl. Kohlert, 2003, S. 200.

ierlichen Überprüfungs- und gegebenenfalls Korrekturprozess, um erfolgreich am Markt bestehen zu können.

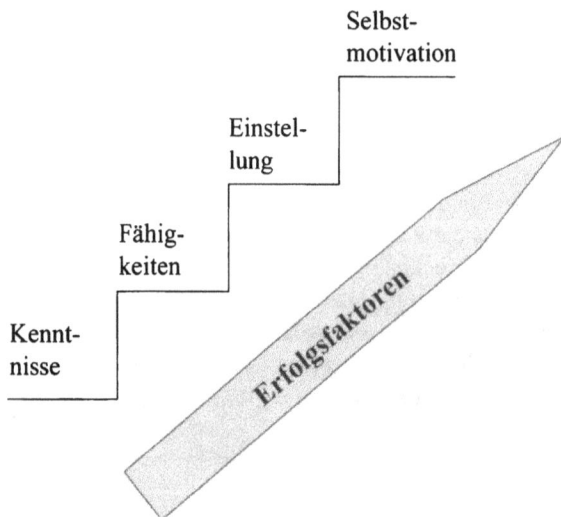

Abb. 3.2: Persönliche Entwicklung des Entrepreneurs zum Verkäufer

Ein weiterer wichtiger Punkt in einer positiven Kundenbeziehung ist der Aufbau einer Wertschöpfungskette zum Vorteil des Kunden und natürlich des eigenen. Das bedeutet im Besonderen, dass die Vorraussetzung geschaffen werden muss, eine Vorteilsargumentation aufzubauen, die dem Kunden aufzeigt, welchen konkreten Nutzen er durch das Marktangebot erwirbt. Also muss der Entrepreneur überlegen, wie er seinen Kompetenz- und Innovationsfähigkeitsgrad erhöhen bzw. verbessern kann. Daraus resultiert, dass der Kunde durch diese Verbesserung partizipiert und erfolgreicher wird. Kunden strukturieren heute ihre Lieferantenketten zu leistungsfähigen Einheiten mit Hilfe von Systemdienstleistern. Somit bilden sich Wertschöpfungsketten zum Vorteil des Kunden.[4] Dies sollte dem Entrepreneur bewusst sein, um seine Strategie in der Kundenansprache entsprechend erfolgreich konzipieren zu können.

---

[4] Vgl. Lettau, 1999, S. 34 f.

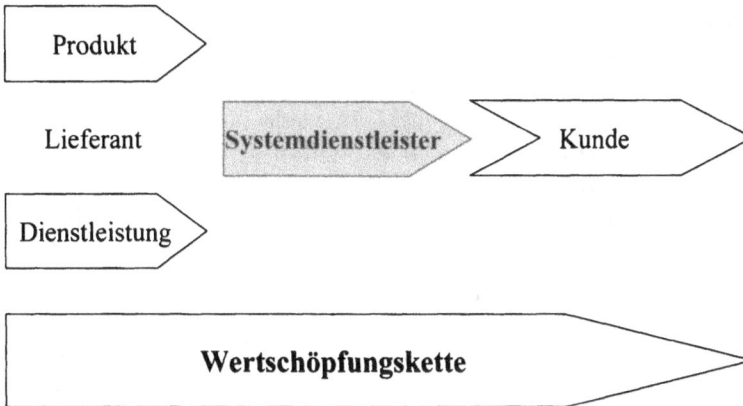

Abb. 3.3: Einbettung des Systemdienstleisters in die Wertschöpfungskette des Kunden

Die Erwartungshaltungen der Kunden und Interessenten sind verstärkt einem Wandel unterzogen und erfordern in Zukunft eine Verlagerung hin zur Kundenorientierung. Nicht mehr das Marktangebot steht im Mittelpunkt des Denkens und Handels wie in der Ära der absatzorientierten Phase, sondern eine langfristige optimale Kundenbindung. Dies lässt sich nur dann erfolgreich realisieren, wenn man den Einstieg zur optimalen Kundenorientierung vollzieht. Der Kunde steht im Mittelpunkt des Denken und Handelns. Um dieses Ziel zu ermöglichen, müssen Wege beschritten werden, welche neue Ideen und Vorschläge beinhalten. Ein hoher Grad an Kommunikation auf hohem Niveau macht dies möglich.

3.2.4   Entrepreneure als Brandmanager

Wie schon beschrieben, bedingt die Sättigung der Märkte einen generellen Wandel der Parameter im Wettbewerb. Ist ein Marktangebot erfolgreich, so wird es von allen Wettbewerbern in allen technischen und innovativen Varianten gefertigt und teilweise vielfach kopiert. Eine rasche Sättigung des Marktes einhergehend mit einem Preisverfall ist die Folge. Nur durch permanente Innovationen ist es möglich seinen eigenen Vorsprung zu sichern.

Analysiert man beispielsweise die Konsumgüterbrache und betrachtet den Wettbewerb in der Markenartikelindustrie, lässt sich dieser Trend sehr anschaulich an einem Beispiel der Kosmetikbranche erkennen, nämlich an der Marke „Nivea", einer höchst erfolgreichen Pflegeproduktserie aus dem Hause Beiersdorf. Der gesamte Marktauftritt dieser Pflegeserie ist durch sein charakteristisches und seit Jahrzehnten bei den Konsumenten bekanntes Design geprägt. In den letzten Jahren kamen jedoch Marktangebote auf den Markt, welche zum Verwechseln ähnliche Aufmachungen und Inhaltszusammensetzungen hatten, natürlich mit dem Ziel, am Produktimage des Marktführers zu partizipieren.

Anhand eines weiteren Beispiels aus dem Bereich der Hygienepapierindustrie kann diese Entwicklung ebenfalls erkannt werden. Die Papiertaschentuchmarke „Tempo", ein seit Jahrzehnten sehr bekanntes und erfolgreiches Produkt, wird mehrfach kopiert und als Handelsmarke oder Eigenmarke von Discountern auf den Markt gebracht. Während Markenartikel permanent beworben werden müssen, um den Bedarf zu wecken, können Eigenmarken als Zweit- oder Aktionsware ohne größeres Werbebudget am Markt platziert werden. Diese Produkte profitieren eindeutig vom Bekanntheitsgrad der Marken. Aus dieser Kombination von produktspezifischen Eigenschaften und neuer „Geiz ist geil"-Mentalität unserer Gesellschaft hat sich im Lebensmitteleinzelhandel eine Discounterdistributionspolitik strukturiert, welche so bekannte Firmen wie Aldi und Lidl weiter stark als eigene Marke expandieren lassen, bei gleichzeitiger hoher Rentabilität.

> Um von dieser Entwicklung profitieren zu können, sind nun Brand- und Produktmanager gefragt, das Image der Marken zu verbessern bzw. sich die Aufgabe zu stellen, die Marke neu zu positionieren. Das Ziel ist, sich, das Marktangebot und das eigene Unternehmen als Marke zu managen und sich im Wettbewerb abzugrenzen.

Ein weiteres Beispiel zeigt die Veränderung in der Branche der Automobilwirtschaft, genauer gesagt im Automobilhandel. Wo in der Vergangenheit das Einmarkenautohaus üblich war, kann man verstärkt den Trend zum Mehrmarkenautomobilhandel erkennen. Dabei unterscheidet man drei Typen:
- „Full Multi Franchising": Verkauf von mehreren Fabrikaten in einem „Showroom".
- „Dualing" oder „Trippling": Verkauf von mehreren Fabrikaten in einer „Sales Area" (Verkaufshaus), aber räumlich getrennt mit eigenem Ambiente und Corporate Identity.
- „Dealer Cluster Side": Verkauf mehrerer Fabrikate in verschiedenen Verkaufshäusern auf dem gleichen Grundstück.

Mit der kontinuierlichen Globalisierung und dem damit verbundenen intensivierten Wettbewerb schrumpften die Margen der Hersteller wie auch des Handels in dieser Branche. Man suchte nach Möglichkeiten, diesen Prozess zu stoppen oder zu relativieren. Mit dem Inkrafttreten der neuen Gruppenfreistellungsverordnung (GVO) wurde die Möglichkeit geschaffen, für mehrere Hersteller gleichzeitig aktiv zu sein. Dies rechnet sich aber nur, wenn ein entsprechender Marktauftritt gewährleistet wird und erfordert natürlich auch neue Konzeptionen und Strategien. Ebenso müssen neue Instrumente entwickelt werden, damit die Konzepte erfolgreich umgesetzt und weiter entwickelt werden können. Daraus folgt, dass der Unternehmer bzw. der Entrepreneur nicht mehr nur eine Marke oder ein Fabrikat vertritt, sondern ein Unternehmen führt, welches sich auf die neuen Herausforderungen eingestellt hat. Aus diesem Grunde ist es wichtig, das Unternehmen als Marke als Brand, darzustellen. Der Kunde wird von der Firmengruppe betreut und kann markenübergreifend beraten werden. Dadurch hat der Unternehmer die Möglichkeit, Informationen über den Kunden mehrfach zu verwenden, um eine optimale Kundenbetreuung zu gewährleisten mit dem Ziel, Umsatz und Rendite zu verbessern und die Existenz des Unternehmens zu sichern bzw. auszubauen. In unserem Falle der Automobilbranche bedeutet dies, dem Kunden eine **umfassende Dienstleistung über den Verkauf und den Service** des Fahrzeuges hinaus zu gewährleisten. Dabei wird eine Strategie entwickelt, welche auf so genannten Dienstbausteinen basiert und in das operative Tagesgeschäft integriert wird:

- Mobilitätsgarantie
- Eventmanagement und Erlebniswelten
- Finanzdienstleistungen
- Shop in Shop-Konzepte
- Mietfahrzeugdienstleistungen
- Fahrzeug- und Flotten-Management
- Fahrzeugpflegezentren
- Zeitwertgerechte Reparaturdienstleistungen
- Online-Auftritte
- Forum für gesellschaftliche Veranstaltungen
- Gebrauchtfahrzeugmarkt
- Fahrzeug-Auktionen

3.3　Strategisches Denken als Baustein für den Erfolg

Das Erkennen von Erfolgspotenzialen und deren Realisierung ist die Grundlage für eine zukunftsträchtige Partnerschaft und die daraus resultierenden dauerhaften Geschäftsbeziehungen. Die zentrale Thematik ist dabei, die Entwicklungsperspektive des Kunden zu analysieren, um daraus differenzierte Ziele zu setzen und geeignete Maßnahmen abzuleiten. Unternehmens- und Marktumfeldanalysen sind die Basis der strategischen, auf die zukünftigen partnerschaftlichen Prozesse ausgelegten Marktsegmentierung. Man kann folgende Gesichtspunkte erkennen:[5]

- Nutzenerwartungen und Bedürfnisstruktur des Absatzpotenzials
- Beschaffungsverhalten der Einkaufs- und Nachfrageorganisation
- Analyse und Strategien der Wettbewerber
- SWOT-Analyse[6] des eigenen Unternehmens
- Chancen und Risiken der Globalisierung in der eigenen Branche
- Bestimmung des Absatzpotenzials des Kunden
- Preis/Leistungs-Merkmale der Marktangebote
- Merkmale und Vorteilseigenschaften

Anhand der aus den oben beschriebenen Gesichtspunkten gewonnenen Informationen lassen sich nun so genannte Kundenportfolios erstellen.[7] Hierbei werden die unterschiedlichen Aktivitäten, Kriterien und Eigenschaften in Feldern messbar aufgezeigt und ein daraus resultierender Maßnahmenkatalog abgeleitet. In unserem Beispiel ist ein **Kundenportfolio** mit vier Feldern dargestellt, welches bei Bedarf beliebig erweitert und angepasst werden kann:

---

[5] Vgl. Richter, 2001, S. 140.

[6] Vgl. dazu die Ausführungen in: Kohlert, 2003, S. 97 ff.

[7] Vgl. Lettau, 1999, S. 22 ff.

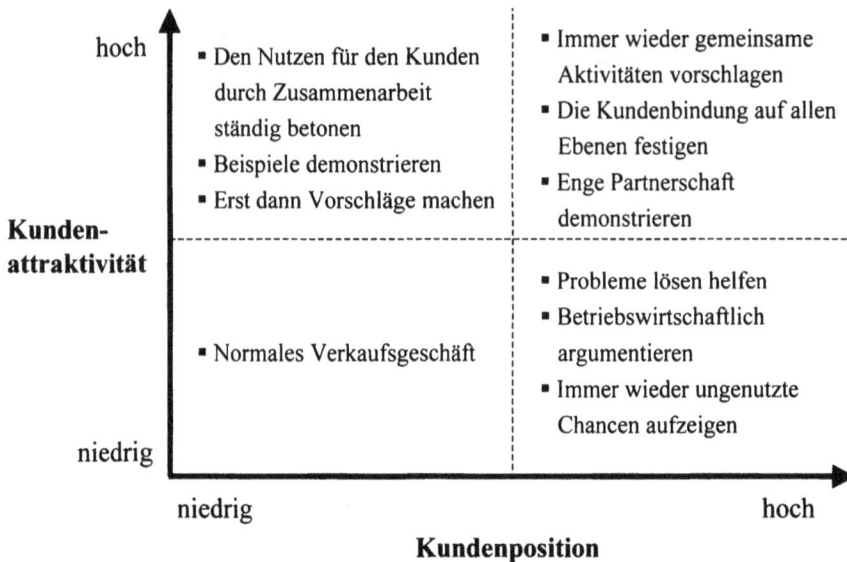

	hoch	▪ Den Nutzen für den Kunden durch Zusammenarbeit ständig betonen ▪ Beispiele demonstrieren ▪ Erst dann Vorschläge machen	▪ Immer wieder gemeinsame Aktivitäten vorschlagen ▪ Die Kundenbindung auf allen Ebenen festigen ▪ Enge Partnerschaft demonstrieren

Kunden-attraktivität

▪ Normales Verkaufsgeschäft

▪ Probleme lösen helfen
▪ Betriebswirtschaftlich argumentieren
▪ Immer wieder ungenutzte Chancen aufzeigen

niedrig

niedrig   hoch

Kundenposition

Abb. 3.4: Kundenportfolio

Unter **Kundenposition** versteht man den qualitativen und quantitativen Stellenwert des eigenen Unternehmens und somit die Position in den Augen des Geschäftspartners nach verschiedenen individuellen Kriterien:

• Zeitleiste der Geschäftsbeziehung
• Qualifikation und Image als Systemdienstleister
• A-Lieferant[8]
• Feste vertragliche Vereinbarungen und langfristige Verträge
• Hohe Affinität zu den Marktangeboten
• Positiver Umsatz und Ertragsverlauf

Die **Position der Kundenattraktivität** hängt von den verschiedenen Kundenkennzahlen und Gegebenheiten ab. Auch diese sind von Branche zu Branche verschieden und können in individuelle qualitative und quantitative Kriterien gefasst werden, zum Beispiel:

• Größe des Unternehmens
• Einbindung in eine Unternehmensgruppe
• Grad der Globalisierung
• Umsatz und Wachstum
• Image und Präsentation
• Umweltbewusstsein
• Finanzielle Ausstattung
• Qualitäten des Managements
• Gestaltung von Kooperationen

---

[8] ABC-Analyse der Lieferantenbeziehungen.

Je höher die Kundenattraktivität und Kundenposition, umso besser die Intensität der Geschäftsbeziehungen und umso höher der Grad der win/win-Situation. Man bezeichnet diese auch als **Customer-Integrations-Geschäfte**, d.h. sie weisen eine hohe Kundenbeteiligung bei der Leistungserstellung auf. Als typisches Beispiel kann ein Bereich aus der Automobilindustrie aufgeführt werden. Zulieferer der Automotive-Sparte wie Bosch, Brose, Eberspächer oder Continental entwickeln mit den Automobilherstellern nach gemeinsam erstellter Leistungsbeschreibung Systemkomponenten und fertigen und liefern diese Just-in-Sequenz direkt an die Montagebänder. Somit ergibt sich aus der Komplexität der Kundenproblemlösung ein hoher Engineering-Anteil mit komplexen Beschaffungsentscheidungen und integriertem Projektmanagement.

3.4 Der Entrepreneur vom Verkäufer zum Bestseller

3.4.1 Verkauf mit Begeisterung

Verkaufen heißt Begeisterung beim Interessenten zu wecken. Da die Marktangebote kurzlebiger und austauschbarer geworden sind, ist der Verkaufsprozess bedeutend schwieriger geworden. Preisgespräche dominieren in stärkerem Maße die Beratungsleistung und das Verkaufsgespräch, das Marktangebot und dessen Eigenschaften rücken zunehmend in den Hintergrund. Käufer erwarten auch in der Verkaufsgesprächsführung hochqualifizierte Verkäuferinnen und Verkäufer. Hier liegen die Chancen und Möglichkeiten, sich vom Wettbewerb abzuheben, um sich einen Vorteil zu verschaffen.

Wichtigstes Arbeitsmittel ist die **verbale Kommunikation**. Ziel ist es, dem Gesprächspartner Sachinformationen und Botschaften mit Hilfe von Kommunikationsinstrumenten optimal zu vermitteln. Positives Denken und Handeln ist dabei die Grundlage für eine erfolgreiche Kommunikation. Positiv denken und handeln bedeutet, die eigenen Ziele konsequent mit positivem Verhalten zu verfolgen. Erfolg ist kein Zufallsprodukt, sondern eine Folge von strukturiertem Planen und Aufbau eines harmonischen Gesprächsklimas. Somit ist es wichtig, eine hohe Zufriedenheit in der Kommunikation zwischen Verkäufer und Käufer bzw. Interessent zu schaffen:[9]
- Wortschatz erweitern
- Zuhören trainieren
- Sprache und Sprachgefühl entwickeln
- Flexibilität entwickeln
- Freude am Kunden und Verkaufen fördern
- Wahrnehmung präzisieren
- Wortwahl gestalten
- Niveau optimieren

---

[9] Vgl. Förster, 2002, S. 15 ff.

- Stimmung ausdrücken
- Körpersprache schärfen

Wege und Möglichkeiten wie „Bestseller" diese Ziele erreichen:
- Menschen begeistern
- Ursache und Wirkung beschreiben
- Gefühle ausdrücken
- Sensibilität erhöhen
- Dialoge lenken
- Einwände entkräften
- Attacken meistern
- Feindbilder auflösen
- Sicherheit ausstrahlen
- Phrasen vermeiden
- Gemeinsamkeiten entdecken
- Wissen vermitteln
- Image schärfen
- Sympathie wecken
- Verhalten optimieren
- Fundierte Informationen liefern
- Kundennutzen und Vorteile darstellen

Grundsätzlich lassen sich in der Praxis der **Verkaufsgesprächsführung** folgende Abschnitte und Bereiche erkennen und einteilen:[10] Vorbereitungsphase, Gesprächseröffnungsphase, Angebotsdarstellungs- und Argumentationsphase, Einwandbehandlungsphase, Abschlussphase und Nachbetreuungsphase.

3.4.2   Vorbereitung von Verkaufsgesprächen

Um die Effizienz des Verkaufsprozesses zu erhöhen, werden **Verkaufsinstrumente** und Hilfsmittel zur Unterstützung eingesetzt. Hierzu dienen visuelle, aber auch elektronische Hilfsmittel zur Verbesserung der Information. Als visuelle Hilfsmittel werden verwendet:
- Unternehmensbroschüren
- Sales-Folder
- Prospekte
- Videos
- CD-Roms
- Verkaufstaschenbücher
- Filme
- Muster
- Graphiken

---

[10] In Anlehnung an: Weiss, 2003, S. 139 ff.

- Berichte und Tests
- Notebooks

Als Beispiel wollen wir die Wirksamkeit des Einsatzes eines visuellen Hilfsmittels aus dem Bereich der Konsumgüterbranche, genauer gesagt des Drogerie-Discounters Schlecker, betrachten. In den Verkaufsfilialen sind meistens an den Decken oder auf Augenhöhe Fernsehmonitore positioniert. Hier wird mit Hilfe von Endlosvideos am „Point of Sales" über die aktuellen Angebote informiert. Das Medium wird sehr effektiv zur Verkaufsförderung eingesetzt. Des Weiteren lässt sich diese Art der Informationspräsentation in ein internes vernetztes Kommunikationssystem integrieren und weiterentwickeln. Kombiniert mit dem Internetauftritt des Unternehmens kann diese Art der Verkaufsförderung vom Kunden als aktive Bestellplattform genutzt werden.

Eine weitere Möglichkeit, Informationen über Unternehmen und Marktangebot effizient an den Adressaten zu geben, ist das Medium CD. Als Beispiel kann man hier Neupräsentationen im Automobilbereich nennen. Als die Volkswagen AG die neue Modellbaureihe des Golfs vorstellte, wurden alle für die Kunden relevanten Daten und Fakten mittels CD vermittelt. So lassen sich ausführlich die Merkmale und Eigenschaften des Produkts attraktiv als Vorteile und Kundennutzen darstellen. Die Vorteile dieser Möglichkeit lassen sich klar ableiten. Das Verkaufsgespräch wird für den Verkäufer erleichtert, da der Gesprächspartner die Möglichkeit hat, sich im Vorfeld über das Angebot zu informieren.

Eine weitere Möglichkeit ist der Einsatz eines elektronischen Verkaufstaschenbuches. Diese Möglichkeit hilft dem Verkäufer, das Verkaufsgespräch effizienter zu führen und aktuelle Informationen einzubinden. Mit Hilfe verschiedener Module und Datenbanken ermöglicht es dieses multimediale Instrument dem Verkäufer, gemeinsam mit dem Kunden oder Interessenten ein systematisches Verkaufs- und Beratungsgespräch zu führen und eine optimale Lösung zu erarbeiten.

Folgende Module und Bereiche sollte ein **Verkaufstaschenbuch** mittels Notebook abdecken:
- Informationen über das Unternehmen (Entwicklung, ggf. Kennzahlen)
- Organisation
- Produktinformation
- Daten und Fakten
- Preisgestaltung
- Merkmals- bzw. Vorteilsargumentation, Argumentation mit Kundennutzen
- Angebotswesen und Ausdruckmöglichkeit
- Angebots- und Auftragsverwaltung
- Vertriebssteuerungssystem und Disposition
- Dienstleistungsbereich (Finanzdienstleistungen, Serviceangebote, After-Sales-Bereich etc.)
- Terminverwaltung
- Berichtswesen
- Präsentationen
- Wettbewerbsvergleiche und -informationen
- Verkaufstraining
- Schnittstellen zu Internet und Intranet

Durch die Einbindung des „Computer Aided Selling" (EDV-unterstütztes Verkaufssystem) wird die Beratungskompetenz des Verkäufers erhöht und die kreative Kommunikation zwischen den Gesprächspartnern verbessert. Voraussetzung für den optimalen Einsatz des PCs ist allerdings die absolute Beherrschung des Instrumentes. Bei richtiger Anwendung und Nutzung erreicht man gleichzeitig eine Verstärkung der Persönlichkeitswirkung und Abschlusssicherheit.

Ohne eine **optimale und umfassende Gesprächsvorbereitung** ist eine erfolgreiche Gesprächsführung unwahrscheinlich. Je mehr Informationen über den Gesprächspartner, dessen Unternehmen, die wirtschaftliche Lage und seine Bedürfnisse bekannt sind, umso besser werden die nachfolgenden Beratungs- und Verkaufsgespräche ablaufen. Hierbei kann bei Akquisitions- und Erstgesprächen eine Informationsbeschaffung über das Internet und Branchenverzeichnisse sehr nützlich sein. Beispiele weiterer **externer Informationsquellen** sind:

- Amtliche Statistiken
- Verbandsstatistiken
- Industrie und Handelskammern
- Kreditinstitute
- Kreditauskunfteien
- Handwerkskammern
- Veröffentlichungen der wirtschaftwissenschaftlichen Institute
- Fachbücher, -zeitschriften, und -veröffentlichungen
- Forschungsberichte
- Suchmaschinen im Internet
- Zeitungsartikel
- Studien
- Adressdienstleister

Daraus folgt, dass der Verkäufer erst dann ein Gespräch zielgerichtet führen kann, wenn er ausreichende Informationen über Unternehmen, Gesprächspartner, Strukturen, Entscheidungsprozesse und Wettbewerber hat. Sämtliche Informationen sollten im Verkaufssystem bzw. Kunden- und Interessentendatenbanken gespeichert und permanent aktualisiert werden. Dadurch bietet sich die Möglichkeit, die vorhandenen Informationen weiteren Personen und Fachbereichen im eigenen Unternehmen zugänglich zu machen und zu nutzen. In der Praxis hat es sich bewährt, nach einer Checkliste vorzugehen. Die Inhalte und Strukturen müssen der jeweiligen aktuellen Situation angepasst werden. Im Folgenden ist das Beispiel einer **Checkliste für den Verkauf (Akquisition)** aufgeführt:

Ziel des Gespräches (z.B. Angebot über Produkte und Dienstleistungen)

Gegenstand des Gespräches (Beschreibung der Aufgabe etc.)

Ansprechpartner

Namen

Funktion

Bereiche, Abteilungen

Kompetenzen

Befugnisse

Persönliche Daten, falls vorhanden

Einkaufsverhalten

Telefon, Fax und E-Mail-Verbindungen

Besonderheiten

Gesprächsort

Gesprächszeitpunkt

Motive, Anforderungen, Probleme des Gesprächspartners

Merkmals-/Vorteilsargumentation, Kundennutzen
Stärken/Schwächen

Einwände des Gesprächspartners

Einwandbehandlung

Gesprächsdauer

Ergebnis

Weiterführung des Gesprächs

Angebotserstellung

Weitere Informationen

Zahlungsbedingungen

Finanzierungskriterien

Klärung offener Fragen

After Sales Service

Zusätzliche Unterlagen für weitere Gespräche

Angebotsmappe

Referenzen

Muster

Proben

Testversionen

Bilder

Videos

Beschreibung der Marktangebote

Veröffentlichungen in der Fachliteratur und -presse

Hinweise auf gesetzliche Richtlinien und Vorgaben

Abb. 3.5: Checkliste für die Akquisition von Neukunden

3.4.3   Gesprächseröffnungsphase

Das Sprichwort, „**der erste Eindruck ist der wichtigste**" trifft auch in der Gesprächseröffnungsphase zu. In dieser Phase ist die Chance am größten, Vertrauen zum Gesprächspartner aufzubauen, aber es besteht auch das größte Risiko, Misstrauen zu säen.

Die Grundlage, wie man beim Partner in Zukunft gesehen und bewertet wird, hängt von vielen Faktoren ab. Hierzu gehört sicherlich ein sicheres Auftreten und eine positive Ausstrahlung. Begeisterungsfähigkeit und persönliche Autorität, aber auch Sozialkompetenz, sind weitere wichtige Eigenschaften, um ein gutes und gegebenenfalls harmonisches Gesprächsklima aufzubauen und um Zweifel und Vorbehalte zu entkräften. Weitere wichtige Eigenschaften, um diese Phase positiv zu gestalten, sind Empathie, aber auch Entschlossenheit und nicht zuletzt seriöses Auftreten einschließlich Kleidung sowie in Bezug auf das Sprechverhalten.

Jeder erfolgreiche Verkäufer wendet die oben aufgeführten Eigenschaften in seinem individuellen Mix an und schafft so eine auf die Wünsche seines Gesprächspartners eingehende,
dem Ziel und Zweck ausgerichtete Atmosphäre. Dies ist der erste wichtige Schritt, um das
Beziehungsnetz zwischen den Partnern zu knüpfen und auszubauen. Somit bildet es die
Grundlage für weitere Gespräche und Verhandlungen. Als negatives Beispiel stellen wir uns
einen Automobilverkäufer vor, welcher in Freizeitkleidung und nicht auf die Wünsche des
Interessenten eingehend, nach kürzester Beratungszeit versucht, ein Angebot zu erstellen.
Auch so etwas soll vorkommen. Dieser Verkäufer wird, nachdem er die Chance zum Aufbau
von Vertrauen versäumt hat, Schiffbruch erleiden und wahrscheinlich keine zweite Möglichkeit bekommen, seinen Fehler rückgängig zu machen. Um solches Missverhalten zu erkennen und daraus Maßnahmen und gegebenenfalls Weiterqualifizierungen abzuleiten, setzen
die Automobilhersteller verstärkt Testkäufer, so genannte **„Mystery Shopper"**, ein. Hier gibt
man sich als potenzieller Kunde aus und versucht, mit dem Verkäufer ins Gespräch zu kommen.[11] Der Testkauf wird nach verschiedenen Kriterien durchgeführt und die Leistung des
Verkäufers, aber auch anderer im direkten Kundenverkehr arbeitender Mitarbeiter und Kollegen sowie die gesamte Atmosphäre des „Showroom" bewertet. Hier steht die kompromiss-
lose Kundenorientierung im Vordergrund. Aber nicht nur im Automobilbereich werden
Testkäufer zur Verbesserung der Kundenorientierung eingesetzt, sondern verstärkt auch im
Bereich des Kommunikationsmittelvertriebes, der Konsumgüterindustrie und des Lebensmit-
teleinzelhandels.

3.4.4 Angebotsdarstellungs- und Argumentationsphase

In der **Angebotsphase** muss sich der Verkäufer entscheiden, ob und welche Argumente er
aufführt und ob er diese explizit oder nur implizit darstellt. Natürlich spielt auch die Reihenfolge und die Art und Weise der Argumentation eine wichtige Rolle. Die Auflistung von
Referenzkunden kann die Merkmals-/Vorteilsargumentation des Angebotes unterstützen.
Alle der beschriebenen Entscheidungen haben einen wesentlichen Einfluss auf den Ausgang
des Informationsprozesses und der Verhandlungen.

Wichtig für den Verkäufer ist es, Motivlage, Bedürfnisse und Wünsche des Gesprächspartners zu erkennen und sein Angebot dementsprechend konfiguriert zu präsentieren. Die Dauer
und der Aufbau eines Verkaufsgespräches basieren stets auf einem Informationsprozess und
können dementsprechend dargestellt werden:[12]

---

[11] „Mystery Shopping" kann auch beim Wettbewerber eingesetzt werden, um seine Leistungsfähigkeit kennen zu
lernen. Diese Informationen fließen dann später in die Stärken/Schwächen-Analyse des Wettbewerbers ein und
unterstützen das eigene Unternehmen bei der Festlegung seiner Strategien.

[12] Vgl. Weiss, 2003, S. 194 ff.

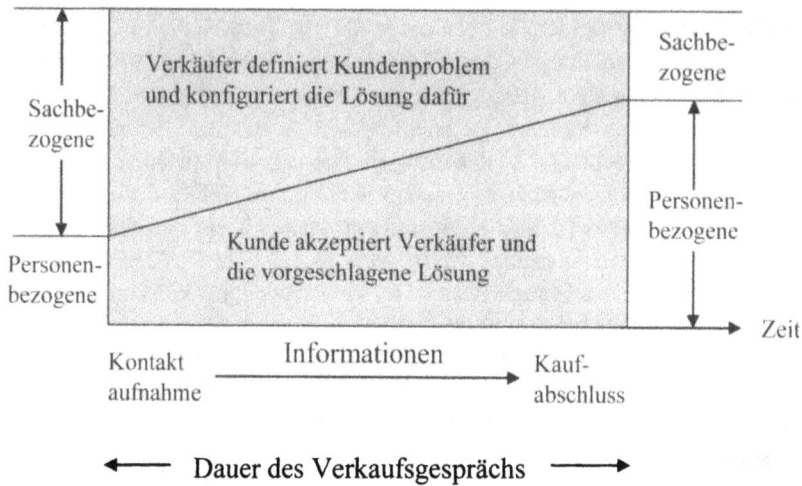

Abb. 3.6: Darstellung des Informationsprozesses

Nach der Kontaktaufnahme stellt der Verkäufer die Merkmale seines Marktangebots mit dem verbundenen Kundennutzen stärker in den Vordergrund. In einem permanenten Austausch von Informationen gewinnt der Verkäufer mehr und mehr Details, um so ein konkretes und ansprechendes Angebot unterbreiten zu können. Hierbei handelt es sich um einen kontinuierlichen Lernprozess in der Beziehung von Verkäufer und zukünftigem Käufer. Daraus resultiert, dass beide Seiten umfassend über den anderen informiert werden.

> Wichtig bei der Erstellung des Angebotes ist es, dass dieses so aufgebaut ist, dass der Gesprächspartner schnell und einfach seine Vorteile beim Erwerb der Marktangebote exakt erkennen kann.

In der **Argumentationsphase** werden alle Argumente genannt, welche für das Angebot relevant sind und mit einem Erwerb verbunden sind. Diese bestehen aus:
- Strategischen Vorteilen
- Wirtschaftlichen Vorteilen
- Materiellen Vorteilen
- Taktischen Vorteilen
- Ideellen Vorteilen
- Qualitativen Vorteilen
- Subjektiven Vorteilen

3.4.5 Einwandbehandlung

Der Gesprächspartner, sprich der Kunde, wird vom Verkäufer und dessen Angebot eine bestimmte Leistung erwarten. Diese Erwartungshaltung setzt den Maßstab und kann sich an marktüblichen Leistungsversprechen orientieren, subjektive oder objektive Eigenschaften mit einbeziehen. Leistungen, die der Kunde nicht erkennen kann oder nicht wahrnimmt, erfüllen seine Erwartungen nicht: Es entsteht ein Wahrnehmungsproblem. Ebenso verhält es sich mit Unklarheiten und Missverständnissen. Die Folge davon sind begründete oder unbegründete Einwände des Gesprächspartners. Hierbei kann man zwei **Arten der Einwände** erkennen: die unausgesprochenen und die ausgesprochenen. Beide sind bewusste Einwendungen, bei denen es sich um mehr oder weniger klares Wissen über etwas handelt, welches sich hier und jetzt ereignet. Sie bieten dem Verkäufer die Chance und Gelegenheit, sein Angebot detailliert zu unterbreiten und die Vorteile nochmals darzustellen und vom Wettbewerb abzuheben. Auch besteht in der Einwandbehandlung die Möglichkeit, die Bedürfnisse und Wünsche des Kunden nochmals zu hinterfragen und gegebenenfalls das Angebot zu überarbeiten. Oberstes Ziel der Einwandbehandlung muss sein, Unklarheiten und Missverständnisse auszuräumen, um so den angestrebten Abschluss zu beschleunigen. Auch hier befinden wir uns in einem aktiven Kommunikationsprozess.

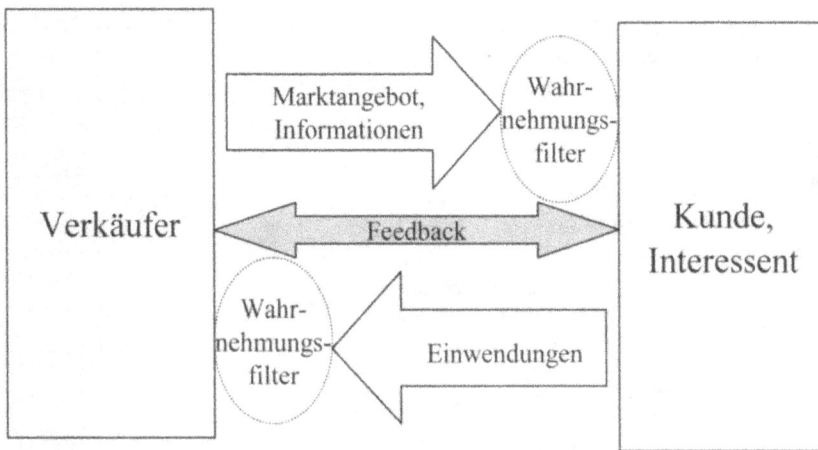

Abb. 3.7: Kommunikationsprozess Einwandbehandlung

Wie schon dargestellt, wird die Erwartungshaltung und damit die Wahrnehmung der Qualität eines Marktangebots meistens von einer vorgefassten Meinung der Kunden beeinflusst. Sie nehmen Informationen über das Marktangebot und seine Eigenschaften sowie die preisliche Positionierung und Wirtschaftlichkeit durch einen Wahrnehmungsfilter selektiv auf. Ebenso verhält es sich mit ihren Einwendungen. Der Verkäufer nimmt diese gleichfalls gefiltert auf. Grundsätzlich hängt es von der Einstellung des Verkäufers ab, wie offen der **Feedbackprozess** gestaltet wird und woraus die Unzufriedenheit seitens des Kunden und Interessenten in Bezug auf das Angebot resultiert. Werden diese Feedbackinformationen untersucht und ausgewertet, lassen sich daraus wiederum Maßnahmen ableiten, um Marktangebote zu verbessern. Man kann somit ergebnisorientiertes Feedback auch als kontinuierlichen Lern- und

Verbesserungsprozess bezeichnen. Besonders bewährt hat sich diese Technik bei größeren Projekten, bei denen verschiedene Bereiche und Gesprächspartner in die Angebotsphase miteinbezogen werden müssen und am Entscheidungsprozess mitwirken. Je komplexer das Marktangebot, umso komplexer auch der Kaufentscheidungsprozess und umso mehr Personen sind an der Entscheidung beteiligt. Die Entscheidung erfolgt dann nicht mehr durch eine Einzelperson, sondern durch ein Einkaufsgremium. Oftmals geht der Entscheidung eines Projektes ein vielschichtiger Meinungsbildungsprozess voraus, der sich aus Sachbewertungen auf technischer und kaufmännischer Ebene zusammensetzt. Persönliche und unternehmenspolitische Interessen und Einflüsse können ebenfalls eine Rolle spielen.

Zur Verdeutlichung können wir ein Beispiel aus der Konsumgüterindustrie, genauer der Hygienepapierbranche analysieren. Das Einkaufsverhalten und die Kaufentscheidung der Einkaufsbereiche großer Discounter und Lebensmittelketten wie Aldi, Lidl, Edeka oder Norma hängt nicht selten von der Vertriebsstrategie in den einzelnen Bereichen ab. Toilettenpapier, Küchenrollen oder Papiertaschentücher können aus verschiedenen Grundstoffen wie reinem Zellstoff oder Recyclingpapier bestehen. Weitere qualitative Merkmale sind die Anzahl der Lagen und Blätter, die Grammatur mit Klebstoff und Prägung, die Bedruckung und letztendlich die Verpackung. Zusätzliches Kriterium ist die Präsentation in den Verkaufsstellen und der Marketing-Mix wie die Werbung, aktive und passive Verkaufsunterstützung am „Point of Sales" (POS) sowie die Möglichkeiten, Aktionen durchzuführen. Im Bereich Toilettenpapier wird ein gut sortierter Discounter immer eine Produktpalette von 2-, 3-, 4-lagigem Papier aus Zellstoff und Recyclingmaterial anbieten, um eine gesamte Preisspanne abdecken zu können. Argumente bzw. Einwände für oder gegen ein Angebot können hierbei sein:

- Beschaffenheit der Perforierung
- Haftung von Grammatur und Prägung
- Weißheitsgrad des Papiers
- Liefertreue des Lieferanten bzw. Herstellers
- Einsatz von Bleichmitteln
- Gewährung von Zahlungszielen
- Unterstützung bei Aktionen
- Stabilität der Verpackung
- Reklamationsmanagement des Lieferanten
- Testergebnisse von Verbraucherverbänden
- Referenzen
- Permanenter Qualitätsstandard
- Logistik und Distributionsverhalten des Spediteurs

Es lässt sich schon bei dieser Aufzählung von Kriterien anhand dieses Artikels, der im Zehntel-Cent-Bereich pro Einheit gehandelt wird, erkennen, wie wichtig es ist, sämtliche mögliche Entscheidungsmerkmale argumentativ zu untermauern, um Einwendungen seitens des Kunden zu entkräften.

Menschen, Kunden, Geschäftspartner und Einkäufer suchen die Sicherheit bei der Entscheidung und hinterfragen die Richtigkeit ihrer Wahl. Hier können weitere Gründe für unbewusste Einwendungen liegen. Das Gefühl der Unsicherheit erinnert den Gesprächspartner, dass sein Tun und Machen, aber auch sein unternehmerisches Denken und Handeln, immer auch Auswirkungen auf seine zukünftigen persönlichen und unternehmenspolitischen Entscheidungen hat, denen er möglichst schnell entfliehen möchte. Deshalb ist es wichtig, dass der Verkäufer dem Interessenten in der Einwandbehandlung das Gefühl der Sicherheit gibt, die optimale Leistung zu erwerben.

3.4.6   Abschlussphase

Ziel des gesamten Kommunikationsprozesses im Ablauf der Gestaltung von Verkaufsgesprächen ist der erfolgreiche Abschluss. Dies ist der Zeitpunkt, bei dem der Verkäufer der Meinung ist, dass sämtliche Eigenschaften und Merkmale seiner Leistung zum Nutzen und Vorteil des Kunden argumentativ dargestellt worden sind und der Kunde sich zum Kauf entscheidet. In dieser Phase ist es wichtig, dass jetzt nicht durch Gespräche über Nebensächliches oder ungeschickte Formulierungen und Ausschweifungen der mögliche Kaufabschluss verhindert wird. In unserem Beispiel aus der Konsumgüterindustrie können dies z.B. Aussagen über die Umweltverträglichkeit der Verpackungen bzw. wegen fehlendem „Grünen Punkt", Probleme mit dem Logistikunternehmen oder auch noch nicht exakt definierte Zahlungsmodalitäten sein. Ebenso negativ fallen dabei so genannte **„nützliche Ausgaben"** in Form von abschlussfördernden Maßnahmen wie Korruption und Bestechung ins Gewicht. Hierzu können schon Einladungen zu Geschäftsessen oder Geschenke an Einkäufer zählen. Diese Aufwendungen sind besonders bei den großen Discountern und Handelsketten sehr sensible Angelegenheiten und haben nicht selten den Einkaufsverantwortlichen, wie auch dem Anbietenden negative Auswirkungen gebracht. Bei den Einkäufern hat die Annahme solcher Zugeständnisse oftmals Reglementierung oder sogar Entlassung zur Folge, beim Anbietenden meistens den sofortigen Abbruch der Geschäftsbeziehungen. In diesen extremen Fällen kann durch die Aufdeckung und Veröffentlichung solcher monetären Beeinflussungen sogar bei anderen, schon bestehenden Geschäftsbeziehungen auch deren Existenz gefährdet sein. Also heißt hier die Devise, äußerst sensibel zu agieren.

Die schwierigste und kritischste Aufgabe ist jedoch das **Interpretieren und Erkennen der Kaufbereitschaft des Gesprächspartners**. Vielfach ist die mangelnde Abschlusssicherheit des Verkäufers der einzige Grund, einen bis dato komplexen Verkaufsgesprächsverlauf nicht zu einem positiven Ende zu bringen. Verbale und nonverbale Kaufsignale werden ignoriert oder Abschlusstechniken situativ falsch angewandt.

Die Auswahl der erfolgreichen Anwendung der verschiedenen **Abschlusstechniken** sollte situationsbedingt erfolgen und erfordert eine kundenspezifische und individuelle Vorbereitung. Verschiedene Abschlusstechniken können zur Anwendung kommen:
- Alternativtechnik
- Zusammenfassungstechnik
- Feststellungstechnik
- Vorteilstechnik

- Argumentationstechnik
- Pro- und Kontratechnik
- Referenztechnik
- Teilentscheidungstechnik

Alle Abschlusstechniken sind erlernbar und werden von Verkaufstrainern und Schulungs-
instituten angeboten. Ein wichtiges Kriterium für die Auswahl und Entscheidung für ein
Seminarangebot sollte die praktische Erfahrung des Seminarleiters sein. Bei der Praxiserfahrung der Trainer trennt sich die Spreu vom Weizen. Das Schulungsangebot in diesem
Bereich ist sehr vielfältig und umfangreich. Vielfach werden Schulungen angeboten, welche
fast ausschließlich von Theoretikern durchgeführt werden, aber wenig Bezug zur Praxis
haben. Von diesen Seminaren kann hier nur abgeraten werden, da weder auf die komplexen
Probleme und Hindernisse im Verkaufsgespräch eingegangen wird, noch praktische Lö-
sungsansätze gelehrt und geübt werden. Dabei stehen nicht nur die einzelnen Techniken im
Vordergrund, sondern auch die Entwicklung und Optimierung der individuellen Einstellung
des Verkäufers. Ein guter Trainer versucht nicht nur die Motivation zu verbessern und Verhalten zu ändern, sondern auch Erkenntnisse zu wecken und den eigenen Stil zu fördern.
Unter diesem Aspekt sollten Schulungsangebote auf erstklassige Referenzen und nachgewie-
sene Erfolge überprüft werden.

3.4.7   Nachbetreuungsphase oder After-Sales-Phase

Wurde das Verkaufsgespräch erfolgreich abgeschlossen, so sollte der Verkäufer den weiteren
Ablauf und sein Vorgehen planen. Ebenso verhält es sich natürlich bei einem negativen Ergebnis der Verhandlungen. Dabei ist es wichtig, die Fehler bzw. die Tatsachen zu ergründen,
warum der erfolgreiche Abschluss misslungen ist und welche weiteren Maßnahmen getroffen werden, um in die erneute Angebotsphase treten zu können. In der Praxis hat es sich
bewährt, mit individuell konfigurierten Checklisten zu arbeiten. Wie schon beschrieben, ist
die Zufriedenheit des Kunden nach dem Verkauf und die win/win-Situation ein wichtiger
Aspekt. Nur so kann eine dauerhafte Kundenbeziehung aufgebaut werden. Wer verhindern
will, dass unzufriedene, aber auch zufriedene Kunden still und leise zum Wettbewerber ab-
wandern, muss eine Möglichkeit schaffen, ihre Wünsche und Ziele zu hinterfragen. Decken
sich die Wünsche und Bedürfnisse der Kunden mit dem Nutzen des Marktangebots, so steht
meistens einer weiteren erfolgreichen Kundenbeziehung nichts im Wege. Zu Dissonanzen
allerdings kann es kommen, wenn Erwartungen an die Leistungen nicht erfüllt werden. Hier
ist es wichtig, dass der Verkäufer erster Ansprechpartner bei Problemen ist und diese im
Verbund mit den involvierten Bereichen bearbeitet und löst.

Dabei sollte man auf ein professionelles Reklamationsmanagement zurückgreifen können.
Dieses Kundenforum schafft dafür die organisatorische Basis. Man bezeichnet dies auch als
„Customer Relationship Management" (CRM). Das CRM beinhaltet die Software, das
Marketing, die Organisation und die unternehmerische Philosophie. Dabei steht in allen
Unternehmensprozessen der Kunde im Mittelpunkt. Sämtliche vertriebliche Abläufe sind auf
ihn ausgerichtet. Somit können Prozesse im Verkaufsbereich kontinuierlich ausgewertet
sowie hinterfragt und bei Bedarf den Erwartungen der Kunden angepasst werden. Professio-

nelle Systeme beinhalten nicht nur Adressen, Kundendaten und Gesprächs- bzw. Kontaktbe-
richte, sondern bieten auch die Möglichkeit individueller Mailings und Auswertungen zu
„Benchmarking" und „Best-Practice"-Vergleichen.[13] In Verbindung mit Führungsinstrumen-
ten wie „Total Quality Management", Innovationsmanagement und Kunden/Feedback-Pro-
zessen übernimmt das CRM wichtige sensor- und impulsgebende Funktionen in einem integ-
rierten Frühwarnsystem. Daraus ergibt sich ein Prozess des kontinuierlichen Lernens mit
einer daraus resultierenden proaktiven Steuerung von positiven Veränderungen in einem
dynamischen und komplexen Umfeld. Bei richtiger Anwendung steigt durch die Verbesserung der Betreuungsqualität die Zufriedenheit der Kunden.

---

[13] Vgl. Hettich/Hippner/Wilde, 2000, S. 1346 ff.

Literaturhinweise

Becker, Rainer: Speed-Management zur Steigerung des Unternehmenswertes, Bern 1996

Förster, Hans-Peter: Bestseller Image, F.A.Z Institut für Management-, Markt- und Medieninformationen (Hrsg.), Frankfurt a. M. 2002

Hettich/Hippner/Wilde: Customer Relationship Management (CRM), in: WISU, Heft 10/2000, S. 1346–1366

Kohlert, Helmut: Marketing für Ingenieure, München/Wien 2003

Lettau, Hans-Georg: Partner Kunde, Leonberg 1999

Richter, Hans Peter: Investitionsgütermarketing, München 2001

Senner, Peter Josef: Kunden-Coaching, Würzburg 1997

Weiss, Hans Christian: Verkaufsgesprächsführung, Ludwigshafen 2003

4   Entrepreneure bauen Strukturen

Klaus-Dieter Schinkel, *Dipl.Kfm., geschäftsführender Gesellschafter der Herrenberger Unternehmensberatung GmbH, Lehrbeauftragter für „Interpersonal Skills" an der Fachhochschule Esslingen – Hochschule für Technik (FHTE), Fachbereich Betriebswirtschaft und Lehrbeauftragter für „Projektmanagement" an der Berufsakademie Horb, Fachbereich Informationstechnologie, Beiratsvorsitzender des Instituts für Marketing und Entrepreneurship (IME) an der FHTE.*

4.1   Überblick

Führungskräfte sorgen für Strukturen und sind eingebettet in Strukturen. Das Nachdenken über Strukturen kann ganz unterschiedliche Aspekte betreffen. Das **Nachdenken über Strukturen** beginnt in der Regel bei den organisatorischen Strukturen des Unternehmens. Dabei gibt es zwei grundsätzliche Betrachtungsmöglichkeiten. Der Entrepreneur muss die rechtliche Organisationsform wählen und er muss die innere Aufbau- und Ablauforganisation festlegen. Im nachfolgenden Abschnitt steht weniger der rechtliche Unternehmensrahmen im Vordergrund, sondern vielmehr der personalwirtschaftliche Rahmen. Welche Unternehmenskultur soll dieses Unternehmen haben? Die Auswahl der Personalstrategie für das Unternehmen hängt von zwei Faktoren ab. Dies sind zum einen die Vorstellungen des Gründers und zum anderen die Situation des Unternehmens und daraus resultierende Notwendigkeiten. Beim Start kommt es ganz wesentlich auf die Einstellungen und Vorstellungen des Entrepreneurs an. Im weiteren Verlauf des Lebenszyklus jedes Unternehmens kommt es unweigerlich zu Veränderungen und neuen Anforderungen an die Personalstrategie, die nicht deckungsgleich sein müssen mit den Vorstellungen des Entrepreneurs. Diese Thematik wird im Abschnitt „Entrepreneure bauen organisatorische Strukturen" behandelt.

Entsprechend der gewählten Personalstrategie, dem **HR Blueprint** des Entrepreneurs, entscheidet sich, welche Bedeutung dem Personalwesen des Unternehmens zukommt. Konkret verbirgt sich dahinter die Frage, ob das Personalwesen vor allem verwaltende Funktionen übernimmt und sich ausschließlich mit der Personalabrechnung beschäftigt, oder ob das Personalwesen eine strategische Bedeutung erlangt und Personalauswahl und -entwicklung entlang der unternehmerischen Zielsetzung voranbringt. Dieser Teil muss auch den Aufbau, die Entwicklung und die Ausrichtung der Führungsmannschaft behandeln („Entrepreneure bauen ihr Führungsteam").

Neben dem Führungsteam bauen sich Entrepreneure im Unternehmen ein Netzwerk von Unterstützern auf. Dieses Netzwerk ist insbesondere in schnell wachsenden Unternehmen und hinsichtlich der sich ständig wandelnden Anforderungen des Marktes von Bedeutung. Wechselnde Anforderungen des Marktes und Wachstum führen unweigerlich zu Veränderungs- und Transformationsprozessen des Unternehmens. Veränderungen müssen schnell realisiert werden können, sonst besteht die Gefahr, dass sie ins Leere laufen und versanden. Dazu braucht der Entrepreneur ein Netzwerk über die Führungsmannschaft hinaus. Dieses Thema wird in „Entrepreneure bauen ein Netzwerk" behandelt.

Die drei „Baustellen" haben eine gemeinsame Basis. Viele (fast alle) Entscheidungen des Entrepreneurs hängen von seiner Einstellung den Menschen gegenüber ab. Welches Menschenbild hat er? Dies beeinflusst ganz wesentlich seine Fähigkeit, Vertrauen in andere Menschen zu haben. Deshalb wird abschließend im Abschnitt „Der rote Faden für die Aufbauarbeit – Vertrauen" das Phänomen Vertrauen behandelt.

4.2 Entrepreneure bauen organisatorische Strukturen

4.2.1 Prozessinnovationen

Die betriebswirtschaftliche Fachliteratur beschäftigt sich an dieser Stelle bevorzugt mit aufbau- und ablauforganisatorischen Überlegungen. Es gibt eine Fülle von Konzepten, insbesondere zur Gestaltung der Ablauforganisation. **Prozessgestaltung** und Prozessorientierung sind Lieblingswörter sich modern gebender Manager. Die Beschäftigung mit Prozessen ist aktuell und das sicher zu Recht, denn Unternehmen, die es schaffen, andere, **neue Prozesse zu etablieren, verändern ganze Märkte**, wie das Beispiel Dell belegt: Dell baut keine besseren Personalcomputer als IBM, Fujitsu-Siemens oder Compaq und doch ist Dell derzeit erfolgreicher als seine Wettbewerber. Dell hat den Verkaufsprozess anders organisiert und damit neu definiert. Während die meisten Hersteller von Personalcomputern ihre Produkte erst fertig bauen und dann über eine eigene Verkaufsorganisation oder große Ladenketten vertreiben, geht Dell einen anderen Weg. Der Kunde konfiguriert und bestellt seinen PC über das Internet. Dell garantiert, dass der Kunde exakt den gewünschten PC in relativ kurzer Zeit erhält. Darauf wurden die logistischen Prozesse und die Fertigung bei Dell abgestimmt. Die **Neudefinition dieser Prozesse** hat den Verkauf von Personalcomputern grundlegend verändert. Ähnlich wie Dell setzt Amazon auf das Internet. Der Kunde sucht und bestellt die gewünschte Literatur über das Internet. Amazon garantiert eine schnelle Lieferung. Durch die Kombination von Buchversand und Auktion gebrauchter Literatur geht Amazon sogar noch weiter. Der Kunde hat die Wahl. Entweder kauft er die gewünschte Literatur zum offiziellen Ladenpreis bei Amazon und hat nur den Bequemlichkeitsvorteil des Einkaufs am Schreibtisch oder er kauft inzwischen dasselbe Werk gebraucht von einem der Amazon-Partner. Amazon organisiert den Kaufprozess, der Bequemlichkeitsvorteil bleibt erhalten. Darüber hinaus erhält der Kunde noch einen teilweise massiven Preisvorteil. Der traditionelle Buchhandel tut sich schwer, eine Antwort auf diese Neudefinition des Kaufprozesses für Bücher zu finden.

Der **Entrepreneur** muss sich sein Unternehmen erst noch schaffen. In der Regel hat er eine vage Vorstellung, wie das eigene Unternehmen zu sein hat oder auch wie es nicht sein darf. Daniel Goeudevert zitiert Hannah Arendt, die gesagt hat: „Der einzige Weg das Unvorhersehbare zu beeinflussen, besteht darin, Versprechungen zu machen und sie einfach einzuhalten"[1]. Wer Versprechungen macht, muss seine Vorstellungen von der zukünftigen Wirklichkeit bereits kennen. Davon handelt der nächste Abschnitt.

4.2.2 Grundvorstellungen einer Organisation nach Baron & Hannan

Baron & Hannan haben 2002 die Ergebnisse einer Untersuchung vorgestellt, in der annähernd 200 High-Tech-Start-Ups in Kaliforniens Silicon Valley über den Zeitraum von acht Jahren begleitet wurden.[2] Ziel der Untersuchung war es, herauszufinden, wie die Gründer dieser Unternehmen die organisatorischen und personalpolitischen Herausforderungen der Gründungsphase bewältigten und welche dauernden Effekte diese frühen Entscheidungen auf die Unternehmen hatten. Dazu wurden Gründer, Vorstände und Personalleiter interviewt, diese Interviews wurden durch die Sammlung von zugänglichen Informationen über Strategie, Personalpolitik, Finanzierung etc. ergänzt.

Ein Ergebnis dieser Studie lautet, dass bereits vor der Gründung eine Vorstellung über die **Kultur des Unternehmens** in der Vorstellung des Gründers vorhanden ist. Diese Vorstellung ist in Teilen nicht explizit vorhanden, lässt sich jedoch aus Äußerungen, die in den Interviews gemacht wurden, herleiten. In den Interviews machten Baron & Hannan drei Kerndimensionen zur Frage aus, wie Arbeit und Personaleinstellung organisiert sein sollten.[3] Die Dimensionen betreffen Bindung an das Unternehmen, Koordination und Kontrolle sowie Personalauswahl.

Diese Dimensionen haben verschiedene Ausprägungen. So wurde die Bindungsdimension in drei Varianten beantwortet. Dies wird am Beispiel „**Bindung an das Unternehmen**" durch „Zugehörigkeit, Arbeit oder Geld"[4] dargestellt:

- **Zugehörigkeit**: Ein Teil der Entrepreneure hatte die Vorstellung, dass Mitarbeiter an das Unternehmen gebunden werden können, weil sie sich zu dem Unternehmen zugehörig fühlten. Es macht einfach Spaß zur „community" zu gehören: Das Unternehmen als große Familie mit der Betonung des Wir-Gefühls.
- **Arbeit**: Ein anderer Teil wollte Mitarbeiter mit der Arbeit an sich und der daraus resultierenden Zufriedenheit binden. Die Arbeit ist herausfordernd und spannend. Die Arbeit beschäftigt sich mit den neuesten technologischen Entwicklungen und bindet alle Interessierten auf diese Weise.

---

[1] Goedevert, 1999, S. 12.

[2] Vgl. Baron/Hannan, 2002.

[3] Vgl. ebenda, S. 10.

[4] Ebenda.

- **Geld**: Die letzte Gruppe betrachtete das Thema der Mitarbeiterbindung wenig spektakulär über finanzielle Interessen. Arbeit gegen Geld stellt einen reinen Austauschprozess dar.

Ähnlich verhält es sich mit den anderen Dimensionen, jede hat verschiedene Ausprägungen. Von den Interviewpartnern wurden lediglich fünf Kombinationen genannt, deshalb werden auch nur diese Modelle betrachtet:[5]

- Das am häufigsten genannte Modell ist das **Ingenieur-Modell**, das Mitarbeiter durch herausfordernde Arbeiten an das Unternehmen bindet, auf informelle Kontrolle setzt und nach Fähigkeiten auswählt.
- Das **Star-Modell** bindet Mitarbeiter ebenfalls durch herausfordernde Arbeit, unterstellt bei seinen Mitarbeitern ein Arbeitsethos, das Kontrolle in die Eigenverantwortung legt und setzt bei der Auswahl eher auf langfristige Aspekte und zukünftigen Nutzen. Firmen, die nach diesem Modell gegründet wurden, wählen bevorzugt Abgänger von Eliteschulen mit hohem Potenzial.
- Das **Bindungs-Modell** bindet Mitarbeiter eher emotional-familiär, setzt auf informelle Kontrolle und achtet bei Einstellungen vor allem auf das „cultural fit'.
- Das **Bürokratie-Modell** ähnelt dem Ingenieur-Modell hinsichtlich der Bindungswirkung und der Auswahlprinzipien, setzt aber eher auf formale Kontrollmechanismen statt informeller Kontrolle.
- Das **Autokratie-Modell** bindet über die finanzielle Motivation, kontrolliert eher direkt und wählt Mitarbeiter nach ihren Fähigkeiten aus.

Die drei von Baron & Hannan genannten Dimensionen sind geeignet, Reflektionsprozesse über Organisationsformen von Unternehmen anzustoßen.
- Wie ließe sich die Organisationsform einer deutschen Behörde beschreiben?
- Wie die von großen Unternehmen der Automobil- und Elektroindustrie?
- Warum tun sich viele Firmen schwer, das Wir-Gefühl der Mitarbeiter zum Unternehmen zu stärken?
- Warum fällt es vielen Unternehmen schwer, ein verabschiedetes Qualitätsmanagementsystem (z.B. nach ISO 9001) auch zu leben?
- Warum sind groß angelegte Veränderungen der Organisation nur mit erheblichem Aufwand möglich?

Baron & Hannan versuchten nicht nur zu erklären, wie Entrepreneure die Herausforderungen bewältigten, sondern auch zu zeigen, welche langfristigen Auswirkungen Entscheidungen hatten. Wie unterscheiden sich die Entwicklungsverläufe der verschiedenen „HR Blueprints"? Welche Modelle sind erfolgversprechend? **Lohnt es sich, einmal getroffene Organisationsentscheidungen langfristig beizubehalten?** Der gesunde Menschenverstand gibt uns mehrere Antworten:
- Einerseits **verwirren Veränderungen**, vor allem tiefgreifende, radikale Veränderungen die Betroffenen. Da werden die Mitarbeiter verwirrt, die sich fragen, welche Auswirkun-

---

[5] Vgl. Barron/Hannan, 2002, S. 11.

gen dies auf sie und ihre Arbeit hat. Es werden Ängste geweckt. Jeder, der tiefgreifende Veränderungsprozesse in Unternehmen bereits erlebt hat, wird Beispiele zitieren können. Scott Adams hat dies in seinen Comics und Geschichten um Dilbert, seinen eher tragischen Held, wunderbar verarbeitet.[6] Change-Management, eine Beratungsdienstleistung, hat sich in den letzten zehn Jahren etablieren können und verspricht Abhilfe für viele der auftretenden Probleme.[7]

- Auch Kunden und Lieferanten können von Veränderungen betroffen sein. Auch sie reagieren häufig zurückhaltend. Wenn ein Unternehmen, das bislang einschätzbar war, sich radikal verändert, heißt das gegebenenfalls für einen Kunden, dass er die zukünftige Entwicklung und möglicherweise die Zusammenarbeit mit diesem Unternehmen schlecht einschätzen kann. **Einschätzbarkeit und Vertrauen** sind untrennbar miteinander verbunden, Veränderungen schwächen das Vertrauen.

- Andererseits leben wir in einer Welt, in der die Veränderung, das immer wieder neue Sich-Einlassen auf veränderte Rahmenbedingungen zur Normalität wird. Ein Immerweiter-so führt in ein absehbares Desaster. In Deutschland erleben wir dies derzeit in den politischen Diskussionen um Reformen, Reformbedarf auf verschiedenen Feldern staatlichen Handelns. Wir erleben auch die scheinbare Unfähigkeit der politischen Akteure, eine gemeinsame Entscheidung zu treffen. Und wir erleben die Reaktion der Marktpartner, die sich in einem Anstieg der privaten Sparquote und in Investitionszurückhaltung der Unternehmen zeigt. Wenn Veränderungen notwendig sind, so die Lehre aus dieser Situation, hilft nur eine klare Entscheidung, um wieder mehr Sicherheit und Vertrauen zu geben.

Es ist das klassische Sowohl-als-auch, das uns der gesunde Menschenverstand anbietet. Baron & Hannan gehen bei aller Vorsicht etwas weiter. Sie lesen aus ihren Untersuchungen heraus,

- dass die einmal getroffenen Organisationsentscheidungen der Entrepreneure langfristig wirksam sind,

- dass Veränderungen gewöhnlich destabilisierend auf junge Technologie-Start-Ups wirken und

- dass Unternehmen, die das Bindungs-Modell gewählt hatten, sich im Vergleich zu den anderen Modellen sehr erfolgreich entwickelten.[8]

Insbesondere die letzte Behauptung soll noch weiter erläutert werden. Baron & Hannan untersuchten die Wahrscheinlichkeit mit der die Unternehmen (und die Entrepreneure) aufgeben mussten. Da das Ingenieur-Modell insgesamt am häufigsten gewählt wurde, haben sie diesen Typ als Bezugspunkt gewählt. Mit Ausnahme des Autokratie-Modells, das wenig für

---

[6] Vgl. Scott-Morgan, 1995.

[7] Eine gute Einstiegslektüre in dieses Thema bietet Kotter, 2002.

[8] Vgl. Baron/Hannan, 2002, S. 23.

Mitarbeiterbindung tut und Entscheidungen und Kontrolle auf eine Führerperson konzentriert, sind alle anderen Modelle seltener gescheitert als Unternehmen nach dem Ingenieur-Modell.[9] Auffallend ist jedoch, dass **das Bindungsmodell und das Star-Modell** deutlich herausragen. Baron & Hannan können wenig über die Gründe des Scheiterns oder Erfolgs sagen. Sie konstatieren lediglich, dass diese beiden Modelle unter den ca. 200 betrachteten Unternehmen **deutlich seltener gescheitert** sind als Unternehmen, die nach anderen Modellen gegründet wurden.

Sie untersuchten weiter die Wahrscheinlichkeit, mit der die Unternehmen sich über den Aktienmarkt finanzierten, d.h. über eine Börsennotierung. Für viele Unternehmen ist die Finanzierung über den organisierten Kapitalmarkt hinsichtlich der Kosten-Nutzen-Relation die effizienteste Finanzierungsform. Auch hier wurde das Ingenieur-Modell als Bezugspunkt gewählt. Deutlich am häufigsten gingen die Unternehmen an den **Kapitalmarkt**, die nach dem **Bindungs-Modell** gegründet wurden.[10]

Ein weiteres Ergebnis erscheint interessant. Es wurde untersucht, wie sich **tiefgreifende Veränderungen der ursprünglichen Organisationsidee auf die Unternehmen** auswirkten:[11]

- Deutlich verringertes Wachstum gegenüber Unternehmen, die ihre ursprüngliche Organisationsidee beibehalten haben. Baron & Hannan gehen sogar noch weiter, sie behaupten, dass gemessen an einer Drei-Jahres-Periode Unternehmen, die keine Veränderungen vornahmen, ein etwa dreimal stärkeres Wachstum vorweisen als Unternehmen, die die ursprüngliche Organisationsidee grundlegend geändert haben.
- Die Wechselbereitschaft von Mitarbeitern nimmt zu, die Bindungswirkung entsprechend ab. (Dies hat damit zu tun, dass viele Firmen, die eine Veränderung der ursprünglichen Organisationsidee vornahmen zu einer stärker am Bürokratie-Modell orientierten Form wechselten.)
- Die Wahrscheinlichkeit des Scheiterns steigt drastisch.

Zusammenfassend lässt sich feststellen, dass das „staying on course" eine lohnende Personal- und Organisationsstrategie für Technologie-Start-Ups zu sein scheint, dies gilt vor allem für Unternehmen, die sich am Bindungs-Modell orientiert hatten. Welche Lehren lassen sich aus der Studie von Baron & Hannan ziehen?

---

[9] Vgl. ebenda, S. 24.

[10] Vgl. ebenda, S. 25.

[11] Vgl. ebenda, S. 27.

Für einen Entrepreneur ist wichtig, abweichend von den Erfordernissen, die Banken und andere Kapitalgeber an einen „Business Plan" stellen, sich auch über die Grundidee der Organisation und die Grundzüge der Personalpolitik Gedanken zu machen. Banken und Kapitalgeber legen den Fokus auf Markt und Wettbewerb, Vertriebs- und Finanzierungs- strategie. Sie betrachten selten die Organisation und die dahinter stehenden Menschen. Die Studie impliziert, dass mit der ersten Entscheidung über die Organisationsform – und damit ist nicht die Wahl der Rechtsform gemeint – eine bis weit in die Zukunft wirksame Entscheidung getroffen wird. Diese kann bereits zu Beginn Einfluss auf den zukünftigen Erfolg haben.

4.2.3 Organisationsstruktur im Lebenszyklus des Unternehmens

Unternehmen erleben verschiedene Entwicklungsphasen. Wer je die Atmosphäre in einer kleinen Softwareschmiede geschnuppert hat, kann folgende Erfahrungen machen: hochmoti- viert arbeiten die Mitarbeiter weit über die offizielle Arbeitszeit hinaus vor ihren PCs. Das Umfeld sieht eher chaotisch aus. Volle Schreibtische, volle Papierkörbe, Merkzettel überall. Gelegentlich steht eine E-Gitarre mit Verstärker direkt neben dem Arbeitsplatz – zur Ent- spannung. Ganz anders die Erfahrungen in einem arrivierten Unternehmen. Aufgeräumte Schreibtische. Struktur und Ordnung. Die E-Gitarre wird dort nicht mehr gespielt. Man spürt förmlich die eingespielten Abläufe. Nun ließe sich anmerken, dass hier einfach zwei ver- schiedene Unternehmenskulturen in den Unternehmen herrschen. Dies ist die eine Wahrheit. Die andere Wahrheit ist: die Unternehmen sind auch hinsichtlich ihres Entwicklungsstandes noch sehr unterschiedlich. Man spricht dann von Entwicklungsphasen eines Unternehmens, wobei in der Regel vier Phasen unterschieden werden (siehe Abb. 4.1).[12]

Während Baron & Hannan den Schwerpunkt ihrer Betrachtungen auf die ursprünglichen Gestaltungsideen der Entrepreneure legen, betrachtet das **Lebenszyklus-Modell** die **Unter- nehmensentwicklung** als eine Reihe von evolutionären und krisenhaften revolutionären **Entwicklungsschritten**:

- In der **Pionierphase** ist das Unternehmen auf den Entrepreneur ausgerichtet. Entschei- dungsprozesse laufen bei ihm zusammen. Das Unternehmen ist noch übersichtlich und die notwendigen Informationen können zentral von einer Person verarbeitet werden. Per- sönliche Beziehungen stehen im Vordergrund. Marketing findet nur gelegentlich und un- koordiniert statt. Das Unternehmen hat wenige Kunden und meist wenige Marktangebote. Die Finanzierung des Start-Ups erfolgt aus den laufenden Einnahmen und dem Startkapi- tal des Gründers. Die Aufgaben der Finanzbuchhaltung übernimmt zumeist der Steuerbe- rater. Das Unternehmen hat noch keine oder nur rudimentäre Strukturen ausgebildet. In diesen Unternehmen lässt sich das kreative Chaos beobachten. Alle arbeiten an einer Sa-

---

[12] Vgl. Glasl/Lievegoed, 2003, S. 100 ff.

che, Spaß und Begeisterung sind auch für Außenstehende deutlich spürbar. Viele Entscheidungen werden ad hoc gefällt, bei der Realisierung wird improvisiert.

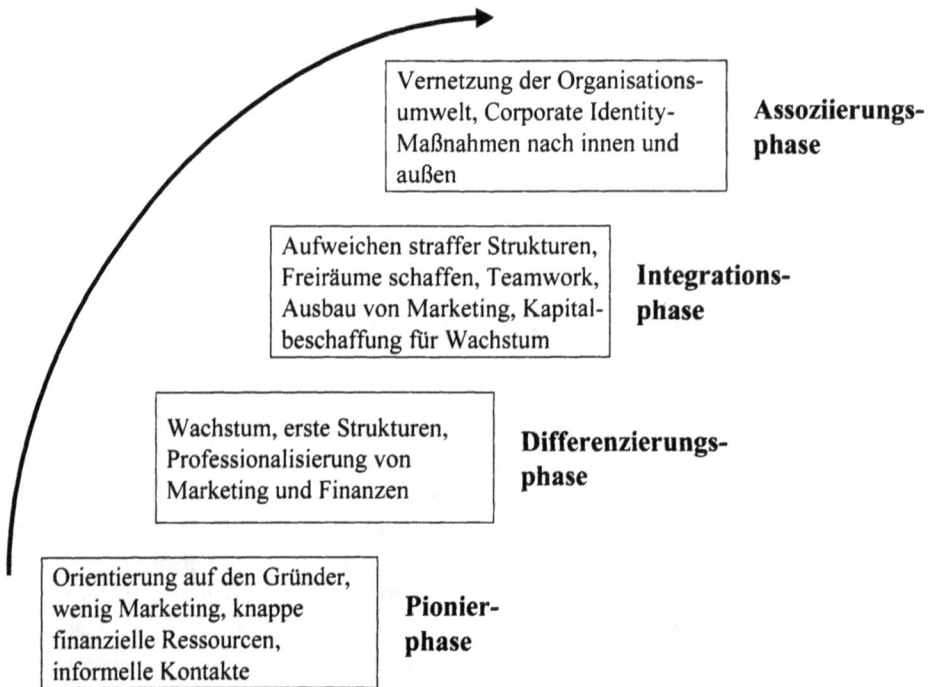

Vernetzung der Organisations-
umwelt, Corporate Identity-
Maßnahmen nach innen und
außen

**Assoziierungs-
phase**

Aufweichen straffer Strukturen,
Freiräume schaffen, Teamwork,
Ausbau von Marketing, Kapital-
beschaffung für Wachstum

**Integrations-
phase**

Wachstum, erste Strukturen,
Professionalisierung von
Marketing und Finanzen

**Differenzierungs-
phase**

Orientierung auf den Gründer,
wenig Marketing, knappe
finanzielle Ressourcen,
informelle Kontakte

**Pionier-
phase**

Abb. 4.1: Phasen der Unternehmensentwicklung nach Glasl & Lievegoed

- In der **Differenzierungsphase** wächst das Unternehmen. Ressorts werden gebildet und Aufgaben wie Verantwortung delegiert, der Pionier hat zu viele Aufgaben. Die Ressorts entwickeln ein Eigenleben und wachsen. Persönliche Beziehungen werden zugunsten formaler Richtlinien zurückgenommen. Der Pionier möchte, kann aber häufig nicht mehr alles kontrollieren bzw. überblicken. Er spürt, dass er allein nicht mehr den Vertrieb und das Marketing organisieren kann. Die Produktvielfalt nimmt zu, die Zahl der Kunden wächst, erste Kontakte ins Ausland werden geknüpft. Die Finanzierung der Geschäftstätigkeit wird professionalisiert und in das Unternehmen integriert. In der Differenzierungsphase schlägt das Pendel sehr häufig von Chaos in „perfekte" Struktur um. Dadurch erhofft sich der Entrepreneur, den Überblick zu behalten.
- Der **Wandel vom Pionierunternehmen zu einem „normalen" Unternehmen** mit Regeln, einem formalen Organisationsrahmen und zwangsläufig geringerer individueller Freiheit des einzelnen ist schwierig. Gerade dieser Wechsel ist für viele Mitarbeiter mit einem Kulturwechsel vergleichbar. Gab es bislang für jeden Mitarbeiter große Freiheitsgrade, werden dem Unternehmen nunmehr „Korsettstangen" verpasst. Das Bild passt gut, denn Korsettstangen engen ein. So empfinden dies auch Mitarbeiter, die, an Freiheiten gewöhnt, diese Einengung als Motivationshemmer spüren. Die Kunst für den Entrepre-

neur besteht darin, gerade in dieser Phase das Pendel nicht zu stark in die andere Richtung ausschwingen zu lassen. Aber auch er steckt in einem Dilemma. Bislang liefen die Fäden bei ihm zusammen. Mit dem Wachstum des Unternehmens muss er zwangsläufig die Übersicht verlieren, versucht er weiterhin alle Informationen zu bündeln. Diese Phase ist durch einen Machtverlust des Entrepreneurs gekennzeichnet, den er verkraften muss. Manche kleinlich erscheinende Regelung in inhabergeführten Unternehmen gewinnt vor diesem Hintergrund eine neue Bedeutung. Auch der Entrepreneur muss lernen oder besser verlernen. Es ist dieser Kulturwechsel, von dem die Studie von Baron & Hannan behauptet, er habe negative Auswirkungen auf die weitere Entwicklung der Start-Ups. Andererseits erfordern die in dieser Phase größeren Fertigungskapazitäten und die zunehmende Anzahl von Mitarbeitern eine formale Strukturierung der Unternehmensabläufe, Finanzierungs- und Buchführungserfordernisse verlangen den Aufbau administrativer Systeme. Dieser Wandel geht oft einher mit der Ablösung des Gründers in seiner Funktion als Unternehmensführer durch einen professionellen Manager. Wer den Wechsel von der Pionierphase in die Differenzierungsphase meistert, möchte bei seinen Kunden ein **anderes Image** haben. „Wir sind jetzt größer und für dich leistungsfähiger geworden" lautet die Botschaft, die der Kunde verstehen soll. Von einem größeren Unternehmen werden dann Strukturen erwartet, man möchte als Kunde anders behandelt werden. Wer es einem kleinen Unternehmen vielleicht noch nachsieht, dass bei der Rechnungsstellung mal ein Fehler unterlaufen kann, erwartet bei einem größeren Unternehmen, dass es einfach funktioniert.

- Wer sich auf die Fahnen schreibt international tätig zu sein, ein typisches Merkmal der **Integrationsphase**, muss auch vor Ort tätig werden können und die entsprechende Organisation aufgebaut haben. Das Marketing und die Organisation müssen international ausgerichtet sein. Denn wer ruft schon gerne aus den USA in Deutschland an, um festzustellen, dass die Mitarbeiter gerade schlafen.

Versucht man nun beide Konzepte in Deckung zu bringen, so erscheint dies zunächst schwierig. Baron & Hannan kommen mit ihrem empirischen Ansatz zu der folgerichtig erscheinenden Empfehlung, den Charakter des Unternehmens möglichst unverändert zu lassen. Das Lebenszyklus-Modell leitet her, warum Brüche unvermeidlich sind. Auch dies ist nachvollziehbar. Die Empfehlung für die Bewältigung dieser „Krisen" sollte deshalb drei Elemente enthalten:

- Das Management des Unternehmens sollte sich über die verschiedenen Stufen der Unternehmensentwicklung im Klaren sein, um den Punkt nicht zu übersehen, an dem Veränderungen notwendig werden.
- Für jede Phase im Lebenszyklus des Unternehmens gibt es spezifische Lösungen. Das Management muss bereit sein, gewohnte Strukturen völlig abzubauen.
- Die Maßnahmen der Vergangenheit sind in hohem Maße bestimmend für die Zukunft des Unternehmens. Deshalb sollten die aktuellen Unternehmensprobleme und Lösungsvorschläge in historischen Dimensionen bewertet werden – neue Lösungen rufen neue Probleme hervor. Wer sich dessen bewusst ist, wird zumindest nicht überrascht.

4.3   Entrepreneure bauen ihr Führungsteam

4.3.1   Auswahl von Führungskräften

Ein Personalberater wirbt im Internet reißerisch: „Personalauswahl – die vernachlässigte Millioneninvestition". Er rechnet dann vor, welche langfristigen Auswirkungen und Gewinnchancen mit der Auswahl der richtigen Führungspersönlichkeit verbunden sind. Er kommt auf einen zweistelligen Millionenbetrag. Das ist Werbung und ganz sicher verkäuferisch übertrieben. Und doch ist etwas dran an dieser Argumentation. **Personalentscheidungen in der Führungsebene haben Einfluss auf Erfolg und Misserfolg des Unternehmens**. Gleichwohl werden Personalentscheidungen häufig eher unprofessionell getroffen.

Der Unternehmer, der sein Unternehmen nach dem Bindungs-Modell aufbaut, legt mehr Wert auf Professionalität der Personalverantwortlichen als andere Unternehmer. Und das zu Recht. Unternehmen, die nach dem Bindungs-Modell aufgebaut werden, kommen mit deutlich weniger Führungskräften und administrativem Überbau aus als die anderen Gründungsmodelle.[13]

Es wurde bereits beschrieben, wodurch sich das Bindungs-Modell auszeichnet – im Wesentlichen ist es das Zugehörigkeitsgefühl, die emotionale Bindung zum Unternehmen. Baron & Hannan bezeichnen es mit „Zugehörigkeit", für Wolfgang Köhler, Vorstandschef der S.E.S.A. AG in Eschborn, ist es die „andere" Firma, in der auf allen Ebenen mit Begeisterung gearbeitet wird.[14] Die Auswahl neuer Mitarbeiter (insbesondere Führungskräfte) in diesen Unternehmen erfolgt nach dem „Fit" in das Unternehmen. Um dieses Fit zu realisieren, braucht es eine professionelle Personalauswahl. Wenn es gelingt das Fit zu realisieren, braucht es weniger Kontrolle (und damit administrativen Führungsüberbau) als in anderen Unternehmen. Unternehmer, die ihre Organisation nach diesem Modell aufbauen, verwenden mehr Zeit als andere darauf, vor den ersten Personaleinstellungen ihre kulturellen Vorstellungen zu formulieren und den Einstellungsprozess zu gestalten.

Es gibt viele Methoden zur **Personalauswahl**, aufwendige und weniger aufwendige, wissenschaftlich fundierte oder pragmatische. Das **Merkmal der Praktikabilität** ist für viele Entrepreneure das wichtigste Auswahlkriterium, dies wird insbesondere vor dem Hintergrund der Situation eines frisch gegründeten Unternehmens einsichtig. Vieles ist noch auf den Entrepreneur zentriert, sein Zeitbudget ist ein Engpassfaktor. Deshalb müssen Auswahlverfahren auch mit einem für ihn **angemessenen Zeitaufwand** zu erledigen sein. Ein zweites wichtiges Merkmal ist die Systematik. Personalauswahl sollte nicht dem Zufall überlassen werden. Beide Merkmale kombiniert ergeben ein Verfahren, das sich als **strukturiertes Interviewverfahren** beschreiben lässt. Das Verfahren basiert auf einer Drei-Schritt-Folge:

---

[13] Vgl. Baron/Hannan, 2002, S. 8 ff.

[14] Vgl. Blanke, 2000, S. 68.

- Die Basis für ein strukturiertes Interviewverfahren ist die **Analyse der erfolgskritischen Anforderungen der Position**. Welche Anforderungen entscheiden über Erfolg oder Misserfolg? Grundsätzlich gibt es eine ganze Reihe von Anforderungen: Fachliche Anforderungen, Anforderungen an die Führungskompetenz und -erfahrung, Anforderungen an soziale Kompetenzen. Häufig sind Anforderungen mehr oder weniger konkret in Stellenbeschreibungen definiert. In vielen Fällen wird auf diese Weise eine Vielzahl von Anforderungen formuliert werden. Letzten Endes geht es jedoch nicht darum, die Person zu finden, die allen Anforderungen genügt, das wäre die so genannte „eierlegende Wollmilchsau". Es sind die Anforderungen zu filtern, die über den Erfolg oder den Misserfolg auf dieser Position entscheiden. Mit der Anwendung eines solchen Filters werden nur noch wenige Anforderungen übrig bleiben.
- In einem zweiten Schritt wird ein weiterer Beurteilungsfilter gesetzt. Welche der verbliebenen Anforderungen sind durch Trainingsmaßnahmen oder durch „learning by doing" **erlern- und entwickelbar**? Anforderungen, die von den Bewerbern durch begleitende Maßnahmen erlernt und dann erfüllt werden können, sind nicht kritisch. (Eine Ausnahme ist ggf. dann gegeben, wenn diese Anforderungen nicht in der zur Verfügung stehenden Zeit entwickelt werden können.)
- Im Auswahlprozess kommt es darauf an, Kandidaten vor allem hinsichtlich **verbleibenden erfolgskritischen Anforderungen** zu testen und zu bewerten. Dazu können in Vorbereitung auf die Einstellungsinterviews konkrete Testfragen entwickelt werden.

Der Vorteil dieses Verfahrens gegenüber aufwendigen Assessment-Center-Verfahren ist zum einen ein erheblicher Zeitgewinn für die Vorbereitung und zum anderen eine erhebliche Kostenersparnis. Gegenüber unstrukturierten Interviews hat dieses Verfahren den Vorteil, dass es wesentlich zielgerichteter ist und intuitive Urteile verringert. Darüber hinaus können auch weiche Kriterien, wie der kulturelle „Fit", ihre Berücksichtigung finden.

4.3.2 Teamentwicklung

Wenn alle Positionen, insbesondere auf der Führungsebene, besetzt sind, beginnt eine Aufgabe für den Entrepreneur, die wenig mit Technologie, neuen Marktangeboten und dem Markt zu tun hat. Er muss sein Führungsteam zu Höchstleistungen anspornen, will er mit seinem Unternehmen am Markt bestehen.

Teamentwicklung ist ein Prozess, der psychologisches Gespür benötigt. Wenn Menschen gemeinsam arbeiten, geht es um Anerkennung, es geht um Fragen der Macht, wer darf hier was, und es geht um Offenheit und Vertrauen. Insbesondere Letzteres kann nicht von Anfang an unterstellt werden. Vertrauen wird erworben. Das gilt nicht allein für den Entrepreneur, der wahrscheinlich einen Vertrauensbonus erhält, es gilt auch für die Mitglieder des Führungsteams untereinander. Das Vertrauen des Führungsteams untereinander zu stiften, ist eine wesentliche Aufgabe des Entrepreneurs.

Man geht davon aus, dass sich Teams, ähnlich wie Unternehmen, in unterschiedlichen Phasen zur Reife entwickeln:[15] Nur läuft dieser Prozess erheblich schneller ab als der Entwicklungsprozess eines Unternehmens. Das Konzept von Francis & Young wurde als das „Lean Management" und Gruppenarbeitskonzept Ende der 1980er und in den 1990er Jahren entwickelt und hielt Einzug in die Unternehmen. Ein Team wird dabei verstanden als „eine aktive Gruppe von Menschen, die sich auf gemeinsame Ziele verpflichtet haben, harmonisch zusammenarbeiten, Freude an der Arbeit haben und hervorragende Leistungen bringen"[16]. Ob diese Definition in einem Führungsteam insbesondere hinsichtlich der Harmonieforderung immer zutrifft, sei dahingestellt. Das Konzept lässt sich gleichwohl auch auf Führungskräfte und deren Zusammenarbeit anwenden:[17]

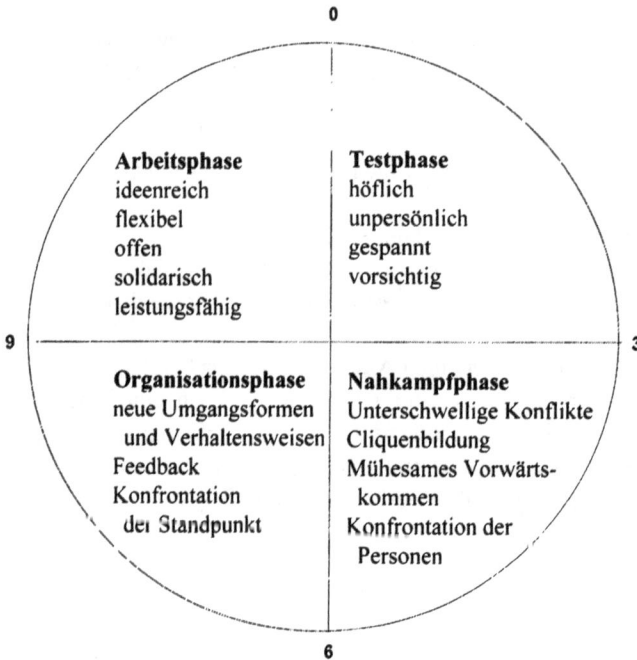

0

Arbeitsphase
ideenreich
flexibel
offen
solidarisch
leistungsfähig

Testphase
höflich
unpersönlich
gespannt
vorsichtig

9 ——————————————— 3

Organisationsphase
neue Umgangsformen
und Verhaltensweisen
Feedback
Konfrontation
der Standpunkt

Nahkampfphase
Unterschwellige Konflikte
Cliquenbildung
Mühesames Vorwärts-
kommen
Konfrontation der
Personen

6

Abb. 4.2: Die Team-Entwicklungs-Uhr nach Francis & Young

- Zunächst muss das **Team lernen, sich einzuschätzen**. Wer ist der andere im Team? Wie ist er? Wie reagiert er? Diese erste Phase des Kennenlernens wird in der Regel nicht lange andauern. Sie ist auch noch nicht sehr produktiv. Sie ist vielmehr durch Abwarten und Abschätzen gekennzeichnet.

---

[15] Vgl. Francis/Young, 1982.

[16] Ebenda, S. 9.

[17] Eigene Darstellung, in Anlehnung an: Ebenda, S. 175.

- Die zweite Phase ist interessant und stellt die eigentliche Herausforderung in diesem Prozess dar. In dieser Phase wird die **Rollenverteilung für die Zukunft** vorgenommen. Hier geht es eher stürmisch zu. Regeln werden verletzt, um herauszufinden wie weit der einzelne gehen kann, sowohl gegenüber dem Gründer als auch gegenüber den anderen Teammitgliedern. Wie viel Freiraum kann ich mir nehmen? Wie viel Widerspruch vertragen die anderen? Wie dominant kann ich auftreten, ohne von den anderen und vom Entrepreneur gebremst zu werden? Das Ergebnis dieser Phase ist ein Soziogramm der Gruppe. Wer kann besonders gut mit wem? Wie erfolgt die Gruppenbildung? Wer ist Anführertyp, wer Mitläufer? Welche unausgesprochenen Regeln gelten im Team? Die zweite Phase führt zur **Regelbildung** und damit zur Stabilisierung des Teams.
- In der dritten Phase sind die **Regeln ausgebildet.** Jeder weiß, wo er steht. Man weiß, wie man hier miteinander umgeht. Damit kommt das Team in eine produktive Phase.
- Wenn es in der Sturm- und darauf folgenden Regelphase gelingt, Vertrauen zueinander zu etablieren, dann kommt ein Team schnell in die vierte Phase und damit in ein **kreatives und offenes Arbeitsklima**, das erforderlich ist, um Höchstleistungen zu ermöglichen. Entrepreneure, die ein klares Bild von der Kultur der Organisation haben, die sie schaffen wollen, haben es hier leichter. Sie haben meist eine Vorstellung von den Regeln, nach denen sie mit ihrem Führungsteam arbeiten wollen. Indem sie die Chance nutzen, in einem solchen Entwicklungsprozess offen über die Regeln zu sprechen und diese explizit und für alle transparent zu machen, verkürzen sie die stürmische Phase und erhöhen die Wahrscheinlichkeit, dass sich Regeln herausbilden, die von allen Führungskräften getragen werden können.[18] Eine Studie des Fraunhofer-Instituts für Arbeitswirtschaft und Organisation scheint zu bestätigen, dass Unternehmen, deren Beschäftigte sich mit den Zielen des Unternehmens identifizieren, überdurchschnittlich erfolgreich sind. Mitarbeiter erwarten, dass sie sich mit den Werten des Unternehmens identifizieren können. Insofern gehört die aktive Auseinandersetzung mit der Unternehmenskultur, deren Werten und Regeln zu den wichtigsten Motivationsfaktoren.[19]

4.3.3   Führung durch Zielsetzung

Im Jahr 1999 erschien ein Buch, das noch wenig Aufmerksamkeit erhalten hat. Buckingham und Coffman erläutern darin die Ergebnisse einer qualitativen Studie zum Thema Führung, die im Wesentlichen auf Tiefeninterviews von vielen hundert Führungskräften und noch mehr Mitarbeitern basiert.[20] Die Kernfrage der Studie lautet „Was machen erfolgreiche Manager anders (besser) als durchschnittliche Manager?" Die Ergebnisse stellen so manche in Führungsseminaren vermittelte Weisheit auf den Prüfstand. Das wichtigste Ergebnis:

---

[18] Regeln entwickeln sich in allen Unternehmen. Die Unternehmen unterscheiden sich darin, ob die Regeln explizit offen ausgesprochen sind oder, wie in vielen Unternehmen, implizite, stillschweigende Verhaltensnormen darstellen. Vgl. dazu Scott-Morgan, 1995.

[19] Vgl. Hartmann, 2003, S. 25.

[20] Vgl. Buckingham/Coffman, 1999.

„People don't change that much.
Don't waste time trying to put in what was left out.
Try to draw out what was left in.
That is hard enough. "[21]

Auf den Punkt gebracht ist dies die Antwort, die die Autoren von vielen erfolgreichen Managern gehört haben. Diese Antwort erklärt, warum erfolgreiche Manager bezweifeln, dass sich jeder Mitarbeiter unbegrenzt weiterentwickeln kann. Sie erklärt, warum erfolgreiche Manager die Schwächen von Mitarbeitern zwar nicht ignorieren, aber nicht permanent darauf schauen und diese wegtrainieren. Sie akzeptieren ihre Mitarbeiter als das, was sie sind: unverwechselbare Individuen. Gefragt nach den **Kernaufgaben des Managements** nennen sie vier Aufgaben:[22]

- die richtigen Leute auswählen,
- die richtigen Erwartungen setzen,
- die Mitarbeiter motivieren und
- die Mitarbeiter im Rahmen ihrer Talente weiterentwickeln.

Die richtigen Erwartungen zu setzen ist der Aspekt, der hier weiter betrachtet werden soll. Unter den vielen Management-by-Konzepten nimmt das **Management-by-Objectives** (MbO) noch immer eine herausragende Rolle ein. Buckingham und Coffman erläutern, wie erfolgreiche Manager das MbO nutzen. Zunächst eine Vorbemerkung. Die Führung von Mitarbeitern ist schwieriger als Lehrbücher uns suggerieren. Manager glauben oft, dass sie Prozesse und Mitarbeiter kontrollieren können. Die Annahme ist falsch! Die Mitarbeiter entscheiden, was sie tun, wann sie etwas tun und mit wem sie etwas tun. Alles, was Manager tun können ist ihre Mitarbeiter beeinflussen, motivieren und beraten. Immer in der Hoffnung, dass die Mitarbeiter das tun, was der Manager erwartet. Manager haben keine wirkliche Kontrolle über das, was passiert. Wenn man dann noch unterstellt, dass sich Menschen nur sehr schwer verändern („People don't change that much"), erscheint die Führung von Mitarbeitern fast unmöglich.

Erfolgreiche Manager stehen in genau dieser Situation. Sie werden an den Ergebnissen gemessen, die ihre Mitarbeiter erbringen. Sie wissen, dass sie nur mittelbaren Einfluss haben. Sie wissen, dass sie ihre Mitarbeiter nicht grundlegend verändern können, dass jeder Mitarbeiter einzigartig ist mit seinen Stärken und Schwächen. Gleichwohl müssen sie die Verantwortung übernehmen und die Mitarbeiter auf die von ihnen erwarteten Ergebnisse fokussieren.

Die Lösung aus diesem Dilemma: **Definiere die spezifischen Ergebnisse** („Outcomes") für jeden Mitarbeiter und gib ihnen den Freiraum, diese auf ihre Art zu erreichen.[23] Dies genau ist die **Führung durch Zielsetzung**, wobei die Zielsetzung als ein konkretes Ergebnis beschrieben ist. Diese Lösung ist einfach und effektiv:

---

[21] Ebenda, S. 57.

[22] Vgl. ebenda, S. 109.

[23] Vgl. Buckingham/Coffman, 1999, S. 110.

- Erstens erlöst diese Form den Manager aus dem bereits oben beschriebenen Dilemma. Der Glaube, dass Mitarbeiter ihren (unverwechselbaren und weitgehend unveränderbaren) Stil haben und die Tatsache, dass alle Mitarbeiter auf ein Unternehmens- oder Abteilungsziel ausgerichtet werden müssen, stehen nicht länger im Konflikt. Der Mitarbeiter erhält weitgehende **Freiräume in der Art, wie er das geforderte Ergebnis erreicht**, das für den Manager wichtig ist. Der Manager muss den Mitarbeiter nicht korrigieren.
- Zweitens ist diese Lösung ein Weg zu dem **Prinzip Selbstverantwortung**, das Sprenger vehement verficht.[24] Während auf der einen Seite die Mitarbeiter frei entscheiden können und sollen, wie sie das Ergebnis erreichen, wird ihnen andererseits die Verantwortung für das Erreichen der Ergebnisse belassen. Der Manager seinerseits wird von der Verantwortung befreit, die Wege vorgeben und kontrollieren zu müssen.

Es gibt eine Reihe von Versuchungen **für Manager, diesen Weg nicht konsequent zu gehen:**[25]
- Perfektion: „Aufgaben müssen so erledigt werden, wie ich sie selbst erledigen würde, sonst könnte ich sie nicht an andere übertragen."
- Fehlendes Talent: „Meine Leute haben (noch) nicht die Fähigkeiten und das Talent die Dinge „richtig" zu machen. Da muss ich schon Vorgaben machen."
- Fehlendes Vertrauen: „Wie wird der Mitarbeiter die Freiheit nutzen? Wahrscheinlich nicht so wie ich es will?"
- Nicht jedes Ziel lässt sich als Ergebnis beschreiben: „Wenn ich das Ergebnis nicht beschreiben kann, muss ich Schritte definieren, die von den Mitarbeitern zu beachten sind."

Manager, die diesen Versuchungen nachgeben, ignorieren die Erkenntnis, dass sich Menschen nur sehr schwer verändern. Sie glauben oder hoffen, dass sie Mitarbeiter verändern können, dass sie Mitarbeiter dazu bringen können so zu sein wie sie. Diese Haltung führt unweigerlich in die Unmündigkeit der Mitarbeiter.[26]

Auch wenn es manchmal schwierig erscheint, spezifische Ergebnisse für jeden Mitarbeiter zu definieren, lohnt es sich doch dranzubleiben. Fast alle Aspekte lassen sich in irgendeiner Form als Ergebnisse beschreiben. Der Manager darf nicht zu schnell aufgeben und er muss wissen, was er mit seinem Team erreichen will.

---

[24] Vgl. Sprenger, 1999.

[25] Buckingham/Coffman, 1999, S. 112 ff.

[26] Die Einführung von Qualitätsmanagementsystemen scheint vielfach diesem Irrtum zu unterliegen. Alles wird bis ins Detail geregelt, jeder Schritt wird vorgegeben. Verfahrens- und Arbeitsanweisungen werden geschrieben, die kaum gelesen werden. Andererseits findet man in kaum einem Qualitätshandbuch einen Hinweis auf das Qualitätsverständnis der Organisation. Was heißt Qualität für uns? Warum und für wen legen wir Wert darauf? Woran messen wir Qualität? Es ist befremdlich, wenn Qualität an der Einhaltung von Anweisungen gemessen wird.

In der Führung wie beim Aufbau des Unternehmens tritt dasselbe Prinzip zutage. Der Unternehmer sollte eine möglichst konkrete Vorstellung von seinem Unternehmen haben und sein Organisationsprinzip kennen. In der Führung sollte der Manager oder Unternehmer eine klare Vorstellung von den Ergebnissen haben. Ziele sind in beiden Fällen die gedanklichen Ankerpunkte für die Ausrichtung des Unternehmens und der Mitarbeiter.

4.4   Entrepreneure bauen ein Netzwerk

4.4.1   Networking in Kundenbeziehungen

„The ability to successfully manage customer relationships can be a decisive advantage in today's competitive world"[27]. Wenn Greenberg über „**Customer Relationship Management**" (CRM) schreibt, dann meint er damit die Technologie, die Software, die es ermöglicht, gezielter und kontinuierlicher auf den Kunden einzugehen. Doch „Relationship Management" von Kundenbeziehungen sollte mehr sein als Technologie. Die Grundidee des CRM ist es, ein System zu haben „to increase the interactivity of the customer and the company so that the company can retain the customer in a long-term lucrative relationship, with everyone made happy"[28]. Technologie ist nicht CRM, aber Technologie macht CRM so interessant. Der Kern jedes CRM sind die handelnden Akteure. Es sind Menschen, die Marktangebote kaufen und verkaufen. Es sind Menschen, die eine Beziehung zueinander aufbauen, nicht Systeme. Deshalb wird nachfolgend wenig von CRM und mehr von den Netzwerken unter Menschen geschrieben.

Ein **Netzwerk** ist ein lebendiger Mechanismus, der vom gegenseitigen Geben und Nehmen lebt. Dabei sollte das Geben immer am Anfang stehen. Das wird häufig übersehen. Stattdessen wird erwartet, dass sich der erste Kontakt ohne weiteres Zutun schnell auszahlt. Das ist jedoch selten der Fall. Meist dauert es einige Zeit, bis eine Beziehung entsteht, die tragfähig genug ist. Wird dieser Netzwerkgedanke auf Kundenbeziehungen übertragen, verändert sich das Bild vom Kunden nachhaltig. Der Kunde ist nicht die Organisation, es sind die Menschen in der Organisation, mit denen Berührungspunkte zur eigenen Organisation bestehen. Um diese Menschen geht es beim Netzwerkgedanken.

In der amerikanischen Literatur gewinnt in diesem Zusammenhang das Konzept vom „**Trusted Advisor**" zunehmend an Bedeutung. Der Trusted Advisor ist jemand, dem Kunden persönlich auf eine Weise vertrauen, die über dessen Fachgebiet hinausgeht. Um zu erklären, wie dieses Vertrauen aufgebaut werden kann, sind zwei Modelle hilfreich. Es ist zum einen ein eher analytischer Ansatz, den Maister die Vertrauensgleichung nennt. Mathematisch formal beschreibt Maister Vertrauen als

---

[27] Greenberg, 2001, S. xi.

[28] Ebenda, S. xxii.

$$T = \frac{C + R + I}{S}$$

wobei T für („Trustworthiness") Vertrauenswürdigkeit, C für („Credibility") Glaubwürdigkeit, R für („Reliability") Zuverlässigkeit, I für („Intimacy") Vertrautheit und S für („Self-Orientation") Selbstbezogenheit stehen.[29]

Grafisch kann das nach Maister wie folgt dargestellt werden: [30]

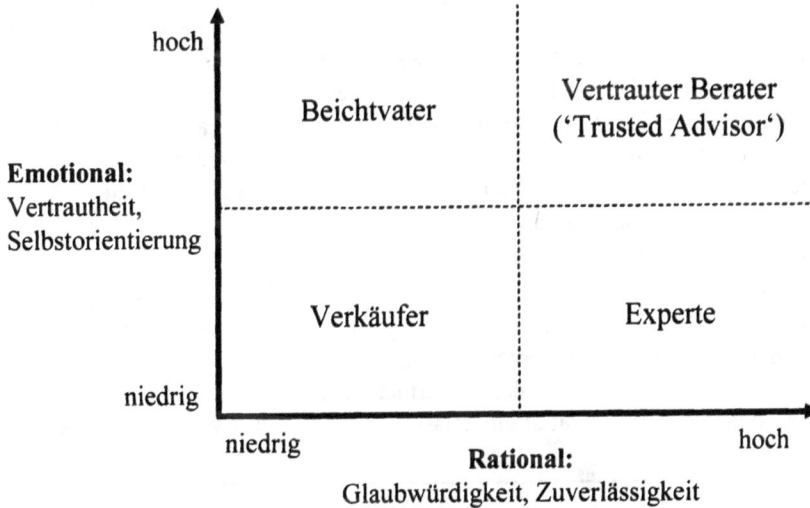

Abb. 4.3: Dimensionen der Vertrauensgleichung nach Maister, Green & Galford

Glaubwürdigkeit bezeichnet den Grad des Vertrauens, der einem Verkäufer entgegengebracht wird. Zuverlässigkeit bezieht sich auf die Handlungen, also das Einhalten von Vereinbarungen. Beides ist eher auf einer rationalen Ebene angesiedelt. Vertrautheit bezeichnet das Gefühl von Geborgenheit. Wie viel kann ich dem anderen anvertrauen? Kann ich mit dem anderen über alle Themen sprechen? Die Selbstbezogenheit beschreibt die Aufmerksamkeit, die jemand auf sich selbst richtet. Wer wenig Aufmerksamkeit auf sich selbst und viel Aufmerksamkeit auf den anderen richtet, erwirbt eher das Vertrauen und vice versa. Verkäufer, die allein auf der rationalen Ebene zu überzeugen versuchen, werden von Kunden auch nur hinsichtlich Zuverlässigkeit und Glaubwürdigkeit wahrgenommen. Sie werden zu Experten, mit denen der Kunde über alle fachlichen Fragen reden kann. Erst wenn die zweite Dimension hinzukommt und der Kunde das Gefühl entwickelt, mit dem Verkäufer auch über sensible Themen sprechen zu können (aktuelle Probleme des Unternehmens, zukünftige strategische Vorhaben) und der Verkäufer dann zuhört und sich auf diese Themen konzentriert, kann sich ein Verkäufer zum Trusted Advisor dieses Kunden entwickeln.

---

[29] Vgl. Maister/Green/Galford, 2000, S. 69.

[30] Vgl. ebenda, S. 175.

Das zweite Modell betrachtet den Prozess des Entstehens von **Vertrauen**. Dies ist der kommunikative Prozess in der Interaktion mit dem Kunden. Maister et al. nennen diesen Prozess ELFEC: „Engage, Listen, Frame, Envision und Commit"[31]. Zunächst wird vom Verkäufer verlangt, dass er sich mit den für den Kunden wichtigen Themen auseinandersetzt („Engage") und zuhört („Listen"). Er muss in der Lage sein, das Anliegen des Kunden zu formulieren („Frame") und davon ausgehend Vorstellungen für alternative Lösungen entwickeln („Envision"). Er schließt den Prozess mit der Entwicklung einer verbindlichen Vorgehensweise („Commit"). So selbstverständlich wie sich dieser Prozess liest, wird er doch von vielen Verkäufern selten angewandt. Nur wenige Verkäufer verbringen ausreichend Zeit mit dem Zuhören und damit, sich ernsthaft auf die Anliegen der Kunden einzulassen. Was zählt, ist der Verkauf der eigenen Marktangebote. Viele Verkäufer hören scheinbar zu und kennen ihre Lösung, noch bevor der Kunde sein Problem gänzlich geschildert hat. Der Prozess Vertrauen aufzubauen wird durch zu schnelles Vorpreschen gestört, er kommt zum Stillstand, es wird kein Vertrauen aufgebaut. Ohne die Bereitschaft, sich voll und ganz auf die Anliegen der Kunden einzulassen, wird der Verkäufer auf der emotionalen Ebene das Vertrauen des Kunden im Sinne von Vertrautheit nicht erlangen.

Was Maister in seinem Buch mit diesem Prozess anspricht, ist ein Prozess der Interaktivität mit dem Kunden. Wenn es dem Verkäufer gelingt, Vertrauen nicht allein bei einem Gesprächspartner, sondern bei verschiedenen Partnern auf unterschiedlichen hierarchischen Ebenen zu erwerben, dann baut er ein belastbares Netzwerk in dieser Kundenorganisation auf.

4.4.2   Networking im eigenen Unternehmen

Netzwerke („Networks") in der Kundenorganisation helfen den Verkaufsprozess zu verbessern. Netzwerke in der eigenen Organisation helfen dem Entrepreneur, schnell und ohne formale Wege an Informationen und Einschätzungen aus dem eigenen Unternehmen heranzukommen. Das Netzwerk im eigenen Unternehmen ist dabei leichter aufzubauen als das Netzwerk in Kundenorganisationen. Durch eine gezielte Personalauswahl, insbesondere von Führungspositionen und durch die oben beschriebenen Prozesse des Aufbaus von Vertrauen, lässt sich dieses interne Netzwerk etablieren.

Derzeit wird über die Nachfolge von Jürgen von Kuczkowski, Vodafone Deutschland, spekuliert. Ein oft genannter Kandidat für die Nachfolge ist Harald Stöber, Sprecher der Geschäftsleitung von Arcor. Kuczkowski war vor Stöber für Arcor verantwortlich. Ein Zufall? Siebel Systems, der weltweit größte Anbieter von CRM-Software, wurde von Tom Siebel, einem ehemaligen Oracle-Manager gegründet. Im Executive Committee von Siebel Systems sind zwei weitere Ex-Oracle-Manager. Ein Zufall? Der spektakulärste Wechsel in der Automobilindustrie fand bei VW unter Ferdinand Piëch statt. Er holte den Einkaufs- und Logistikmanager Lopez von General Motors nach Wolfsburg. Im Gefolge von Lopez kam ein ganzer Stab von Mitarbeitern ebenfalls nach Deutschland. Ein Zufall?

---

[31] Maister/Green/Galford, 2000, S. 85.

Es ist alles andere als Zufall, wenn Unternehmer und Top-Führungskräfte Schlüsselpositionen mit Leuten ihres Vertrauens besetzen. In der Regel sind dies Leute, die sie kennen und einschätzen können, sowohl hinsichtlich der fachlichen Dimension der Zuverlässigkeit als auch der emotionalen Dimension der Vertrautheit. Dies ist kein neues Phänomen. Im Zuge der immer schnelleren Veränderungszyklen von Produkten und Prozessen im globalen Markt wird es immer wichtiger, Veränderungen schnell im Unternehmen umzusetzen – dies gilt selbst für Unternehmensgründer.

Wer aber in einer Organisation etwas verändern will, muss wissen, Prozesse laufen über Personen. Es sind immer wenige, die die Dinge in einem Verein, in einem Sportclub, in einem Gemeinderat oder in einem Unternehmen vorantreiben.

Die Mehrheit will von den Meinungsmachern gewonnen werden. Sie ist passiv. **Entrepreneure, die schnell etwas verändern wollen**, sollten sich drei Fragen stellen:
- Wer sind meine Verbündeten? Wer unterstützt die Veränderung von sich aus?
- Wer sind die Meinungsmacher, die als Multiplikatoren für die Veränderung gewonnen werden müssen?
- Wer außer mir kann den Veränderungsprozess anführen?

4.5 Der rote Faden für die Aufbauarbeit – Vertrauen

Ein Wort zieht sich wie ein roter Faden durch alle Abschnitte, das **Vertrauen**. Entrepreneure, die das Bindungs-Modell als Gestaltungsidee wählen, haben Vertrauen in die Mitarbeiter, wenn sie auf gegenseitige Kontrolle untereinander setzen. Ebenso die Entrepreneure, die das Star-Modell wählen. Sie vertrauen darauf, dass Mitarbeiter im Laufe der beruflichen Sozialisation die richtige professionelle Einstellung erworben haben und nicht kontrolliert werden müssen. Die Auswahl von Führungskräften hat neben dem Aspekt der erfolgskritischen Anforderungen ebenfalls mit Vertrauen und Zutrauen zu tun. Teamentwicklung für das Führungsteam basiert auf Offenheit und Vertrauen. „**Networking**" im Unternehmen nutzt zuallererst das Vertrauen – Führungskräfte umgeben sich mit Leuten, denen sie vertrauen.

„Networking" mit Kunden lebt vom Vertrauen, wie überhaupt Verkaufen viel vom Vertrauen lebt: Vertrauen in eine Marke. Vertrauen in ein Unternehmen und sein Image.

Selbst bei der Finanzierung der Unternehmensgründung durch Banken und private Investoren spielt Vertrauen eine überragende Rolle. Auf die Frage, nach welchen Kriterien Investitionsentscheidungen großer Banken getroffen werden, hat ein Banker dem Verfasser vor Jahren einmal gesagt „Wollen Sie die offizielle oder inoffizielle Antwort. Offiziell betrachten wir den „Business Plan" und alle vorgelegten Unterlagen. Inoffiziell treffen wir eine Entscheidung darüber, ob wir dem Gründer zutrauen, dass er das Vorhaben packt." „Business" lebt vom Vertrauen. Grund genug, sich abschließend einige Gedanken über dieses Phänomen zu machen.

Was ist **Vertrauen**? Es gibt eine Fülle von theoretischen Ansätzen, das Phänomen Vertrauen zu erklären. Diese Ansätze sind bei aller Unterschiedlichkeit eher ergänzend zu verstehen. Jeder legt einen anderen Erklärungsschwerpunkt.[32] Das psychologische Erklärungsmodell führt Vertrauen auf frühkindliche Erfahrungen zurück und betont damit die grundsätzliche Bereitschaft eines Menschen, anderen zu vertrauen. Zunächst einmal unabhängig von der konkreten Situation. Diese ist es, die im Fokus des ökonomischen Erklärungsmodells steht. In einer konkreten Verhandlungssituation wird Vertrauen (das Maß an Vertrauen) durch die konkreten Erfahrungen mit den Verhandlungspartnern und der Verhandlungsführung an sich gebildet. Luhmann bleibt abstrakter. Er erklärt Vertrauen als eine Notwendigkeit, um zu Entscheidungen zu kommen, die darauf beruht, dass einzelne Aspekte und Informationen ausgeblendet, andere überbetont werden. Vertrauen als kognitiver Prozess des Individuums.

Das ökonomische Erklärungsmodell gibt Erklärungen für die Entscheidungen bei der Auswahl des Personals. In einem Verhandlungs- und Gesprächsprozess mit verschiedenen Kandidaten bildet sich das Vertrauen zu einigen Kandidaten heraus, denen die Entscheider zutrauen, den kritischen Punkten des Anforderungsprofils zu genügen. Anderen wird dieses Vertrauen nicht entgegengebracht. Auch das Luhmann'sche Modell liefert hierfür eine Erklärung. Die Überbetonung einzelner Informationen lässt andere Informationen in den Hintergrund rücken. Die Komplexität des Auswahlverfahrens wurde auf wenige Aspekte reduziert. Gleichwohl bleibt die Entscheidung ein Vertrauensvorschuss, eine riskante Vorleistung der Entscheider, die im Sinne des psychologischen Ansatzes durch die Bewährung der Vertrauenspartner immer wieder aufs Neue gestärkt werden muss.

> Insbesondere dieser Aspekt zeigt auch auf, wie zerbrechlich einmal gewonnenes Vertrauen ist. Vertrauen ist kein Wert an sich, der ein für allemal vorhanden ist. Vertrauen will immer wieder aus Neue gewonnen werden. In jeder neuen Verhandlung mit einem Kunden, in jedem Gespräch mit Mitarbeitern. Dies im Hinterkopf erklärt auch, warum die Studie von Baron & Hannan zu dem Schluss kommt, dass es besser ist, ein einmal gewähltes Organisationskonzept beizubehalten, anstatt dieses ständig zu wechseln.

---

[32] Für das ökonomische Erklärungsmodell vgl. Albach, 1980, S. 2 ff. Für das soziologische Erklärungsmodell vgl. Luhmann, 1968. Für das psychologische Erklärungsmodell vgl. Petermann, 1992.

Literaturhinweise

Albach, Horst: Vertrauen in der ökonomischen Theorie, in: Zeitschrift für die gesamte Staatswissenschaft, Heft 136/1980, S. 2–11

Baron/Hannan: Organizational Blueprints for Success in High-Tech Start-ups: Lessons learned from the Stanford Project on emerging companies, in: California Management Review, Heft 3/2002, S. 8–36

Blanke, Thorsten: Die Start-up-Mentalität, in: Gerybadze/Kohlert, Branchenstudie Entrepreneure in der IT-Industrie. Spin-offs und Neugründungen, Düsseldorf 2000, S. 123–126

Buckingham/Coffman: First, Break all the Rules, New York 1999

Francis/Young: Mehr Erfolg im Team, Essen 1982

Geoudevert, Daniel: Mit Träumen beginnt die Realität, Berlin 1999

Glasl/Lievegoed: Dynamische Unternehmensentwicklung, Stuttgart 2003

Greenberg, Paul: CRM at the Speed of Light, Berkeley 2001

Hartmann, Frank: Wachstum meistern, in: Creditrefom, Heft 2/2003, S. 24–25

Kotter, John P.: The Heart of Change, Boston 2002

Luhmann, Niklas: Vertrauen. Ein Mechanismus der Reduktion sozialer Komplexität, Stuttgart 1968

Maister/Green/Galford: The Trusted Advisor, London 2000

Petermann, Franz: Psychologie des Vertrauens, München 1992

Scott-Morgan, Peter: Die heimlichen Spielregeln, Frankfurt 1995

Sprenger, Reinhard K.: Das Prinzip Selbstverantwortung, Frankfurt 1999

5   Bilanzen lesen und verstehen

Dr. Björn Demuth ist Rechtsanwalt, Fachanwalt für Steuerrecht und Steuerberater. Als Partner der internationalen Sozietät CMS Hasche Sigle gehört zu seinen Tätigkeitsschwerpunkten sowohl die Beratung mittelständischer als auch internationaler Großkonzerne in steuer- und gesellschaftsrechtlichen Fragen sowie die Beratung bei der Unternehmensnachfolge, Konzernumstrukturierung und einem Unternehmenskauf. Herr Demuth ist Dozent zu steuerlichen Themen an der Fachhochschule Esslingen – Hochschule für Technik (FHTE), der Verwaltungsakademie VWA des Landes Baden-Württemberg und im Rahmen der Ausbildung der juristischen Referendare.

5.1   Bedeutung der Bilanzanalyse

5.1.1   Bedeutung der Bilanzanalyse für unternehmerische Entscheidungen

In Zeiten der Informationsüberflutung ist es wichtig, die zur Verfügung stehenden Daten schnell, effizient und umfassend auswerten zu können. Dazu genügt es nicht, lediglich die Daten zu sammeln und zusammenzustellen. Vielmehr ist das Verständnis der hinter den Daten stehenden Sachverhalte von entscheidender Bedeutung, oder anders herum gesagt: Das Verständnis der hinter den Daten stehenden Sachverhalte oder Geschäftsvorfälle erschließt sich (über die Daten) nur dann, wenn man den Weg zu den Daten kennt und versteht.

Unternehmen müssen Jahresabschlüsse gesetzlich zwingend erstellen und veröffentlichen. Die Jahresabschlüsse sind somit ein leicht zugängliches Informationspotenzial, für deren Erstellung klare Regelungen bestehen. Klarstellend sei darauf hingewiesen, dass vielfach die Begriffe „Jahresabschluss" und „Bilanz" umgangssprachlich synonym verwendet werden. Tatsächlich ist die Bilanz im eigentlichen Sinne nur ein Bestandteil des Jahresabschlusses, nämlich ein zeitpunktbezogener Vermögensstatus zum jeweiligen Ende eines Wirtschaftsjahres.

Da insbesondere die Führungskräfte der Unternehmen schnell Entscheidungen für das Unternehmen treffen müssen, die teilweise von weitreichender, ja sogar existenzieller Bedeutung sein können, ist es für sie wichtig, bilanziell nachzuvollziehen, wie sich ihre Entscheidung auswirken kann, wie das Unternehmen oder Vertragspartner im Markt stehen und wie andere Unternehmen positioniert sind. Solche Informationen lassen sich bei entsprechenden Kenntnissen teilweise mit überschaubarem Aufwand aus Jahresabschlüssen entnehmen.

Das Lesen und Verstehen von Bilanzen bzw. Jahresabschlüssen sowie Buchhaltungskenntnisse gehören also zu den wichtigen Grundkenntnissen, die Führungskräfte benötigen, um die Situation ihres Unternehmens oder die anderer Unternehmen im Markt in wirtschaftlicher Hinsicht schnell und effizient beurteilen zu können. Je weitreichender die Entscheidungskompetenzen sind, desto wichtiger sind die Kenntnis und das Verständnis der Zahlen im Jahresabschluss.

Stellt man auf die Informationsinteressen der einzelnen Interessengruppen (Adressaten) des Unternehmens ab, kristallisieren sich zwei zentrale Erkenntnisziele heraus:[1]

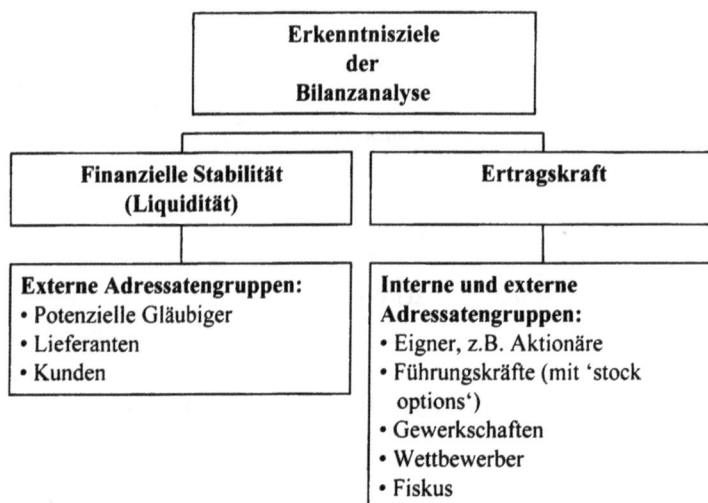

Erkenntnisziele
der
Bilanzanalyse

Finanzielle Stabilität
(Liquidität)

Ertragskraft

Externe Adressatengruppen:
• Potenzielle Gläubiger
• Lieferanten
• Kunden

Interne und externe
Adressatengruppen:
• Eigner, z.B. Aktionäre
• Führungskräfte (mit 'stock
  options')
• Gewerkschaften
• Wettbewerber
• Fiskus

Abb. 5.1: Zentrale Erkenntnisziele der Bilanzanalyse und Adressaten

5.1.2   Anwendungsfälle einer Bilanzanalyse

Es gibt vielfältige Anwendungsfälle für Bilanzanalysen. So kann eine Bilanzanalyse beispielsweise durchgeführt werden, um eine Entscheidung über den **Erwerb eines anderen Unternehmens (M&A-Transaktionen)**[2] zu treffen. Ebenso wichtig ist die Bilanzanalyse für „Venture Capital"-Unternehmen oder Unternehmen, die sich an einem anderen Unternehmen beteiligen möchten.

Umfassender vom Aufwand, aber ebenso bedeutsam, sind beispielsweise **Branchenanalysen**, etwa zur Feststellung der Position eines Unternehmens im Markt im Vergleich zu gleichen oder unterschiedlichen Unternehmen hinsichtlich ihrer Größe, Betätigung etc. Dabei geht es zumeist darum, Ähnlichkeiten und Unterschiede, beispielsweise hinsichtlich Umsät-

---

[1] Vgl. Demuth, 2003, S. 104.

[2] Vgl. hierzu Kapitel 7.

zen und Ertragskraft, herauszuarbeiten. Ausschlaggebende Triebfeder für eine Bilanzanalyse können ebenso **Wettbewerbsanalyse** oder **Optimierungsüberlegungen** sein. Letztere machen jedoch nur im Zusammenhang mit einer „Eigenanalyse" des Unternehmens Sinn, um die bisherige Entwicklung zum Überdenken der eigenen zukünftigen Strategie zu nutzen. Jedoch können auch zukünftig geplante Maßnahmen im Rahmen der Bilanzplanung eine große Rolle spielen, etwa ob im Folgejahr ein Arbeitsplatzabbau oder eine Kreditaufnahme angestrebt wird. In ersterem Fall wird das Unternehmen nicht daran interessiert sein, besonders große Gewinne in der Vorjahresbilanz auszuweisen, da dann die Rechtfertigung des Stellenabbaus, insbesondere gegenüber Arbeitnehmern, erschwert ist. Demgegenüber wird die Unternehmensführung bei geplanten Kreditaufnahmen oder einem Börsengang versuchen, das Ergebnis des Unternehmens möglichst positiv darzustellen. Die Vorlaufzeit für einen Börsengang ist jedoch länger. Sie beträgt bis zu drei Jahre. Insofern können strategische Überlegungen eines Unternehmens Anlass für eine vorausschauende Bilanzanalyse zum Zwecke der **Bilanzplanung** sein, im Vorgriff auf die von Banken oder potenziellen neuen Unternehmenseignern durchgeführten Bilanzanalysen.

Auch für die Entscheidung, ob das Bilanzierungssystem gewechselt werden soll, spielt die Bilanzanalyse eine große Rolle. Die Bilanzanalyse dient dabei wiederum einer Vorabschau dessen, wie das Unternehmen später von Anlegern oder Kreditinstituten auf Basis der noch zu entwickelnden Bilanzzahlen bewertet wird. So sind z.B. Unternehmen, die nicht nach dem deutschen HGB bilanzieren, sondern etwa nach US-GAAP[3] oder IAS[4] hinsichtlich des Ausweises ihres Ertrages zumeist deutlich bevorteiligt.

Ferner führen Banken und Unternehmen regelmäßig Analysen bzw. Bewertungen hinsichtlich derjenigen Unternehmen durch, denen **Kredite gewährt werden sollen** oder gewährt wurden.[5] Es kommt in der Praxis aber auch häufig vor, dass nicht nur Banken, sondern auch Unternehmen ihren Kunden/Abnehmern Kredite einräumen und diese damit existentiell finanzieren. Bei solchen Krediten handelt es sich zumeist um kurzfristige so genannte Zahlungsziele, d.h. Rechnungen müssen erst nach 30 bis 90 Tagen beglichen werden, ohne dass hierfür Mehrkosten entstehen. Damit ist ein „Ausfallrisiko für den Lieferanten" verbunden, denn bis zur Bezahlung der Ware besteht das Risiko, dass das Eigentum an den Liefergegenständen verloren geht, obwohl die Lieferung noch nicht bezahlt wurde. Der Lieferant trägt also das Insolvenzrisiko seines Abnehmers und muss sich Gedanken machen, ob dieses Risiko für ihn wirtschaftlich vertretbar ist und ggf. besondere Absicherungsmechanismen vereinbaren, beispielsweise Eigentumsvorbehalte, Bankbürgschaften, Patronatserklärungen oder Ähnliches.

Zu beachten ist, dass ungeachtet der Motive für eine Bilanzanalyse die Untersuchung des eigenen Unternehmens deutlich präziser und leichter möglich ist als etwa die von Wettbewerbsunternehmen, da bezüglich des eigenen Unternehmens viel ausführlichere Informationen zur Verfügung stehen bzw. zugänglich sind.

---

[3] US-Generally Accepted Accounting Principles.

[4] International Accounting Standards.

[5] Vgl. zur Finanzierung Kapitel 6.

5.2   Theoretische Grundlagen

5.2.1   Buchhaltung

Das anerkannte Buchungsverfahren ist die **„Doppelte Buchhaltung"**[6]. Danach muss jeder Buchungsvorgang mindestens zwei Konten berühren. Jedes Konto besitzt wie eine Bilanz zwei Seiten (Soll und Haben). Jeder Buchungsvorgang muss deshalb mindestens einmal die Sollseite eines Kontos und die Habenseite eines anderen Kontos berühren. Dabei ist es unerheblich, ob es sich jeweils um Bestandskonten der Bilanz oder um Erfolgskonten der Gewinn- und Verlustrechnung (GuV) handelt. Ferner ist unerheblich, ob nur auf Aktiv- oder Passivkonten der Bilanz oder auf Erfolgskonten der GuV verbucht wird.

Durch einen **Buchungssatz** wird beschrieben, welche Konten wie betroffen werden. Es wird immer „**Soll an Haben**" gebucht. Zunächst werden also Buchungen auf der Sollseite von Konten und erst dann die Buchungen auf der Habenseite vorgenommen. Die Summe der Buchungen muss sich jeweils entsprechen.

Beispiel 1: Der Einkauf eines Computers zu brutto € 1.160 (erfolgsneutrales Geschäft) wird etwa wie folgt verbucht: Sachanlagevermögen € 1.000 und Vorsteuer € 160 <u>an</u> Kasse € 1.160.

Beispiel 2: Ein Immobilienverkauf mit Umsatzsteuer und Gewinn (erfolgswirksamer Geschäftsvorfall) wird etwa wie folgt verbucht: Bank € 1.160.000 <u>an</u> Grund und Boden € 200.000, Gebäude € 500.000, Umsatzsteuer € 160.000 und außerordentliche Erlöse € 300.000.

Bestandskonten sind Bestandteile der Bilanzpositionen (verwiesen sei auf § 266 Abs. 2 und 3 HGB) wie etwa „Grund und Boden" im Sachanlagevermögen. Sie beschreiben den Vermögensstand[7] der jeweiligen Position zum Bilanzstichtag. Es gibt aktive und passive Bestandskonten[8].

Erfolgskonten (verwiesen sei auf § 275 HGB) beschreiben hingegen Aufwendungen oder Erlöse. Die Gewinn- und Verlustrechnung ist als Erfolgsrechnung im Ergebnis nur ein Unterkonto des Bestandkontos „Kapital" in der Bilanz (§ 266 Abs. 3 HGB). Ein Gewinn erhöht das Kapital und ein Verlust verringert dieses. Bilanziell wird das Ergebnis der GuV gleichwohl immer als gesonderte Position in der Bilanz ausgewiesen.

---

[6] Zu den Buchhaltungsgrundlagen vgl. Wöhe/Kußmaul, 2002, S. 1–20 und Falterbaum/Beckmann, 2003.

[7] Der Begriff Vermögensgegenstand entspringt dem Handelsrecht. Er wird zumeist als Synonym für den im Steuerrecht gebräuchlichen Begriff Wirtschaftsgut verwendet. Im Folgenden wird allerdings durchweg der handelsrechtliche Begriff Vermögensgegenstand verwendet.

[8] Vgl. auch Kapitel 5.2.2.

In der Buchhaltung können beliebig viele **Unterkonten** gebildet werden, um intern, für Zwecke der **Kosten- und Leistungsrechnung**[9], eine möglichst klare Verbuchung und Nachvollziehbarkeit von Geschäftsvorfällen zu erreichen. Für die Bilanzerstellung werden dann üblicherweise die vielen Unterkonten zu einer Position zusammengefasst. Wurde beispielsweise für zehn Unternehmensgrundstücke jeweils ein Konto in der Buchhaltung geführt, werden diese zur Position „Grund- und Boden" in der Bilanz zusammengefasst.

5.2.2   Bilanzierung

Was sind die **Inhalte eines Jahresabschlusses**? Unstrittig ist der Jahresabschluss die Basis für jede Bilanzanalyse. Deshalb ist es wichtig zu wissen, welche Informationen an welcher Stelle im Jahresabschluss enthalten sind und wo diese im Jahresabschluss zu finden sind:

- Zunächst enthält ein Jahresabschluss die **Bilanz** (§ 266 Abs. 2 und 3 HGB zur Gliederung) im engeren Sinn, d.h. eine zeitpunktbezogene Vermögensaufstellung, aus der die Mittelverwendung und die Mittelherkunft sowie das letztjährige Jahresergebnis ersichtlich sind. Die Bilanz vermittelt auf der so genannten „Aktivseite" (linke Seite) Informationen zur Mittelverwendung, wo bzw. wie das vorhandene Kapital angelegt ist. Demgegenüber vermittelt die so genannte „Passivseite" (rechte Seite) die Informationen über die Mittelherkunft, d.h. wie die auf der Aktivseite ausgewiesenen Vermögensgegenstände des Unternehmens finanziert sind.

- Ferner gibt es eine **Gewinn- und Verlustrechnung** (GuV, § 275 HGB), die eine periodenbezogene Erfolgsrechung darstellt. Hier wird bezogen auf das Wirtschaftsjahr, das maximal zwölf Monate beträgt, der Gewinn bzw. Verlust des Unternehmens ermittelt.[10]

- Sowohl aus der Bilanz als auch aus der Gewinn- und Verlustrechnung können jedoch keine detaillierten Informationen zu einzelnen Kostenpositionen oder Vermögensgegenständen erlangt werden. Sowohl Bilanz als auch Gewinn- und Verlustrechnung enthalten grundsätzlich lediglich zusammengefasste Positionen wie in §§ 266 und 275 HGB vorgesehen. Um diese Positionen zu verstehen, bedarf es deshalb weiterer Informationen. Diese weitergehenden Informationen enthält üblicherweise der **Anhang**. Er dient der Erläuterung von Bilanz und Gewinn- und Verlustrechnung. Hier ist auch darzustellen, wie sich etwa das Sachanlagevermögen hinsichtlich Zu- und Abgängen bzw. Wertminderungen in Form von Abschreibungen entwickelt hat. Der Anhang ist also eine wichtige und ergänzende Informationsquelle zum Verständnis der in der Bilanz und GuV ausgewiesenen Zahlen. Für detaillierte Informationen ist jedoch ein Rückgriff auf die Buchhaltung unumgänglich. Nicht-Kapitalgesellschaften (OHG, KG, Einzelunternehmer) und kleine Kapitalgesellschaften müssen allerdings keinen Anhang zu der Bilanz erstellen. Mittelgroße Kapitalgesellschaften haben geringe Erleichterungen bei der Erstellung des Anhanges (vgl. § 288 HGB).

---

[9] Vgl. Schneck, 2000, S. 563.

[10] Vgl. dazu auch Kap. 6.1.1.

- Mittelgroße und große Unternehmen i.S.v. § 267 HGB müssen zudem einen **Lagebericht** fertigen. Dieser soll aus Sicht der Geschäftsleitung eine Darstellung des Geschäftsverlaufes und der Lage der Gesellschaft beinhalten. Der Lagebericht soll darüber hinaus die zukünftigen Entwicklungen und Einschätzungen des Unternehmens aus Sicht der Geschäftsführung im Markt offen legen. Im Gegensatz zu den vorne dargestellten Jahresabschlussbestandteilen bietet der Lagebericht somit nicht nur eine vergangenheitsbezogene, sondern auch eine in die Zukunft orientierte Informationsquelle, aus der sich die strategischen Überlegungen der Geschäftsführung für das Unternehmen herleiten lassen.

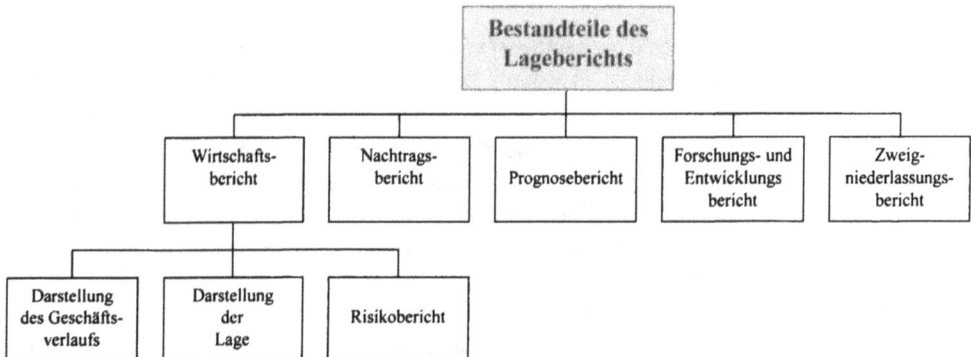

Abb. 5.2: Bestandteile des Lageberichts

Wie ist die **Aussagekraft des Jahresabschlusses** zu beurteilen? Die Informationen, die ein Jahresabschluss vermittelt, dürfen nicht zu hoch bewertet werden. Der Zweck von Bilanz- und Buchführung nach dem HGB ist nämlich nur beschränkt. Laut § 238 Abs. 1 Satz 2 HGB sollen Bilanz und Buchführung lediglich einem Sachverständigen innerhalb angemessener Zeit einen Überblick über Geschäftsvorfälle und die Lage des Unternehmens vermitteln. Damit wird klar, dass Jahresbeschlüsse nur dem wirtschaftlich vorgebildeten Leser und nicht dem Laien Informationen zugänglich machen. Deshalb ist die Informationsdichte in den Bilanzen sowie die Erklärungsintensität und die Detaillierung der Information, abgesehen von börsennotierten Unternehmen, zumeist relativ gering. Dementsprechend bedarf eine genaue Analyse über die in einem Jahresabschluss enthaltenen Informationen hinaus zusätzlicher Recherchen. Weitergehende Informationen können z.B. über die Sichtung der Buchführung gewonnen werden. Nach § 239 Abs. 2 HGB soll die Buchführung vollständige, richtige und zeitgerecht zugeordnete Aufzeichnungen über alle Geschäftsvorfälle enthalten. Durch die Fülle an Geschäftsvorfällen ist eine schnelle Sichtung der Buchführung allerdings zumeist nicht möglich. Sinnvoll ist es deshalb, nur diejenigen Buchführungskonten genauer zu untersuchen, zu denen detaillierte Informationen erforderlich sind, um die in der Bilanz oder GuV enthaltenen Daten besser verstehen und auswerten zu können.

Was sind die **Grundsätze ordnungsgemäßer Buchführung**[11]? Sowohl für Buchführung als auch für die Erstellung des Jahresabschlusses gelten die Grundsätze ordnungsgemäßer Buchführung und Bilanzierung. Hierzu gehört u.a., dass sich ein Kaufmann nicht reicher rechnen darf als er ist. Bezweckt wird damit eine zwar möglichst realistische, aber vor allen Dingen sichere Vermögensdarstellung. Dies führt oft dazu, dass Vermögensgegenstände nicht mit ihrem Verkehrswert, sondern einem deutlich geringeren Wert angesetzt sind. In diesem Zusammenhang ist zu erwähnen, dass die Anschaffungs- oder Herstellungskosten, auch trotz deutlicher Wertzuwächse auf dem Markt, beim Ansatz von Vermögensgegenständen auf der Aktivseite der Bilanz nicht überschritten werden dürfen. Wurden z.B. vor 50 Jahren ein Grundstück für 50,00 DM/m² erworben, so darf der diesbezügliche Wertansatz nicht überschritten werden, auch wenn das Grundstück heute einen Wert von EUR 500,00 je m² hätte. Ebenso dürfen Gewinne aus noch nicht erfüllten Verträgen nicht ausgewiesen werden. Bilanziell unberücksichtigt bleiben somit bloße Gewinnchancen. Eine bilanzielle Auswirkung sollen erst die realisierten Ergebnisse aus Geschäften erlangen. Dies setzt voraus, dass zumindest eine Vertragspartei ihre Pflichten aus dem Vertragsverhältnis vollständig erfüllt hat und somit ohne Zweifel die eigenen Ansprüche fordern und durchsetzen kann. Im Ergebnis gilt: **Risiken müssen sofort und Gewinne dürfen erst mit ihrer Realisierung bilanziert werden.** Auf Grund neuer steuerrechtlicher Vorschriften gibt es allerdings ausnahmsweise Wertaufholungsgebote, die jedoch nach oben immer durch die Anschaffungs-/Herstellungskosten begrenzt sind.

Was sind die **Grundsätze der Bilanzierung**? Zur Verdeutlichung der vorgemachten Ausführungen sollen nachfolgend einige zusätzliche oder ergänzende Ausführungen zu Grundsätzen, die im Rahmen der Bilanzierung nach HGB zu beachten sind und damit für das Verständnis von Zahlen in Jahresabschlüssen im Rahmen der Bilanzanalyse von Bedeutung sind, gemacht werden:

- Der wichtigste Grundsatz, der zu stillen Reserven in Unternehmen führt, ist das **Vorsichtsprinzip**. Eine Ausprägung hiervon ist das **Niederstwertprinzip**[12], wonach Anschaffungskosten bzw. Herstellungskosten die Wertobergrenze für den Ansatz in einer Bilanz darstellen. Das Niederstwertprinzip wird nur auf der Aktivseite der Bilanz berücksichtigt. Im Rahmen der Bewertung des Umlaufvermögens gilt sogar das **strenge Niederstwertprinzip**. Danach ist zwingend auf den Verkehrs-/Teilwert[13] im Zeitpunkt der Bilanzerstellung (Bilanzstichtag) herabzubewerten, wenn dieser unter den Anschaffungs- oder Herstellungskosten liegt. Bei Sachanlagewerten gilt dies jedoch nur, wenn die Wertminderung von Dauer ist.
- Als Gegenstück zum Niederstwertprinzip gilt auf der Passivseite der Bilanz das **Höchstwertprinzip**. Danach sind Verbindlichkeiten mit ihrem Rückzahlungsbetrag auszuweisen,

---

[11] Vgl. Falterbaum/Beckmann, 1996, S. 319 f bzw. 2003, Ziffer 12.2.2; vgl. auch Beck'scher Bilanzkommentar Handels- und Steuerrecht, 2003, § 243 und Schmidt, 2004, Rn 66 ff.

[12] Vgl. Falterbaum/Beckmann, 1996, S. 340 bzw. 2003, Ziffer 12.3.3; vgl. Beck'scher Bilanzkommentar Handels- und Steuerrecht, 2003, § 253 Rn. 1.

[13] Vgl. Schneck, 2000, S. 917; vgl. ebenda, S. 967.

selbst wenn bei der Auszahlung etwa eines Kredits aufgrund eines Disagios[14] nur ein geringerer Betrag zur Auszahlung gelangt ist. Darüber hinaus gilt im Bereich der Rückstellungen etwa für Risiken, dass diese in der Bilanz zu passivieren sind, wenn bereits die Gefahr der Inanspruchnahme droht, ohne dass endgültig feststeht, beispielsweise durch Gerichtsurteil, dass es zu einer Inanspruchnahme kommt. Auf Grund dieser Prinzipien fällt das Ergebnis einer Bilanz bzw. Gewinn- und Verlustrechnung grundsätzlich niedriger aus als bei Ansatz eines im Zeitpunkt der Bilanzerstellung maßgebenden Verkehrswertansatzes.

- Ein weiterer wichtiger Grundsatz ist die **Maßgeblichkeit der Handelsbilanz für die Steuerbilanz**[15]. Dieser in § 5 Abs. 1 Satz 1 Einkommensteuergesetz geregelte Grundsatz besagt, dass das Ergebnis der Handelsbilanz grundsätzlich, d.h. bis auf Ausnahmen, auch für steuerliche Zwecke Relevanz hat. Unterstützt wird der Grundsatz der Maßgeblichkeit durch den Grundsatz der **umgekehrten Maßgeblichkeit**. Danach darf ein handelsrechtliches Wahlrecht nur so ausgeübt werden, wie der Ansatz in der Steuerbilanz ist. Allerdings gibt es eine Fülle von **Durchbrechungen der Maßgeblichkeit**, die grundsätzlich auf steuerliche Sondervorschriften zurückzuführen sind, die handelsrechtlich aber nicht angewendet werden dürfen oder bei denen bewusst eine Abweichung von **Handels- und Steuerbilanz** akzeptiert wird. Es kann mithin zu einer Aufstellung zweier unterschiedlicher Bilanzen kommen. Aber die Unternehmer müssen nicht sowohl eine Handels- als auch eine Steuerbilanz erstellen. Meist werden für die Steuerbilanz nur Ergänzungen außerhalb der Handelsbilanz bezogen auf diese zusammengestellt[16]. In dieser „Steuerbilanz" werden vor allem steuerliche Sonderregelungen über die Aktivierung, Passivierung und Bewertung bestimmter Positionen gem. § 6 EStG berücksichtigt. Zweck der Steuerbilanz ist die Ermittlung des Gewinns, der der Besteuerung unterworfen werden soll.

- Für die Handelsbilanz gilt überdies die **Bewertungsstetigkeit** im Rahmen der (vorgegebenen) Bewertungsmethoden des Handelsrechts. Gemeint ist damit beispielsweise, dass eine einmal gewählte Abschreibungsmethode auch in den Folgejahren fortgeführt werden muss, soweit keine abweichende Regelung etwas anderes gestattet. Zudem ist jede Bilanz aus der des Vorjahres herzuleiten bzw. fortzuentwickeln (**Bilanzidentität und Bilanzstetigkeit**). Abweichungen dürfen nur unter entsprechendem Hinweisen im Anhang des Jahresabschlusses vorgenommen werden.

- Bei jeder Bilanzerstellung ist der **Grundsatz der Einzelbewertung** i.V.m. dem Grundsatz der Bewertungsstetigkeit zu berücksichtigen, d.h. vorrangig sind Bewertungen konkret für jeden einzelnen Vermögensgegenstand des Unternehmens vorzunehmen.[17]

- **Selbst geschaffene immaterielle Vermögensgegenstände** dürfen grundsätzlich nicht in der Bilanz angesetzt werden. Demgegenüber dürfen immaterielle Vermögensgegenstän-

---

[14] Vgl. ebenda, S. 230.

[15] Zu den Maßgeblichkeitsgrundsätzen vgl. Falterbaum/Beckmann, 1996, S. 324 ff bzw. 2003, Ziffer 12.2.4 und Schmidt, 2004, Rn 26 ff.

[16] Bspw. haben Freiberufler, die freiwillig eine doppelte Buchhaltung führen, lediglich eine Steuerbilanz aufzustellen; vgl. § 18 Abs. 1 Nr. 1 EStG, also z.B. Ärzte, Rechtsanwälte oder Architekten. Auf der anderen Seite sind Kaufleute (vgl. §§ 1–3, 5 u. 6 HGB, also z.B. Einzelgewerbebetreibende) verpflichtet, beide Bilanzen aufzustellen; vgl. Horschitz/Gross/Weidner, 2000, S. 67 ff.

[17] Ausnahmen sind die zulässigen Ausnahmen für Gruppenbewertungen zu Vereinfachungszwecken.

de, die käuflich erworben wurden wie etwa ein Firmenwert oder ein Markenrecht/Patent, mit ihren Anschaffungskosten erfasst werden.

- Ein weiterer wichtiger Grundsatz ist die zwingend vorgeschriebene bilanzielle Erfassung des regelmäßigen Werteverzehrs in Form der Abnutzung von langlebigen Vermögensgegenständen des Anlagevermögens. Diese langlebigen Vermögensgegenstände dürfen nämlich nicht bereits beim Kauf in vollem Umfang zu einem erfolgswirksamen Aufwand führen. Vielmehr werden sie beim Kauf in der Bilanz aktiviert (z.B. Maschine) und führen dann erst im Laufe ihrer Nutzungsdauer zu Aufwand. Dies geschieht mittels der so genannten **Absetzung für Abnutzung (AfA)**, die auch als „**Abschreibung**" bezeichnet wird. Hierbei gibt es verschiedene Wahlrechte, nach welchen Grundsätzen die Abnutzung zu berechnen ist.
- Ferner sind alle Daten **periodenbezogen** für die Gewinn- und Verlustrechnung bzw. **zeitpunktbezogen** für die stichtagsbezogene Bilanz in der Buchhaltung zu erfassen und in die Bilanz einzuarbeiten. Allerdings sind **wertbegründende Tatsachen**, die erst nach dem Bilanzstichtag entstehen (wie etwa die Insolvenz eines Abnehmers) nicht mehr im Rahmen der Bilanzaufstellung zu berücksichtigen. Demgegenüber sind **wertaufhellende Tatsachen**, deren Ursache bereits vor dem Bilanzstichtag lag, die aber erst nach dem Bilanzstichtag vor Bilanzaufstellung bekannt werden, noch zu berücksichtigen.
- Hinsichtlich der Bilanzaufstellung gilt ferner, dass die Bilanz grundsätzlich aus einer **Inventur**, d.h. einer regelmäßigen **körperlichen** Feststellung der vorhandenen Vermögensgegenstände, die zeitnah zum Bilanzstichtag erfolgen soll, herzuleiten ist.
- Schließlich ist bei der Bilanzerstellung die Betriebsfortführung zu unterstellen („**Going Concern**"-**Prinzip**).

Während die bloße Verwendung des Bilanzergebnisses in die Entscheidungskompetenz der Gesellschafter fällt, entscheidet die Geschäftsführung über die Aufstellung der Bilanz und die dazu auszuübenden Wahlrechte. Zwischen Aufstellung der Bilanz und Feststellung derselben findet bei mittelgroßen und großen Unternehmen grundsätzlich die Prüfung der Bilanz durch Wirtschaftsprüfer oder ggf. vereidigte Buchprüfer statt.

5.2.3   Bilanzplanung und Bilanzanalyse

Zur bilanzanalytischen Beurteilung ist eine **zweckmäßige Verfahrensweise** erforderlich. Diese orientiert sich an den beiden zentralen Erkenntniszielen: Finanzielle Stabilität und Ertragskraft. Es gibt zahlreiche Ansatzpunkte für finanzwirtschaftliche bzw. erfolgswirtschaftliche Analysen.[18]

Die Erstellung einer Bilanzanalyse läuft grundsätzlich in drei Schritten ab: Sammeln und Prüfen von Informationen, Aufbereitung der Informationen und schließlich die Auswertung

---

[18] Demuth, 2003, S. 117 ff.; vgl. auch Wöhe, 1997, S. 801 und Küting/Weber, 2004.

des Datenmaterials[19]. Im Einzelnen lassen sich die **Phasen der Bilanzanalyse** wie folgt veranschaulichen:[20]

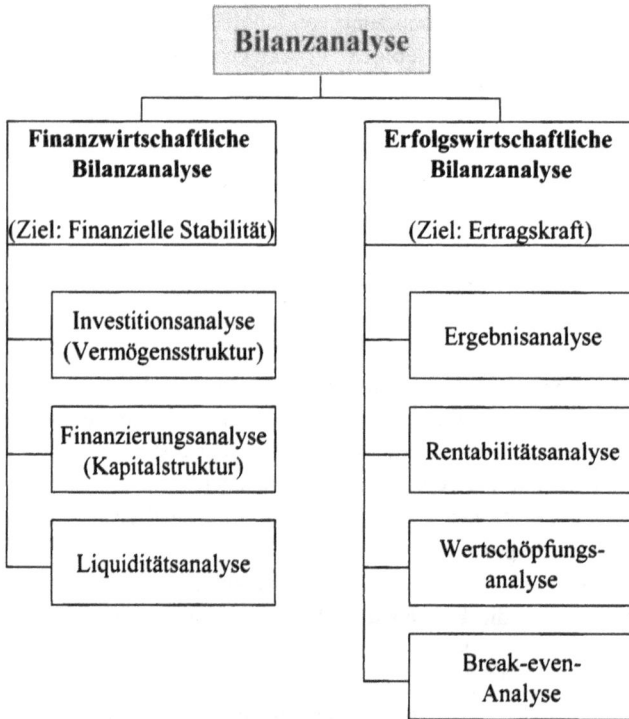

```
                          ┌─────────────────────┐
                          │    Bilanzanalyse     │
                          └─────────────────────┘
```

Finanzwirtschaftliche Bilanzanalyse (Ziel: Finanzielle Stabilität)	Erfolgswirtschaftliche Bilanzanalyse (Ziel: Ertragskraft)
Investitionsanalyse (Vermögensstruktur)	Ergebnisanalyse
Finanzierungsanalyse (Kapitalstruktur)	Rentabilitätsanalyse
Liquiditätsanalyse	Wertschöpfungs-analyse
	Break-even-Analyse

Abb 5.3: Übersicht über die Bausteine der Bilanzanalyse

Im Rahmen fast jeder Bilanzanalyse sind u.a. folgende **wichtige Bilanzpositionen** näher zu untersuchen:

- Das **Eigenkapital**[21], das die eigene Finanzkraft des Unternehmens verkörpert und zugleich Garant für die Existenz des Unternehmens ist. Hierzu gehört auch die Beantwortung der Frage, ob ein Unternehmen ausreichend Reserven zur Überbrückung von Marktkrisen besitzt.
- Die **Verbindlichkeiten**[22], die sowohl Finanzquelle des Unternehmens sind als auch eine Gewinnsteigerung durch den so genannten „**Leverage-Effekt**" (bedeutet Hebel) bewirken können, wenn der Zins auf die Verbindlichkeiten niedriger ist als die Rendite, die das Unternehmen durchschnittlich erzielt. Deshalb wird oft auch eine Eigenkapital/Verbind-

---

[19] Vgl. Küting/Weber, 2004, S. 3 ff.

[20] Demuth, 2003, S. 106.

[21] Vgl. dazu auch Kapitel 6.2.

[22] Vgl. dazu auch Kapitel 6.1.2.

lichkeiten-Relation oder aber das Verhältnis von Eigenkapital bzw. Verbindlichkeiten zur Bilanzsumme gebildet. Bei deutschen Unternehmen liegt die Eigenkapitalquote eher niedrig, oft nur um 10 % oder niedriger, während bei US-amerikanischen Unternehmen die Eigenkapitalquote üblicherweise bei 30%–40% liegt. In Zeiten hohen wirtschaftlichen Wachstums ist eine niedrige Eigenkapitalquote wegen des Leverage-Effekts positiv und steigert die Rendite des Eigenkapitals (Rendite = Gewinn/Eigenkapital), während in Zeiten konjunktureller Krisen genau dieser Hebel (Leverage-Effekt) oft dazu führt, dass Unternehmen schnell in die Überschuldung und damit in die Insolvenz geraten.

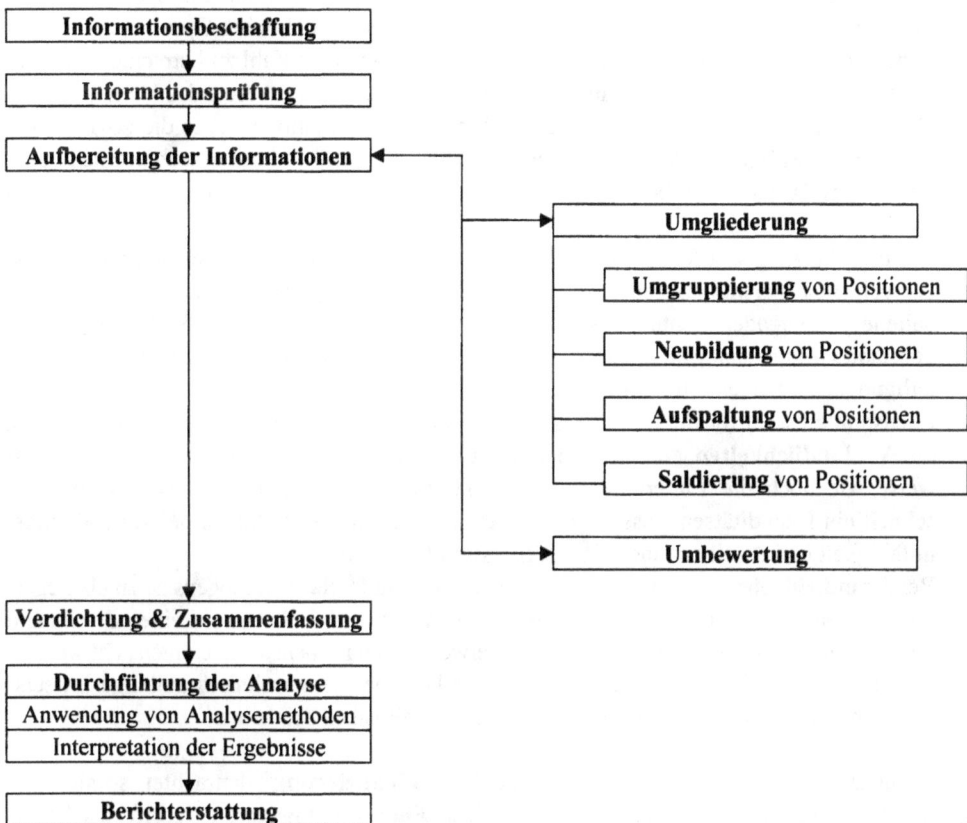

Abb. 5.4: Phasen der Bilanzanalyse

- Im Hinblick auf Unternehmensrisiken spielt u.a. die Betrachtung der „**offenen Forderungen**" eine große Rolle. „Hohe Außenstände" geben Anlass zur Sorge, dass erhebliche Forderungsbeträge ausfallen könnten. Je größer die Außenstände sind, desto größer ist das Risiko der Uneinbringlichkeit einzelner Forderungen. Um allerdings das tatsächliche Ausfallrisiko eines Unternehmens gewichten zu können, sollten nicht nur die absoluten Zahlen, sondern vielmehr diese im Verhältnis zu anderen Kenngrößen, wie beispielsweise dem Jahresumsatz, betrachtet werden. Ferner sollte bei der Überprüfung der Position

„Offene Forderungen" auch untersucht werden, ob Kunden Zahlungsziele gewährt wurden und ob etwaige Zahlungsziele dinglich besichert sind. Ferner spielen Erfahrungen über Forderungsausfälle in der Vergangenheit ebenso wie die Solvenz der Vertragspartner eine wichtige Rolle. So wird beispielsweise das Ausfallrisiko eines Automobilzulieferers hinsichtlich seiner Forderungen gegenüber DaimlerChrysler unabhängig von den Außenständen sehr gering sein.

- Die **Höhe des Umlaufvermögens**, insbesondere die Positionen Rohstoffe und Lagerbestände, kann Auskünfte über die Professionalität bzw. die Kapitalintensität des Unternehmens geben. Hohe Lagerbestände deuten darauf hin, dass etwa ein Produktionsunternehmen nicht „just in time" fertigt oder aber die gefertigten Produkte nicht umgehend am Markt absetzen kann. Beides sind Anzeichen dafür, dass erheblicher Optimierungsbedarf bestehen kann. Auch hier ist allerdings nicht nur die absolute Zahl zu betrachten. Zusätzlichen Aufschluss kann die Relation zum Umsatz geben. So gibt etwa das Verhältnis von „Summe der fertigen Erzeugnisse" zum „Umsatz" Informationen über die so genannte **Umschlagshäufigkeit**, also wie oft das Lager pro Jahr am Markt abgesetzt werden kann. Umschlagshäufigkeit/12 beschreibt den Zeitraum in Monaten, in dem das Lager im Durchschnitt einmal veräußert wird.

- Zur Einschätzung von Risiken eines Unternehmens kann beispielsweise auch die Position der **volatilen Vermögensgegenstände des Umlaufvermögens**, wie etwa kurzfristig gehaltene Aktien oder Rentenpapiere, genauer betrachtet werden. Solche Vermögensgegenstände finden sich ggf. auch im Anlagevermögen, etwa bei langfristig gehaltenen Beteiligungen an börsennotierten Gesellschaften.

- Ebenso interessant für die Risikoeinschätzung eines Unternehmens ist die Frage, wie sich die **Verbindlichkeiten eines Unternehmens zusammensetzen** (Fristigkeit), beispielsweise wie hoch die Lieferantenziele und kurzfristigen Kredite sind. Hier kann etwa schnell ein Liquiditätsengpass wegen fehlender Einnahmen entstehen, der zur Zahlungsunfähigkeit und damit zu einem Insolvenzgrund führen kann.

- Bei der **individuellen Bewertung des Sachanlage- und Umlaufvermögens** ist zu überlegen, ob in diesen Positionen Vermögensgegenstände enthalten sind, für die es keinen Zweitmarkt gibt, d.h. die am Markt in einer Krise nicht verwertbar sind. Ebenso sollte untersucht werden, ob sich unter den Vermögensgegenständen des Unternehmens technisch anfällige „Assets" befinden, die dementsprechend Reparatur- oder Ausfallrisiken beinhalten.

Wird ein Unternehmen unter dem Blickwinkel der **Finanzierung**[23] betrachtet, so sind folgende Überlegungen von Bedeutung: Auf welche **Finanzierungsarten**[24] greift das Unternehmen vorwiegend zurück? Beschränkt es sich auf Innen- oder Außenfinanzierung oder kombiniert das Unternehmen die verschiedenen Finanzierungsmöglichkeiten geschickt miteinander? Zum Thema der **Innenfinanzierung** gehören insbesondere Überschüsse und Gewinnrücklagen, bestimmte Rückstellungspositionen, Möglichkeiten zur Veräußerung von Unternehmensvermögen, die Nutzung von Sale-and-Lease-Back oder Factoring-Geschäften sowie die Berücksichtigung von Stock-Option- oder (stillen) Beteiligungs-Programmen.

---

[23] Vgl. zum Thema Finanzierung allg. Kapitel 6.

[24] Vgl. Schneck, 2000, S. 325 f.

Ferner ist in diesem Zusammenhang das Thema Joint-Venture-Unternehmen zu diskutieren. Demgegenüber betrifft das Thema **Außenfinanzierung** beispielsweise Kredite und Darlehen, Lieferantenziele, Kommissionen, Schuldverschreibungen etc.[25] In Zeiten von Basel II gewinnt die Innenfinanzierung eine zunehmende Bedeutung, die auch im Rahmen der Kreditvergabe zu einem zunehmend gewichtigeren Entscheidungskriterium werden wird.

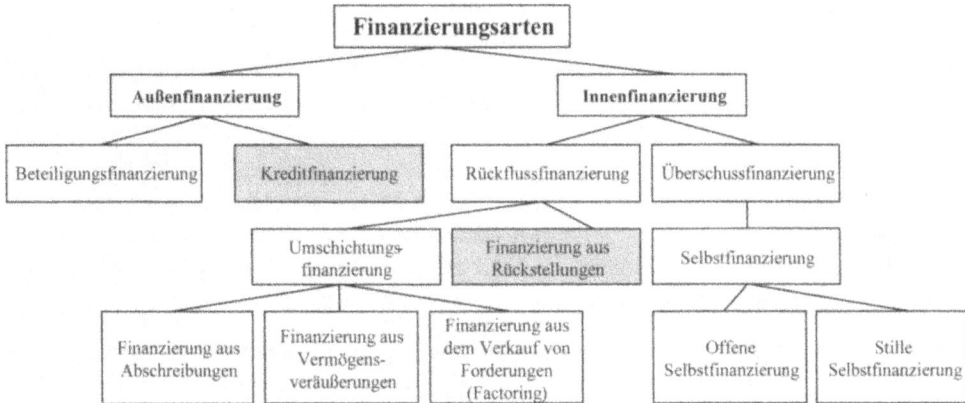

Abb. 5.5: Finanzierungsarten (vgl. zu Details der Außenfinanzierung Kapitel 6.1.2 und 6.2)

Es gibt aber auch viele **außerbilanzielle Einflussfaktoren für eine Bilanzanalyse**. Im Rahmen der Analyse kann nicht immer pauschal der gleiche Maßstab angelegt werden, vielmehr spielt der jeweilige Untersuchungsgegenstand eine große Rolle. So wird etwa ein Dienstleistungsunternehmen aus einem ganz anderen Blickwinkel zu untersuchen sein als ein Fertigungsunternehmen. Dies wird beispielsweise vor dem Hintergrund deutlich, dass ein Dienstleistungsunternehmen im Zweifel weniger so genannte „Assets" (Wirtschaftsgüter oder Sachanlagegüter) besitzt als ein Fertigungsunternehmen. Dafür spielen beim Dienstleistungsunternehmen das Know-how und die Qualität des Personals eine große Rolle. Hingegen stellt das hohe laufende Budget für Personalkosten ein Risiko für ein Dienstleistungsunternehmen dar, vor allem, wenn das Personal nicht voll ausgelastet oder sachgerecht abgerechnet werden kann und ein Personalabbau nicht zügig durchführbar ist, um die Kostensituation wieder in den Griff zu bekommen.

Auch das aktuelle Umfeld spielt im Rahmen der Bilanzanalyse eine große Rolle. So werden z.B. Personen- und Kapitalgesellschaften unterschiedlich mit Steuern belastet:
- Derzeit beträgt die effektive Steuerbelastung bei Kapitalgesellschaften grundsätzlich zwischen 37% bis 40% des Steuerbilanzgewinnes. Zusätzlich werden die an ihre Gesellschafter ausgeschütteten Dividenden zur Hälfte mit dem individuellen Steuersatz des Gesellschafters besteuert.
- Bei Personenhandelsgesellschaften fällt hingegen eine Gewerbesteuer an, die maximal bis zu ca. 24% des Steuerbilanzgewinnes betragen kann. Zusätzlich müssen die Gesell-

---

[25] Demuth, 2003, S. 123.

schafter auf den verbleibenden Gewinn, unabhängig von dessen Ausschüttung, Einkommensteuer mit ihrem individuellen Steuersatz von bis zu 45% im Jahr 2004 bzw. 42% im Jahr 2005 bezahlen. Allerdings ist ein gewisser Anteil der von der Personengesellschaft bereits bezahlten Gewerbesteuer wiederum auf die Einkommensteuerlast jedes Gesellschafters anrechenbar, so dass die Effektivbelastung meist nur geringfügig über dem Einkommensteuersatz liegt.

Aber nicht nur die steuerliche, sondern auch die arbeitsrechtliche Situation oder andere Umfeldbedingungen, wie die neuen Bewertungsgrundsätze für die Kreditvergaben „Basel II"[26], können einen erheblichen Einfluss auf den Analysegegenstand haben. Ebenso spielt unter anderem die **Risikoeinschätzung einer Branche** auch für die Einschätzung eines Unternehmens im Markt eine große Rolle. Arbeitet z.B. ein Bauunternehmen in der krisengeschüttelten Bauindustrie sehr lukrativ, wird es trotzdem kritischer eingestuft als ein nur durchschnittlich gewinnträchtiges Unternehmen einer als sicher eingestuften Branche. Insbesondere bei der Frage der Bankfinanzierung spielt dies eine erhebliche Rolle.

Ferner ist das vorhandene **Know-how des Personals bzw. Managements**, je nach Tätigkeitsfeld des Unternehmens, von mehr oder weniger großer Bedeutung. Ein innovativ tätiges Unternehmen, das ständig mit Forschung und Entwicklung betraut ist oder von Erfolgen aus der Forschung abhängig ist, wird über die Qualität und das Know-how des Personals bewertet. Dabei spielen selbstverständlich auch Fragen der Fluktuation von Personal eine große Rolle. So ist für Unternehmen, die stark vom Know-how ihrer Mitarbeiter leben, aber einem ständigen Mitarbeiterwechsel unterworfen sind, das Risiko, am Markt nicht zu bestehen, größer als für ein entsprechend aufgestelltes Unternehmen, das aber nur geringfügigen Veränderungen im Personalbestand unterliegt. In diesem Zusammenhang ist auch die Frage nach dem **Fortbildungsbedarf des Personals** bedeutsam. Einerseits handelt es sich hier um einen großen Kostenblock, der andererseits aber etwa in fortentwicklungsbedürftigen Branchen eine zwingende Voraussetzung für die zukünftige Wertschöpfung darstellt. Werden keine ausreichenden Fortbildungsmaßnahmen ergriffen, kann das sich heute sehr schnell verändernde Know-how in einem derart dramatischen Maße abnehmen, dass die Existenz des Unternehmens wegen zu geringer Progressivität im Wettbewerb gefährdet wird. Insbesondere die Abhängigkeit des Unternehmens von Innovation und den eigenen innovativen Kräften wird auf das Analyseergebnis erhebliche Auswirkungen haben.

5.3   Anwendungsfälle in der Praxis

Im Nachfolgenden soll anhand ausgewählter Situationen die Bedeutung einer Bilanzanalyse verdeutlicht werden. Dazu können jedoch aus Platzgründen keine umfassenden Analysebeispiele dargeboten werden. Vielmehr werden fallspezifisch wichtige Blickpunkte der Bilanz beleuchtet.

---

[26] Vgl. http://fk.hypovereinsbank.de/121.php (vom 24.08.2004); vgl. Reichling, 2003, S. 416 ff.

5.3.1   Branchen- und Wettbewerbsanalyse

Eine wichtige **Kennzahl** für Vergleiche ist die Feststellung des **Verhältnisses von Eigenkapital zu Fremdkapital** (so genannte „equity/debt-ratio") oder zur **Bilanzsumme**. Dies sind Kennzahlen, die einen gewissen Vergleich von Unternehmen erlauben[27]. Durch das Vorhandensein stiller Reserven relativiert sich die Aussagekraft dieser Kennzahlen jedoch. Deshalb gehört die **Untersuchung der stillen Reserven** immer mit zu den Untersuchungsgegenständen der Eigenkapitalanalyse. Das Thema stille Reserven spielt im Rahmen der Bilanzanalyse stets eine große Rolle, weil es um die Feststellung von „stillem, nicht offenkundigem Eigenkapital" geht und damit um ein Stück Sicherheit des Unternehmens. Wie bereits zuvor beschrieben zeigt die Bilanz aus verschiedenen Gründen regelmäßig nicht die aktuellen Verkehrswerte. Deshalb sind im Rahmen einer Bilanzanalyse zur **Feststellung vorhandener stiller Reserven** folgende Positionen genau zu untersuchen:

- **Grundstücke und Gebäude** sind zumeist wichtige Träger von stillen Reserven, sofern sie sich bereits über zehn Jahre im Bestand eines Unternehmens befinden und keine nachteiligen Kontaminationen eingetreten sind. Ursache dieses nicht in der Bilanz sichtbaren Wertzuwachses der vergangenen Jahre ist das oben beschriebene Vorsichtsprinzip[28]. Die Bildung stiller Reserven in Gebäuden ist insbesondere dann wahrscheinlich, wenn diese zu marktüblichen Konditionen erworben und regelmäßig saniert wurden. Dann führt die regelmäßig vorzunehmende Abschreibung dazu, dass die Gebäude mit geringeren Werten in der Bilanz zu Buche stehen, denn die Sanierungskosten werden nicht aktiviert, sondern als Aufwand in der GuV erfasst.

- Bei einzelnen **anderen Vermögensgegenständen des Sachanlagevermögens** kann es zu ähnlichen Folgen kommen, etwa bei nicht abschreibungsfähigen Kunstwerken oder bereits abgeschriebenen Maschinen, die aber aufgrund ihres Wartungszustandes noch gute Dienste leisten und deshalb im Verkaufsfalle auf dem Markt noch einen beträchtlichen Verkaufspreis erzielen. Stille Reserven entstehen bei Sachanlagevermögen im Übrigen insbesondere dann, wenn aus steuerlichen Gründen etwa Sonderabschreibungen[29] vorgenommen werden. Derartige „überzogene steuerliche Sondereinflüsse" führen, sofern sie auch in der Handelsbilanz vollzogen werden (müssen), zur Entstehung stiller Reserven, da sie die tatsächliche Sachwertabnutzung nicht widerspiegeln.

- Bei **selbst geschaffenen immateriellen Vermögensgegenständen** wie dem Firmenwert[30]/Kundenstamm, selbst entwickelten Patenten, Marken, Mustern, Urheberrechten etc. entstehen üblicherweise stille Reserven, denn diese selbst geschaffenen immateriellen Vermögensgegenstände sind grundsätzlich nicht bilanzierungsfähig, insbesondere nicht mit ihrem Verkehrswert. Zwar bereitet oftmals die Feststellung eines etwaigen Verkehrswertes immaterieller Vermögensgegenstände Probleme, gleichwohl stellen nutzbare

---

[27] Zur Kennzahlenrechnung vgl. Küting/Weber, 2004.

[28] Anschaffungs- oder Herstellungskosten bilden die Wertansatzobergrenze für den bilanziellen Ansatz.

[29] Vgl. Schneck, 2000, S. 855 f.

[30] Vgl. ebenda, S. 333 f.

selbst geschaffene immaterielle Vermögensgegenstände unzweifelhaft einen im Markt regelmäßig kapitalisierbaren Wert dar, den die Handelsbilanz nicht ausweisen darf.

- Ausnahmsweise können auch im **Umlaufvermögen** aufgrund von Wertsteigerung, etwa bei Aktiendepots oder Rohstoffen, stille Reserven gebildet werden, sofern die Anschaffungs-/Herstellungskosten den Verkehrswert am Bilanzstichtag unterschreiten.

- Besonders zu beachten ist, dass stille Reserven nicht nur in aktiven Vermögensgegenständen, sondern auch auf der **Passivseite** gebildet werden können. Die überhöhte Bilanzierung von Rückstellungen bewirkt beispielsweise eine Gewinnminderung, die tatsächlich in dieser Höhe voraussichtlich nicht entstehen wird. Ebenso begünstigen besondere steuerliche Rücklagen wie die „§ 6b-Rücklage" zur Vermeidung von Veräußerungsgewinnen aus Immobilien oder bestimmten kleineren GmbH-Beteiligungen oder eine Ansparabschreibung nach § 7g EStG die Entstehung stiller Reserven. Stille Reserven führen jedoch nicht in voller Höhe zur Steigerung des Eigenkapitals. Üblicherweise fällt bei Realisierung (z.B. Verkauf) der stillen Reserven ein steuerpflichtiger Gewinn an, so dass auf die Höhe der festgestellten stillen Reserven noch ein Abzug für Steuern vorzunehmen ist. Vereinfachend könnte man auch sagen, dass etwa nur **50% der festgestellten stillen Reserven Eigenkapitalcharakter** haben.

Ebenso bedeutsam sind die Untersuchungen zur **Rentabilität von Unternehmen** derselben Branche. Dazu gehört der Vergleich von Ertrags- oder Gewinnkennzahlen wie etwa dem Verhältnis von Gewinn zu Eigenkapital, dem Verhältnis von Gewinn zu Bilanzsumme oder dem Verhältnis von Gewinn zu Umsatz. Natürlich spielen diese Kennzahlen auch im Rahmen eines Unternehmenskaufes, dann jedoch nur auf das Zielunternehmen bezogen, eine gewichtige Rolle.

- Zur Berechnung der **Umsatzrentabilität** wird der Jahresüberschuss in das Verhältnis zum Umsatz des Unternehmens gesetzt. Die Umsatzrentabilität gibt somit das prozentuale Verhältnis des Jahresüberschusses zu den Umsatzerlösen und damit die durchschnittlich aus den Umsätzen erwirtschaftete Marge an.

$$Umsatzrentabilität = \frac{Jahresüberschuss}{Umsatzerlöse} * 100$$

- Beim **Return On Investment (RoI)** handelt es sich um eine Kennzahl zur Bemessung der Rentabilität eines Unternehmens. Diese Kennzahl ist insbesondere im angloamerikanischen Raum verbreitet. Sie gibt die Verzinsung des betriebsnotwendigen Vermögens an. Hierzu wird im Ergebnis die Umsatzrentabilität mit der Kapitalrentabilität verknüpft. Vereinfachend dargestellt lässt sich der RoI wie folgt berechnen:

*RoI = Umsatzretabilität * Umschlagshäufigkeit des betriebsnotwendigen Kapitals*

Die Berechnung der Umsatzrentabilität ist vorstehend bereits ausgeführt. Das „**betriebsnotwendige Vermögen**"[31] ist nach folgender Formel zu ermitteln:

	Immaterielles Anlagevermögen	} Anlagevermögen
+	Sachanlagevermögen	
+	Vorräte (abzüglich Anzahlungen)	} Nettoumlaufvermögen
+	Kundenforderungen	
./.	Lieferantenverbindlichkeiten	
=	**Betriebsnotwendiges Vermögen**	

Die **Umschlagshäufigkeit** des betriebsnotwendigen Kapitals errechnet sich, indem man die Umsatzerlöse in das Verhältnis zum betriebsnotwendigen Kapital setzt. Daraus ergibt sich folgende Gleichung:

$$RoI = \frac{Jahresüberschuss}{Umsatzerlöse} * 100 * \frac{Umsatzerlöse}{betriebsnotwendiges\ Kapital}$$

Kürzt man die Umsatzerlöse im Zähler und Nenner heraus, wird deutlich, dass der RoI das prozentuale Verhältnis des Jahresüberschusses zum betriebsnotwendigen Kapital abbildet:

$$RoI = \frac{Jahresüberschuss}{betriebsnotwendiges\ Kapital}$$

Der RoI beschreibt über die Renditeangabe indirekt, ob sich eine Beteiligung an dem betroffenen Unternehmen rechnet. Gerade im Brachenvergleich ist der RoI ein Indiz, wie es um die Lukrativität eines Unternehmens bestellt ist.

• In Vergleichsanalysen kommt ebenso dem **Verhältnis von Jahresabschreibungsvolumen zu jährlichem Investitionsvolumen** eine große Bedeutung zu. Übersteigen die Investitionen die Abschreibungen, befindet sich das Unternehmen im Wachstum. Wird der jährliche Wertverzehr (Abschreibungen) allerdings nicht durch Investitionen abgedeckt, befindet sich das Unternehmen in einem Schrumpfungsprozess. Dabei muss ggf. jedoch berücksichtigt werden, dass die Abschreibungshöhe durch steuerliche Effekte bewusst überhöht gewählt wurde und die Lebens- und Nutzungsdauer der Anlagegüter länger ist. Derartige Sondereffekte sind natürlich bei der Ermittlung der Kenngrößen zu eliminieren.

5.3.2 Kreditrating und Prüfung des Forderungsausfallrisikos

Die Sicherheit des Unternehmens, also die Wahrscheinlichkeit, Darlehensbeträge zurückführen zu können, wird in diesem Rahmen untersucht. Dazu gehört die Überprüfung der Eigen-

---

[31] Vgl. Schneck, 2000, S. 127.

kapitalausstattung des Schuldners, die Untersuchung des „Cash Flows" sowie der Ertragsaussichten. Auch Themen wie die Umschlagshäufigkeit, die Durchschnittsrendite (Gewinnmarge) und die Uneinbringlichkeitsrisikoanalyse bei Forderungsbeständen sind bei derartigen Fragestellungen von Interesse.

Kreditrating und die Prüfung des Forderungsausfallrisikos ist nicht nur ein Bankthema, sondern gerade auch für Lieferungen an Abnehmer bedeutsam. Es geht also um die Untersuchung der vorgelagerten Fertigungsstufen, der Subunternehmer und Zulieferer.

5.3.3   Unternehmenskauf

Von zumeist überragender Bedeutung für eine Kaufentscheidung über eine Unternehmensbeteiligung sind u.a. zwei Kenngrößen: Die **Werthaltigkeit des Zielobjektes**, hierzu gehört auch das Vorhandensein bestimmten Know-hows und die **zukünftige Ertragskraft** des Unternehmens. Bei der Ertragskraft geht es um die Nachhaltigkeit, Gewinne erzielen zu können oder besser noch steigende Umsätze und steigende Gewinne. Damit einhergehen sollte das Vorhandensein eines entsprechenden „Cash Flows". Der **Cash Flow**[32] drückt die Geldflüsse des Unternehmens aus. Ein negativer Cash Flow besagt, dass vom Unternehmen mehr Gelder abfließen als zufließen. Es besteht dann eine Situation der kontinuierlichen Kreditbedürftigkeit. In Gewinnsituationen kommt dies allerdings nur dann vor, wenn in sehr hohem Maße Investitionen getätigt werden und noch ein langwieriger Fertigungsprozess, wie etwa bei der Erstellung von Großanlagen oder im Baugewerbe üblich, im Gange ist. Letztendlich dient der Cash Flow der Analyse, ob eine Rückführung des Kaufpreises (oder der aufgenommenen Kredite) aus den laufenden Einnahmen möglich ist:

- Die **Innenfinanzierungskraft** eines Unternehmens kann anhand der Investitionsdeckung durch den (Brutto-) Cash Flow beschrieben werden. Die Investitionsdeckung spiegelt den prozentualen Anteil des (Brutto-) Cash Flows bezogen auf die Investitionen in das Anlagevermögen innerhalb der Periode wieder. Daraus lassen sich Rückschlüsse auf die finanzwirtschaftliche Situation des Unternehmens ziehen.

$$Investitionsdeckung = \frac{(Brutto-)\ Cash\ Flow}{Nettoinvestitionen\ in\ das\ Anlagevermögen} * 100$$

- Grundsätzlich gilt: Je höher diese Kennzahl, desto günstiger/vorteilhafter ist die Situation. Investitionsdeckungsgrade über 100% besagen, dass der Cash Flow für die gesamten Nettoinvestitionen ausreichend war. Der „Überschuss" an Cash Flow (so genannter „Free Cash Flow"), also der nicht durch Investitionen gebundene Cash Flow-Anteil, kann beispielsweise zur Schuldentilgung verwendet werden. Optimal ist, einen möglichst hohen (Brutto-) Cash Flow zu generieren, um allein über die Einnahmen auf liquiditätsbeanspruchendes Fremdkapital verzichten zu können. Gleichzeitig erhöht dies die Ertragskraft des Unternehmens, weil die Kosten für das Fremdkapital sinken bzw. entfallen. Zu be-

---

[32] Vgl. Schneck, 2000, S. 183 f.

achten ist bei der Analyse jedoch, dass eine hohe Kennzahl der Investitionsdeckung auch durch Minimierung des Nenners (Nettoinvestitionen in Anlagevermögen) erreicht werden kann. Deshalb ist die Investitionsdeckung stets im Zusammenhang mit der Wachstumsquote zu interpretieren. Würde die günstige Quote nur durch ein Absenken der Investitionen erreicht, wäre die Innenfinanzierungskraft nur aus einem Schrumpfungsprozess des Unternehmens zu erklären.[33] Die **Ermittlung des Cash Flows** kann auf zwei Wegen erfolgen, nämlich direkt und indirekt. Die direkte Methode verspricht eine größere Genauigkeit, denn nach ihr werden von den einzahlungswirksamen Erträgen die auszahlungswirksamen Aufwendungen abgezogen. Da die direkte Cash Flow-Ermittlung von externen Analysten mangels Vorliegens interner Daten jedoch normalerweise nicht durchgeführt werden kann, wird auf die folgende ungenauere Ermittlung nach der indirekten Methode zurückgegriffen:

Jahresüberschuss

+ ausgabe**un**wirksame Aufwendungen[34]

./. einnahme**un**wirksame Erträge[35]

= Cash Flow

- Als **einfachste indirekte Ermittlungsmöglichkeit des Cash Flows** wird ein Schema verwendet, das sich auf zwei Kategorien der Bereinigung beschränkt, nämlich die Anlagenabschreibung bzw. -zuschreibung und die Erhöhung bzw. Verminderung langfristiger Rückstellungen. Der ertragsorientierte Cash Flow wird wegen seiner Nähe zum Erfolg als Brutto-Cash Flow bezeichnet. Konkret ergibt sich folgendes Ermittlungsschema hierfür:

Jahresüberschuss

+ Abschreibungen auf immaterielle Vermögensgegenstände des Anlagevermögens und aktivierte Ingangsetzungs- und Erweiterungsaufwendungen

+ Abschreibungen auf Vermögensgegenstände des Umlaufvermögens, soweit diese die in der Kapitalgesellschaft üblichen Abschreibungen überschreiten

+ Außerplanmäßige Abschreibungen

+ Abschreibungen auf Finanzanlagen und Wertpapiere des Umlaufvermögens

./. Zuschreibungen auf Vermögensgegenstände des Anlagevermögens

./. Zuschreibungen auf das Umlaufvermögen

+ Zunahme der Rückstellungen für Pensionen und ähnliche Verpflichtungen

./. Abnahme der Rückstellungen für Pensionen und ähnliche Verpflichtungen

= vereinfachter (Brutto-) Cash Flow

---

[33] Demuth, 2003, S. 132.

[34] Bspw. Abschreibungen oder die Bildung von Rückstellungen.

[35] Bspw. Entstehung einer Forderung oder Auflösung einer Rückstellung.

Anhand des auf diese Weise ermittelten Cash Flows können Kennzahlen für die Bilanzanalyse errechnet werden, von denen nachstehend beispielhaft die Investitionsdeckung
und der dynamische Verschuldungsgrad dargestellt werden.[36]

- Um für die Berechnungen die richtige Zahlenbasis zu bekommen, ist die **Berücksichtigung von Wahlrechten** wichtig. Ebenso ist unbedingt die Frage zu klären, welche Be-
  wertungs- und Bilanzierungsgrundsätze angewendet wurden. Diese Informationen lassen
  sich zumeist aus dem Anhang (dem dritten Bestandteil des Jahresabschlusses) ersehen.
  So bietet das Bilanzrecht vielfältige Wahlrechte etwa im Hinblick auf die Bewertung oder
  die Abschreibung von Vermögensgegenständen. Werden z.B. Vermögensgegenstände
  schnell abgeschrieben, führt dies zu einem relativ hohen Aufwand, der das Ergebnis des
  Unternehmens, also den Gewinn, schmälert. Ebenso kann durch einen geringen Ansatz
  der im Fertigungsprozess geschaffenen unfertigen oder fertigen Erzeugnisse im Umlaufvermögen (Aktivseite der Bilanz) der Gewinn eines Unternehmens niedriger oder höher
  ausfallen.

5.3.4   Bilanzoptimierungsüberlegungen

Optimierungsansätze gibt es zumeist im Bereich der Lagerhaltung, der Personalintensität
oder des Eigen-/Fremdkapitalverhältnisses wegen des **Leverage-Effekts**. Hierzu wurde bereits Näheres ausgeführt. Wichtig ist jedoch immer eine Optimierung der Liquiditätssituation. Wie bereits dargestellt hängt der Cash Flow eng mit der Liquiditätssituation des Unternehmens zusammen, d.h. damit, wie viele Gelder einem Unternehmen zufließen bzw. von
diesem abfließen. Es geht also darum, die liquiditätswirksamen Geldflüsse zu betrachten.
Ausnahmsweise werden dabei auch kurzfristig liquidierbare Werte berücksichtigt.

Bei der Untersuchung der Liquiditätssituation geht es darüber hinaus aber vor allem um das
Verhältnis der Fristigkeiten von Vermögensgegenständen der Aktivseite zu denen der Passivseite. Untersucht wird also der Zusammenhang zwischen Finanzierung und Investition.
Dabei werden vorrangig zwei Aspekte untersucht:
- die verfügbaren Mittel im Falle der Unternehmenszerschlagung und
- die verfügbaren Geldmittel im Falle der Unternehmensfortführung („Going Concern").

Im Rahmen dieser Aspekte wird u.a. untersucht, ob das langfristige Anlagevermögen auch
durch ein gleichlaufendes Finanzierungsvolumen an langfristigen Krediten abgesichert ist.
Die so genannte „**Goldene Bilanzregel**" ist erfüllt, wenn der Wert von Vermögensgegenständen der Aktivseite, die etwa die gleiche Lebensdauer haben (z.B. Grundstücke oder Gebäude), durch in der Laufzeit jeweils entsprechende Finanzierungsvolumen von lang-, mittel-
und kurzfristigen Krediten (Passivseite) gedeckt wird, wenn also Immobilien mit einem
Bilanzwert von € 1 Mio. durch € 1 Mio. langfristige Kredite oder besser noch Eigenkapital
finanziert sind. Die goldene Bilanzregel bringt somit das Prinzip der fristenkongruenten
Finanzierung zum Ausdruck.

---

[36] Vgl. Demuth, 2003, S. 130 ff.

Für eine **Liquiditätsanalyse** gibt es vielfältige Methoden, die nachfolgend nur kurz übersichtsartig aufgezeigt werden sollen:[37]

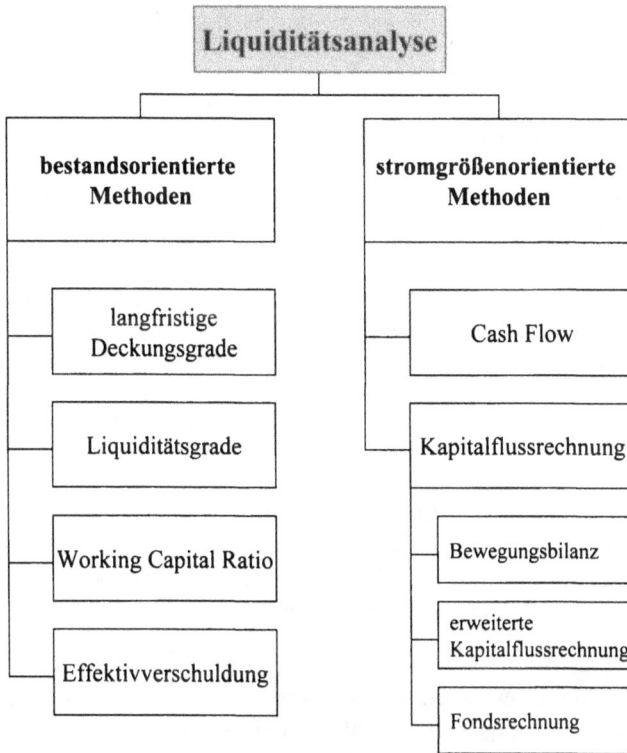

Abb. 5.6: Vorgehensweisen der Liquiditätsanalyse

Die wichtigsten Kennzahlen der **bestandsorientierten Liquiditätsanalyse** sind lang- und mittelfristige Deckungsgrade sowie kurzfristige Liquiditätskennzahlen. Die Aussagefähigkeit dieser bestandsorientierten Liquiditätsanalyse ist nur beschränkt. Ein wesentliches Problem stellen die oftmals fehlenden Kenntnisse über die Fristigkeit von Verbindlichkeiten dar. Die Bilanz erlaubt hierauf nur ungefähre Schlüsse. Zudem kann nur unpräzise unterstellt werden, innerhalb welcher Frist Vermögenspositionen in liquide Mittel umgewandelt werden können. Weiterhin ist zu bedenken, dass der Jahresabschluss stichtagsbezogen ist und daher keine Veränderungen nach dem Stichtag berücksichtigt. Aus diesen Gründen ist die bestandsorientierte Liquiditätsanalyse lediglich in der Lage, eine Tendenz abzubilden. Ihr Vorteil liegt jedoch in der relativ leichten Ermittlungsmöglichkeit aus einer vorliegenden Bilanz.[38]

---

[37] Demuth, 2003, S. 126 ff.

[38] Ebenda, 128 ff.

In der Praxis bedeutsamer sind folglich die Kennzahlen der **stromgrößenorientierten (dynamischen) Liquiditätsanalyse**. Sie versucht, Aufschlüsse über Mittelherkunft und Mittelverwendung zu liefern. Ansatzpunkte sind Zahlungsströme in der Vergangenheit, aus denen Prognosen für zukünftige Zahlungsströme abgeleitet werden.[39] Von grundlegender Bedeutung ist in diesem Zusammenhang insbesondere die Cash Flow-Analyse, deren Grundzüge bereits grob skizziert wurden.

5.3.5   Einflüsse von IAS und US-GAAP

Das derzeit in Deutschland anzuwendende Bilanzierungssystem ist im Handelsgesetzbuch (HGB) niedergelegt und basiert auf einer Richtlinie der Europäischen Union. Die Bilanzierung nach HGB ist im internationalen Standard jedoch nicht weit verbreitet, da es einerseits ein zu vorsichtiges Bilanzierungssystem ist und insoweit keine Auskünfte über den Verkehrswert des Unternehmens vermittelt, auf der anderen Seite aber viele Wahlrechte einräumt, die ebenfalls zu einer Verzerrung des Bilanzergebnisses führen. International sind deshalb **US-GAAP** und **IAS/IFRS**[40] die verbreitetsten Rechnungslegungssysteme[41].

So plant auch die Bundesregierung[42] nun mit der EU die Einführung des IAS in Deutschland als Alternativbilanzierung gegenüber der des HGB, was allerdings noch einige Probleme in Bezug auf die Anpassung zu den derzeitigen Besteuerungsgesetzen aufwerfen dürfte.[43] Bereits heute bilanzieren jedoch schon viele größere Firmen, insbesondere die börsennotierten, nach IAS. Für Konzernabschlüsse enthält auch § 292a HGB bereits eine Öffnungsklausel[44], wonach ein IAS-Konzernabschluss den HGB-Konzernabschluss ersetzt.

Die Globalisierung der Unternehmenstätigkeiten und die Internationalisierung der Kapitalmärkte erfordern eine **Vereinheitlichung der Rechnungslegungssysteme** im Wettstreit um Investoren, die vergleichbare und entscheidungsrelevante Informationen fordern:

- Der Hauptvorteil der internationalen Rechnungslegungssysteme wie IAS liegt im günstigeren **Rating**, welches heute, kurz vor der Einführung von **Basel II**[45], hinsichtlich der Finanzierungsfrage eine immer bedeutendere Rolle eingenommen hat. Zudem erlauben IAS und US-GAAP eine investorengerechte Informationsbereitstellung, die im Anlegerinte-

---

[39] Demuth, 2003, S. 130 ff.

[40] International Financial Reporting Standards (ist nur ein anderer Name für IAS, inhaltlich aber deckungsgleich).

[41] Zum Thema Internationale Rechnungslegung vgl. Pellens, 2001 und Federmann/IASCF, 2002.

[42] Hierzu hat sich die Bundesregierung als Mitgliedsland im IASC (International Accounting Standards Committee), zum 1.1.2001 in IASB (International Accounting Standards Board) umbenannt, verpflichtet. Mit einer Einführung wird ab 2005 gerechnet. Im IASB sind 150 Organisationen aus über 110 Ländern vertreten.

[43] Hierauf hat bereits der Monatsbericht des Bundesfinanzministeriums vom Oktober 2002 hingewiesen, in dem die Internationalisierung der Rechnungslegung und ihre Konsequenzen für die deutsche Steuerpolitik angesprochen wurden. Offen ist, ob das Steuerrecht an die Regelungen des IAS angepasst wird oder ob das derzeit geltende Maßgeblichkeitsprinzip der Handelsbilanz für die Steuerbilanz aufgegeben wird.

[44] § 292a HGB ist aber nur eine bis zum 31.12.2004 gültige Übergangsregelung.

[45] Vgl. http://fk.hypovereinsbank.de/121.php (vom 24.08.2004); vgl. Reichling, 2003, S. 416 ff.

resse ist und das Ziel der „fair presentation" des Unternehmens hat. Die wesentlichen Bilanzierungsgrundsätze[46] des IAS sind das Ergebnis internationaler **„Grundsätze ordnungsgemäßer Buchführung"**. Hierzu zählen „understandability" (Verständlichkeit), „comparability" (Vergleichbarkeit), „reliability" (Zuverlässigkeit), „relevance" (Entscheidungsrelevanz) und „accrual basis" (die periodengerechte Aufwands- und Ertragszuordnung[47]).

- Zu den wesentlichen **Unterschieden zwischen HGB und IAS** seien nachfolgend kurz einige Bereiche angesprochen:[48]

  - **Immaterielle Vermögensgegenstände**: Nach HGB müssen immaterielle Vermögensgegenstände („Intangible Assets") des Anlage- und Umlaufvermögens bilanziert werden, wenn sie entgeltlich erworben wurden. Hingegen besteht für selbst geschaffene immaterielle Vermögenswerte des Anlagevermögens ein Aktivierungsverbot (§ 248 Abs. 2 HGB) und für einen entgeltlich erworbenen Firmenwert ein Bilanzierungswahlrecht (§ 255 Abs. 4 HGB). Demgegenüber besteht nach IAS eine grundsätzliche Aktivierungspflicht für immaterielle Vermögenswerte, wenn über diese Verfügungsgewalt („Control") besteht und das „Asset" einen wirtschaftlichen Nutzen für das Unternehmen erwarten lässt, das Asset klar bestimmbar ist und die Anschaffungs- oder Herstellungskosten belegbar sind. Wahlrechte gibt es keine. Gewisse Forschungs- und Entwicklungskosten wie etwa für die Suche nach neuen Produkten oder Stoffen dürfen aus Vorsichtsgründen gleichwohl nicht aktiviert werden. Zudem bietet IAS die Möglichkeit der Neubewertung zu Tageswerten.

  - **Wertpapiere und Finanzanlagen**: Nach dem strengen Niederstwertprinzip des HGB (§ 253 Abs. 3 HGB) für Umlaufvermögen dürfen die Anschaffungskosten bei Wertsteigerungen nicht überschritten werden; Wertminderungen sind jedoch zu berücksichtigen, bis die Wertminderungsgründe entfallen. Dann ist bis zu den Anschaffungskosten aufzustocken. Demgegenüber besteht bei Beteiligungen im Anlagevermögen, die dauerhaft dem Betrieb zu dienen bestimmt sind, nur ein Abschreibungswahlrecht (§ 253 Abs. 2 HGB). Wesentlicher Unterschied des HGB zum IAS ist somit das strenge Realisations- und Anschaffungskostenprinzip, wonach unrealisierte Gewinne der aktiven Vermögensgegenstände nicht ausgewiesen werden dürfen. Lediglich für unrealisierte Verluste kann es zu einem Marktwertansatz kommen (Imparitätsprinzip). Zudem kennt das HGB keine verbindlichen Regeln für die bilanzielle Behandlung von derivativen Finanzinstrumenten.

  - **Bilanzansatz langfristiger Auftragsfertigungen/Großprojekte**: Nach dem HGB dürfen nur die realisierten Gewinne nach Vertragserfüllung erfolgswirksam erfasst werden. Demgegenüber erlaubt IAS in bestimmten Fällen, die Gewinne prozentual mit der Fertigstellung aufzudecken. Realisierte Verluste sind hingegen gleichermaßen auszuweisen.

---

[46] „Principal Qualitative Characteristics".

[47] Vgl. Demmig, 1997, S. 68 ff; vgl. Federmann/IASCF, 2002, S. 21 ff.

[48] Vgl. Demmig, 1997, S. 176 ff.

–   **Jahresabschlussinhalte**: Der Inhalt des Jahresabschlusses nach HGB ist von der Ge-
    sellschaftsform und -größe abhängig. Nichtkapitalgesellschaften müssen grundsätz-
    lich nur eine Bilanz und Gewinn- und Verlustrechnung erstellen. Nur bestimmte
    OHGs und KGs sind wie Kapitalgesellschaften zusätzlich zur Erstellung eines An-
    hangs und Lageberichts verpflichtet. Kleine Kapitalgesellschaften dürfen auf den La-
    gebericht verzichten. Lediglich börsennotierte Holdinggesellschaften müssen eine
    Kapitalflussrechnung, einen Eigenkapitalspiegel und einen Segmentsbericht erstellen.
    Demgegenüber ist der Jahresabschluss nach IAS für alle Gesellschaften gleich. Neben
    Bilanz und GuV sind eine Kapitalflussrechnung, ein Anhang zur Darstellung der Bi-
    lanzierungs- und Bewertungsmethoden und eine Aufstellung über die Eigenkapital-
    veränderungen zu erstellen, wobei hier ausreicht, die nicht durch Einlagen und Aus-
    schüttungen an Gesellschafter verursachten Veränderungen darzustellen. Ein Lagebe-
    richt ist nicht verpflichtend. Kapitalmarktnotierte Unternehmen und solche im Zulas-
    sungsprozess müssen zudem das „Ergebnis je Aktie" offen legen.

Literaturhinweise

Beck'scher Bilanz-Kommentar Handels- und Steuerrecht, München 2003

Demming, Claudia: Grundlagen der internationalen Rechnungslegung – Die Regelungen des IASC, München 1997

Demuth, Björn: Steuer, Buchführung und Bilanz der Anwaltskanzlei. Basis-Know-how für Rechtsanwälte, Stuttgart u.a. 2003

Falterbaum/Beckmann: Buchführung und Bilanz, Bonn/Achim 2003

Falterbaum/Beckmann: Buchführung und Bilanz, Achim 1996

Federmann/IASCF: IAS-STUD International Accounting Standards, Berlin 2002

Horschitz/Gross/Weidner: Bilanzsteuerrecht und Buchführung, Stuttgart 2000

Küting/Weber: Die Bilanzanalyse, Stuttgart 2004

Pellens, Bernhard: Internationale Rechnungslegung, Stuttgart 2001

Reichling, Christian: Basel II – Eine Herausforderung vor allem für den steuerberatenden Beruf, in: Steuer & Studium 2003, S. 416–420

Schmidt, Ludwig: Einkommensteuergesetz Kommentar, München 2004

Schneck, Ottmar: Lexikon der Betriebswirtschaft, München 2000

Schynol, Daniela: IAS in der Steuerbilanz?, in: NWB, Heft/2004, S. 1675–1678

Wöhe, Günter: Bilanzierung und Bilanzpolitik, München 1997

Wöhe/Kussmaul: Grundzüge der Buchführung und Bilanztechnik, München 2002

6   Finanzen für Entrepreneure

Achim Dörner, *Dipl.-Betriebswirt (FH) und Steuerberater, war mehrere Jahre verantwortlich in Wachstumsunternehmen tätig. Als VP Finance und CFO zeichnete er sich verantwortlich für den Auf- und Ausbau von Finanzabteilungen, er realisierte VC-Finanzierungen, diverse Kapitalmarkttransaktionen sowie M&A-Projekte. Heute berät er mittelständische Unternehmen als Prokurist im Bereich Corporate Finance der Wirtschaftsprüfungsgesellschaft Bansbach Schübel Bröszl & Partner in Stuttgart.*

Es ist möglich, sich auf einer sehr wissenschaftlichen Ebene mit dem Thema „Finanzmanagement" auseinander zu setzen. Die Fachzeitschriften sind dominiert von finanzmathematischen Auseinandersetzungen zu anspruchsvollen und wissenschaftlich wichtigen Themen. Es ist jedoch die Frage zu stellen, wie relevant diese Beiträge in einem unternehmerischen Umfeld, das mehr vom „Tun" als vom „Sinnieren über das Tun" bestimmt ist, sind. Sind dies wirklich die Themen, die den Entrepreneur im Zusammenhang mit den Finanzen seines Unternehmens umtreiben?

Wie Im Folgenden darzustellen sein wird, sind zwei Kernaufgaben des Entrepreneurs im Finanzwesen zu identifizieren. Es handelt sich um die **Geldbeschaffung** und die **Geldverwaltung**. An den gewählten Begrifflichkeiten zeigt sich, dass der Beitrag mit möglichst wenig Fachvokabular belastet werden soll. Daneben sollen komplexe mathematische Formeln vermieden werden, das benötigte mathematische Rüstzeug besteht in der Beherrschung der Grundrechenarten.

Dieser Ansatz erwächst aus dem Gedanken, dass der Entrepreneur pragmatische Lösungen braucht, die in einem dynamischen Umfeld nicht die Zielsetzung verfolgen, lokale Optima für jeden einzelnen Teilbereich zu schaffen. Vielmehr muss es in Bezug auf die Finanzen gelingen, Stabilität und Transparenz mit der notwendigen Flexibilität und Schnelligkeit, die ein wachsendes Unternehmen braucht, zu vereinbaren. Hierbei handelt es sich zu guten Teilen um einen intuitiven Prozess. Dieser Prozess lässt sich mit Modellen gegebenenfalls erfassen, diese müssen aber zwangsläufig so komplex sein, dass die zweite Grundprämisse unternehmerischen Handelns in einem dynamischen Umfeld verfehlt wird: Neben pragmatischen braucht man nämlich vor allem schnelle Lösungen.

Der Beitrag ist darauf ausgerichtet, Erfahrungen darzustellen und konkrete Handlungsoptionen aufzuzeigen. Bei den dargestellten Werkzeugen handelt es sich um erfolgreich in der Praxis eingesetzte Hilfsmittel. Die Beispiele sollen helfen, eigene Lösungen zu entwickeln.

6.1   Geldbeschaffung

6.1.1   Ermittlung des Kapitalbedarfs – der finanzielle „Business Plan"

Geld ist nicht alles – aber ohne Geld ist alles Nichts. Dieser Leitsatz gilt für niemanden mehr als für den Entrepreneur, der sein Unternehmen finanzieren muss. Im Rahmen der **Aufgabe der Geldbeschaffung** sind im Wesentlichen zwei Aspekte zu klären:

- Zunächst ist zu ermitteln, wie viel Geld benötigt wird, d.h. der Kapitalbedarf ist mithilfe eines finanziellen „Business Plans" zu berechnen.
- Zweitens ist zu untersuchen, aus welchen Quellen dieses Geld kommen und – eng damit zusammen hängend – in welcher Form es dem Unternehmen zufließen soll.

Dabei ist zu beachten, dass einige Finanzierungs-Instrumente nur eingeschränkt zur Verfügung stehen. Eine tabellarische Übersicht soll die theoretisch verfügbaren Finanzierungsformen nach dem Gesichtspunkt des Zugangs für Wachstumsunternehmen bewerten.

Ein **Business Plan** stellt die Grundlagen des Unternehmens in allen wesentlichen Aspekten dar. In der Hauptsache sind die Marktangebote, die Märkte und die entsprechenden Produkt/Markt-Strategien im Detail zu erläutern. Den zweiten Schwerpunkt innerhalb des Business Plans bildet die Abbildung der finanziellen Perspektive. Dieser Teil, der finanzielle Business Plan, steht im Mittelpunkt der folgenden Betrachtungen.

Startpunkt des finanziellen Business Plans ist der jüngste vorliegende Jahresabschluss. Von diesem ausgehend ist zunächst eine Planung der Ertragslage vorzunehmen. Diese wird üblicherweise in der Form einer Gewinn- und Verlustrechnung (GuV), wie sie auch im Jahresabschluss zu finden ist, erstellt.

Die Plan-GuV ist zwingend um zwei weitere Rechenwerke zu ergänzen, die Plan-Bilanz und die Plan-Kapitalflussrechnung. Oftmals fehlen diese, was eine Planung des Kapitalbedarfs dann jedoch nur eingeschränkt möglich macht. Im Übrigen lässt das Fehlen dieser Rechenwerke einen potenziellen Geldgeber erste Schlüsse über die Qualität des Finanzmanagements ziehen.

Die Erstellung von Plan-Bilanzen und Kapitalflussrechnungen erfordert gewisses Know-how. Mit einem Verständnis für die grundlegenden Zusammenhänge ist es jedoch innerhalb einer überschaubaren Zeit möglich, solche zu erstellen. Ziel des folgenden Abschnitts ist es, diese Zusammenhänge aufzuzeigen und schrittweise einen finanziellen Business Plan für ein Geschäftsjahr zu entwickeln. Die folgende Abbildung zeigt die Wirkungsweisen zwischen den drei **Elementen eines finanziellen Business Plans**:

Abb. 6.1: Elemente eines finanziellen Business Plans

Der finanzielle Business Plan sollte grundsätzlich nur den **Zeitraum** umfassen, den das Unternehmen realistisch überblicken kann. Im Normalfall bedeutet dies, dass für das direkt folgende Geschäftsjahr eine detaillierte Planung erstellt wird, die dann für weitere zwei bis vier Folgejahre mit pauschalen Annahmen fortgeschrieben wird.

Als **Format** sollte man schon aus Gründen der späteren Integration mit den Ist-Zahlen des Rechnungswesens die gesetzlich vorgeschriebene **Gewinn- und Verlustrechnung** (GuV) nach § 275 HGB wählen. Vereinfacht dargestellt sieht diese wie folgt aus:

GuV nach § 275 HGB
Umsatzerlöse - Materialaufwand - Personalaufwand - Abschreibungen - Sonstige betriebliche Aufwendungen +/- Zinsergebnis +/- Steuern = Jahresfehlüberschuß / -fehlbetrag

Abb. 6.2: Vereinfachtes GuV-Schema nach § 275 HGB

Ausgangspunkt sind die **Umsatzerlöse** des Unternehmens. Vorausgesetzt es werden schon Umsätze erzielt, erlaubt es prinzipiell jedes Geschäftsmodell, zunächst Absatzmengen zu prognostizieren und durch Multiplikation mit den erzielbaren Preisen zu den Umsatzerlösen zu gelangen. Rabatte und zu gewährende Skonti sind erlösmindernd zu berücksichtigen.

Im zweiten Schritt sind die **Materialkosten** zu erfassen. Da diese zum überwiegenden Teil variabel sind, können sie ebenfalls in Abhängigkeit von den geplanten Absatzmengen geplant werden. Auch hier ist die voraussichtliche Preisentwicklung zu antizipieren.

Die Planung der **Personalkosten** erfordert eine detaillierte Analyse der im Unternehmen durchzuführenden Arbeiten. Zunächst ist der benötigte Bestand an Mitarbeitern zu erheben. Die Multiplikation mit marktgerechten Bruttogehältern (zuzüglich Arbeitgeber-Anteil zur Sozialversicherung und sonstigen Nebenleistungen) ergibt den Personalaufwand. Zu beachten sind noch eventuelle Sonderzahlungen wie Weihnachts- und Urlaubsgeld und erfolgsabhängige Prämien.

Die **sonstigen betrieblichen Aufwendungen** wie z.B. die Raumkosten, Versicherungen, Marketingaufwand, Frachtkosten und ähnliche sind überwiegend aus den drei Grundgrößen Umsatzerlöse, Materialaufwand und Personalaufwand ableitbar. Im Zeitalter von Tabellenkalkulationsprogrammen können diese durch Verknüpfungen berechnet werden.

> Oftmals ist es wichtiger, Zusammenhänge und Abhängigkeiten im Geschäftsmodell transparent darzustellen als den tatsächlich eintreffenden Wert exakt zu planen.

Neben der Berechnung der Ertragsteuern, die man, vor allem in Bezug auf die Nutzung von Verlustvorträgen[1], von einem Steuerberater erstellen lassen sollte, verbleiben für die Planung der Ertragslage im Wesentlichen zwei Posten, die nicht ohne weitere vorbereitende Arbeiten zu ermitteln sind, die **Abschreibungen** und die **Zinsen**. Für die Abschreibungen benötigt man eine Investitionsplanung, die Zinsen ergeben sich aus der Planung des Kapitalbedarfs und der Kapitalstruktur des Unternehmens.

Nach § 247 Abs. 2 HGB sind **Güter des Anlagevermögens** solche, die dem Unternehmen „dauernd", d.h. länger als ein Jahr, dienen sollen. Deren Werteverzehr, d.h. das Maß, in dem sich der Vermögensgegenstand in den zukünftigen Jahren verbraucht, wird über die Abschreibungen in die Ertragslage einbezogen. Die Abschreibungen werden im Rahmen der Planung nach der so genannten „linearen" Methode gleichmäßig auf den Zeitraum der betrieblichen Nutzung verteilt.[2] Die Nutzungsdauern sind dabei nach betriebswirtschaftlichen Grundsätzen zu schätzen, in der Praxis orientiert man sich überwiegend an den Richtlinien der Finanzverwaltung.[3] Abb. 6.3 zeigt ein Beispiel für eine **Investitionsplanung**.

Die Jahressumme der Spalten Abschreibungen sind nun in die Plan-GuV einzustellen. Die Restbuchwerte können in die Plan-Bilanzen übernommen werden.

---

[1] Vgl. § 10d EStG.

[2] Mathematisch ergibt sich die Abschreibung je Monat wie folgt: Anschaffungskosten/Nutzungsdauer in Monaten.

[3] Amtliche AfA-Tabellen; auszugsweise zu finden im Handbuch „Tabellen und Informationen für den steuerlichen Berater", herausgegeben von der Datev e.G.

Investitionsplanung 2005 bis 2007

Bezeichnung	Monat der Anschaffung	Nutzungsdauer in Monaten	Anschaffungs-kosten EUR	Abschreibung EUR 2005	2006	2007	Restbuchwert EUR 2005	2006	2007
2005									
Lastwagen	Januar 05	60	**60.000**	12.000	12.000	12.000	48.000	36.000	24.000
Büroeinrichtung	April 05	120	**12.000**	900	1.200	1.200	11.100	9.900	8.700
...	...	...	...	...	...	...	...	...	...
Gesamt 2005			**72.000**	**12.900**	**13.200**	**13.200**	**59.100**	**45.900**	**32.700**
2006									
Server	März 06	36	**36.000**	0	10.000	12.000	0	26.000	14.000
Notebook	Juli 06	24	**4.800**	0	1.200	2.400	0	3.600	1.200
...	...	...	...	...	...	...	...	...	...
Gesamt 2006			**40.800**	**0**	**11.200**	**14.400**	**0**	**29.600**	**15.200**
2007									
Pkw	Januar 07	48	**48.000**	0	0	12.000	0	0	36.000
Büroeinrichtung	Juli 07	120	**12.000**	0	0	700	0	0	11.300
...	...	...	...	...	...	...	...	...	...
Gesamt 2007			**60.000**	**0**	**0**	**12.700**	**0**	**0**	**47.300**
GESAMT 2005-2007			**172.800**	**12.900**	**24.400**	**40.300**	**59.100**	**75.500**	**95.200**

Abb. 6.3: Investitionsplanung

Bei dem **Umlaufvermögen** handelt es sich in Abgrenzung zum Anlagevermögen um die Güter, die dem Betrieb nur vorübergehend dienen. Für unsere Zwecke soll darunter sowohl das positive Umlaufvermögen, also z.B. die Vorräte als auch das negative Umlaufvermögen, das sind im Wesentlichen die kurzfristigen Verbindlichkeiten, verstanden werden. Wie die folgende Fallstudie illustriert, ergibt sich aus dem Umlaufvermögen ebenfalls Kapitalbedarf:

Fallstudie: Internet-Handel mit Schwangerschaftsmoden (Teil 1)

Da Frau Schmidt eine sehr gute Näherin ist, hat sie beschlossen, sich mit einem Handel von Schwangerschaftsmoden über das Internet selbstständig zu machen. Die Website ist schon fertig, nun sollen Produkte gefertigt und verkauft werden. Der Umsatzprozess vollzieht sich wie folgt:

- Einkauf von Stoffen im Wert von 100 EUR. Zahlung nach 10 Tagen netto.
- Frau Schmidt benötigt 10 Tage zur Herstellung eines Kleides.
- Das Kleid verkauft sich 2 Tage nach Fertigstellung für 150 EUR.
- 1 Tag später wird das Kleid verpackt und versendet.
- Die Post benötigt 2 weitere Tage, um das Paket zur Kundin zu bringen.
- Mit der Kundin sind Zahlungskonditionen von 14 Tagen vereinbart.
- Da die Kundin immer nur einmal pro Woche zur Bank geht, veranlasst sie die Überweisung erst nach 16 Tagen.
- 2 weitere Tage später schreibt die Bank Frau Schmidt das Geld gut.

Das Kapital von Frau Schmidt war also 33 Tage (10+2+1+2+16+2) gebunden. Dieser Zeitraum muss finanziert werden. Die Finanzierung wurde zum Teil über die Lieferantenverbindlichkeiten (10 Tage) abgedeckt.

Wenn das Geschäftsmodell von Frau Schmidt stets nach dem beschriebenen Muster verläuft, sind die folgenden Posten zu finanzieren:
- Der **Materialaufwand** (EUR 100), damit also das **Vorratsvermögen**, für insgesamt 13 Tage, davon
  - für den Zeitraum der Herstellung: 10 Tage
  - für den Zeitraum bis zum Verkauf: 2 Tage
  - für den Zeitraum bis zur Versendung: 1 Tag
- Die **Umsatzerlöse** (EUR 150), also die **Kundenforderungen**, für weitere 20 Tage, davon
  - für den Zeitraum der Lieferung: 2 Tage
  - für den Zeitraum bis zur Anweisung durch die Kundin: 16 Tage
  - für den Bankweg weitere 2 Tage

Zur Finanzierung stehen zur Verfügung:
- Die **Lieferantenverbindlichkeiten**, mit denen man 10 Tage des **Materialeinkaufs** finanziert hat.

Das Beispiel macht deutlich, dass bei genauer Kenntnis der betriebswirtschaftlichen Zusammenhänge die wesentlichen Posten des Umlaufvermögens in Anlehnung an Größen der Ertragslage geplant werden können.

Die Verknüpfung von Materialaufwand mit geplanter Kapitalbindung im Herstellungsprozess ergibt das Vorratsvermögen, die Forderungen erhält man aus dem Zusammenspiel von Umsätzen und zu erwartendem Zahlungsverhalten der Kunden. Die Verbindlichkeiten sind aus den Zahlungskonditionen der Lieferanten und dem erwarteten Materialaufwand ableitbar.

Die Planung des Umlaufvermögens ist anhand logischer Zusammenhänge, die sich aus dem Geschäftsmodell des Unternehmens ergeben, vorzunehmen.

Wie Kapitel 7.4 aufgreift, spielen diese betriebswirtschaftlichen Zusammenhänge und damit die Effizienz des im Umlaufvermögen („Working Capital") gebundenen Kapitals auch eine große Rolle im Rahmen von Mergers & Acquisitions („M&A").

Die nachfolgende Übersicht (Abb. 6.4) enthält zusammenfassend eine vereinfachte Darstellung der **Aktivseite der Bilanz** in Anlehnung an § 266 HGB. Sie zeigt, dass durch die beschriebenen Schritte die wesentlichen Posten der Bilanz schon planerisch erfasst sind.

Auf der Aktivseite verbleiben lediglich die „Sonstigen Vermögensgegenstände" und „Aktive Rechnungsabgrenzungsposten", deren Planung bisher noch nicht explizit besprochen wurde. Bei beiden handelt es sich dem Charakter nach um buchhalterische Abgrenzungen, daher ist eine vereinfachte Vorgehensweise zu empfehlen. Wenn schon aussagefähige Werte für die Vergangenheit vorliegen, dann sollten diese auf sinnvolle Zusammenhänge hin untersucht werden. Ansonsten ist auch die proportionale Planung in Relation zu den Umsatzerlösen denkbar. Die „liquiden Mittel" ergeben sich in der Bilanzplanung immer als Restgröße zwischen den geplanten Aktiva und den Passiva. Sie stellen letztlich den Kapitalbedarf (wenn negativ) dar bzw. die Kapitalüberdeckung (wenn positiv).

Bilanzposten	Quelle	Parameter
AKTIVA		
Immaterielle Vermögensgegenstände	Investitionsplanung Anlagevermögen	Nicht anwendbar
Grundstücke und Gebäude	Investitionsplanung Anlagevermögen	Nicht anwendbar
Technische Anlagen und Maschinen	Investitionsplanung Anlagevermögen	Nicht anwendbar
Betriebs- und Geschäftsausstattung	Investitionsplanung Anlagevermögen	Nicht anwendbar
Vorratsvermögen	Planung des Umlaufvermögens	Materialaufwand
Kundenforderungen	Planung des Umlaufvermögens	Umsatzerlöse
Sonstige Vermögensgegenstände	Pauschaler Ansatz	Nicht anwendbar
Rechnungsabgrenzungsposten	Pauschaler Ansatz	Nicht anwendbar
Liquide Mittel	Summe Aktiva (ohne Liquide Mittel) ./. Summe Passiva	Rechnerisch

Abb. 6.4: Aktivseite der Bilanz

Die **Passivseite der Bilanz** stellt die Finanzierung dar. Da die Finanzierung bisher noch nicht näher beleuchtet wurde, sind in unserem Beispiel davon bisher lediglich die Lieferantenschulden geplant. Bei den Posten „Rückstellungen", „Sonstige Verbindlichkeiten" und „Passive Rechnungsabgrenzungsposten" handelt es sich ebenfalls um buchhalterische Abgrenzungen, insofern ist dasselbe Vorgehen wie bei den Abgrenzungsposten der Aktivseite zu empfehlen. Da beispielsweise die Sonstigen Verbindlichkeiten im Wesentlichen aus personalbezogenen Abgrenzungen bestehen, ist eine rechnerische Anbindung an den Personalaufwand sinnvoll.

Bilanzposten	Quelle	Parameter
PASSIVA		
Gezeichnetes Kapital	Planung der Finanzierung	Keine
Kapitalrücklage	Planung der Finanzierung	Keine
Bilanzgewinn	Ergebnis der Ertragslage	Rechnerisch
Rückstellungen	Pauschaler Ansatz	Keine
Bankverbindlichkeiten	Planung der Finanzierung	Keine
Lieferantenverbindlichkeiten	Planung des Umlaufvermögens	Materialaufwand
Sonstige Verbindlichkeiten	Pauschaler Ansatz	Personalaufwand
Rechnungsabgrenzungsposten	Pauschaler Ansatz	Keine

Abb. 6.5: Passivseite der Bilanz

Mit der beschriebenen Vorgehensweise sind sämtliche Investitionen, die das Unternehmen tätigen möchte, planerisch verarbeitet. Um daraus den Kapitalbedarf herzuleiten, ist nun eine Kapitalflussrechnung zu erstellen.

Die **Kapitalflussrechnung (KFR)** ergibt sich durch Zusammenführung von Posten der GuV, der Bilanz und diverser Ergänzungsrechnungen. In Anlehnung an den „Deutschen Rechnungslegungs-Standard Nr. 2" (DRS 2)[4] wird nachfolgend das vereinfachte[5] Schema einer KFR dargestellt:

Posten der Kapitalflussrechnung	Quelle	Rechenoperation
1. Cash-Flow aus der operativen Geschäftstätigkeit		
Jahresüberschuss /-fehlbetrag	GuV der Periode	Direkte Übernahme
+ Abschreibungen auf das Anlagevermögen	GuV der Periode	Direkte Übernahme
+/- Zunahme/Abnahme des Netto-Umlaufvermögens	Bilanz der Periode abzgl.	Subtraktion
gegenüber der Vorperiode	Bilanz der Vorperiode	
2. Cash-Flow aus der Investitionstätigkeit		
- Investitionen in Immaterielle Vermögensgegenstände	Investitionsplanung	Direkte Übernahme
- Investitionen in TA und BGA	Investitionsplanung	Direkte Übernahme
3. Cash-Flow aus der Finanzierungstätigkeit		
+/- Aufnahme/Tilgung von Bankdarlehen	Planung der Finanzierung	Direkte Übernahme
+/- Einzahlungen von Eigenkapitalgebern	Planung der Finanzierung	Direkte Übernahme
Summe 1.-3. = Veränderung Zahlungsmittelbestand	Nicht anwendbar	Addition
+ Zahlungsmittelbestand am Anfang der Periode	Plan-Bilanz	Direkte Übernahme
= Zahlungsmittelbestand am Ende der Periode **= KAPITALBEDARF (-) / ÜBERDECKUNG (+)**	Nicht anwendbar	Addition

Abb. 6.6: Kapitalflussrechnung

Da die Finanzierung noch nicht geplant wurde, verbleibt in der letzten Zeile der Kapitalflussrechnung der Kapitalbedarf des Unternehmens. Es ist allerdings zu beachten, dass das rechnerische Ergebnis bei Betrachtung eines kompletten Geschäftsjahres nicht identisch ist mit dem maximalen Kapitalbedarf, den das Unternehmen unterjährig hat. Dieser ist bei schwankendem Geschäft tendenziell höher.

> Zumindest für das erste Planjahr müssen die Berechnungen auf Monatsebene herunter gebrochen werden. Nur so können saisonale Schwankungen und ein sich daraus ergebender Kapitalbedarf exakt prognostiziert werden. Die Finanzierung der Unternehmung muss immer den maximalen Kapitalbedarf abdecken, nicht den durchschnittlichen.

---

[4] Herausgegeben vom Deutschen Rechnungslegungs Standards Committee am 29. Oktober 1999.

[5] Zu einer detaillierten Darstellung der Ermittlung des „Cash Flow aus der operativen Geschäftstätigkeit" vgl. Kapitel 5.3.3.

Fallstudie: Internet-Handel mit Schwangerschaftsmoden (Teil 2)

Im Vorweihnachtsgeschäft, d.h. von Oktober bis Dezember, zieht die Nachfrage bei Frau Schmidt spürbar an. Alle weiteren Parameter bleiben unverändert. Frau Schmidt hat also in diesen Monaten einen deutlich höheren Kapitalbedarf, der temporär abgedeckt werden muss. In den Monaten Dezember bis Februar gehen dann die Zahlungen aus dem Weihnachtsgeschäft ein, der Kapitalbedarf sinkt spürbar.

Nachdem der maximale Kapitalbedarf des Unternehmens ermittelt ist, sind die passenden Finanzierungsbausteine auszuwählen. Die Ergebnisse dieses Prozesses, vor allem die Auswirkungen auf das Zinsergebnis, sind im letzten Schritt in die Rechenwerke einzuarbeiten. Fertig ist der finanzielle Business Plan.

Das nächste Kapitel beschäftigt sich mit der Frage nach der passenden Finanzierung für den Entrepreneur. Da das Thema der „Venture Capital"-Finanzierungen von sehr großer Praxisrelevanz ist, soll es im Anschluss vertieft dargestellt werden.

6.1.2 Finanzierung des Kapitalbedarfs

Die verschiedenen Möglichkeiten zur Finanzierung können nach diversen Merkmalen klassifiziert werden. Bei Unterscheidung nach der Herkunft der Mittel ergeben sich zwei Arten der Finanzierung, die Innen- und die Außenfinanzierung. Während die **Innenfinanzierung** sich aus der Fähigkeit des Unternehmens ergibt, selbst Zahlungsmittelüberschüsse zu erwirtschaften, handelt es sich bei der **Außenfinanzierung** um die externe Zuführung von Mitteln. In der Regel reicht die Innenfinanzierungskraft eines Wachstumsunternehmens in den seltensten Fällen aus, den gesamten Kapitalbedarf abzudecken. In der Außenfinanzierung kann zwischen der **Eigen- und der Fremdfinanzierung** unterschieden werden, eine Differenzierung, die sich aus der Rechtsstellung des Geldgebers ergibt. Vereinfacht gesprochen: Wenn der Geldgeber Mittel lediglich zeitlich begrenzt zur Verfügung stellt, einen Rückzahlungsanspruch auf seine Mittel hat und eine laufende Vergütung in Form von Zinsen erhält, dann handelt es sich um Fremdkapital. Ein Geldgeber, der keinen Rückzahlungsanspruch auf seine dem Unternehmen prinzipiell ohne Beschränkungen zur Verfügung stehenden Mittel hat, sondern lediglich das Recht auf zukünftige Gewinne und die Beteiligung an den stillen Reserven, ist als Eigenkapitalgeber zu identifizieren. Darüber hinaus stehen Eigenkapitalgebern üblicherweise Mitsprache- und Kontrollrechte zu, die ein Fremdkapitalgeber nicht hat.

Die folgende Übersicht stellt die für Entrepreneure wesentlichen Arten der Außenfinanzierung[6] dar und bewertet sie nach ihrem Attraktivitätsgrad für Wachstumsunternehmen:

---

[6] Zu den Aspekten der Innenfinanzierung vgl. Kapitel 5.2.3.

Finanzierungsform	Fremd- oder Eigenkapital	Zugang für Entrepreneure	Fazit
Friends and Family	Meist Fremdkapitalcharakter. Grundsätzlich frei gestaltbar.	Möglich. Jedoch abhängig von der persönlichen Situation.	😐
Förderungen (Bund, Länder)	Tendenziell Eigenkapitalcharakter. Rückzahlung oft nur bei Verstoß gegen Auflagen (Anzahl Arbeitsplätze etc.)	Sehr gut. Eine große Zahl an Programmen verfügbar. Abhängig von Ausrichtung des Unternehmens.	🙂
Business Angel	Eigenkapital	Möglich. Allerdings nur, wenn schon Beziehungen irgendeiner Art zum potenziellen Angel bestehen. Ansonsten schwierig.	😐
Venture Capital	Eigenkapital	Gut. Jedoch abhängig von der Branche und ob diese Branche gerade „IN" für VC-Geber ist.	🙂
Kurzfristiger Bankkredit (z.B. Betriebsmittelkredit zur Finanzierung des Umlaufvermögens)	Fremdkapital	Möglich. Finanziertes Vermögen dient oftmals im Wege der Abtretung als Sicherheit.	😐
Leasing	Fremdkapital	Für bestimmte Anlagegüter attraktiv. Banken ziehen das Leasing aus aufsichtsrechtlichen Gründen oftmals vor.	🙂
Factoring	Fremdkapital	Je mehr Kunden das Unternehmen hat und je solventer und homogener die Kundengruppe ist, desto attraktiver ist diese Finanzierungsform.	😐
Langfristiger Bankkredit (z.B. zur Finanzierung einer Maschine)	Fremdkapital	Schwierig. Je unerprobter das Geschäftsmodell, desto schwieriger. Hohe relative Bearbeitungskosten machen das Geschäft für Banken unattraktiv.	☹️
Börsengang	Eigenkapital	Praktisch unmöglich. Erst ab einer bestimmten Größenordnung möglich.	☹️
Anleihen	Fremdkapital	Praktisch unmöglich. Erst ab einer bestimmten Größenordnung möglich.	☹️

Abb. 6.7: Formen der Außenfinanzierung

Die Praxis hat noch etliche weitere Finanzierungsformen entwickelt. Letztlich handelt es sich bei diesen jedoch immer um Mischformen der dargestellten Instrumente, so z.B. bei dem gerne zitierten „Mezzanine-Kapital", welches letzten Endes lediglich ein Überbegriff für die Finanzierungsformen der „Stillen Beteiligung", der „Genussrechte", der „Nachrangdarlehen" und der „Partiarischen Darlehen" darstellt. Manchmal muss eben auch die Finanzbranche alten Wein in neuen Schläuchen verkaufen.[7]

---

[7] Aktuell sehr gut zu beobachten an dem Begriff des „Private Debt", den man gerade versucht zu einer „Marke" aufzubauen.

6.2 Finanzierung durch Venture-Capital-Gesellschaften

Trotz aller Schwierigkeiten, die nach den Boom-Jahren Ende der 90er Jahre des letzten Jahrhunderts zu verzeichnen waren, stellt die Finanzierung durch eine Venture-Capital-Gesellschaft (VCG) für Wachstumsunternehmen nach wie vor eine der wenigen Optionen dar. Dies gilt umso mehr, je höher der Kapitalbedarf ist.

Eine VCG beteiligt sich üblicherweise als **Eigenkapital-Geber**. Dies ist in der Regel mit weit reichenden Mitsprache- und Kontrollrechten verbunden. So wird in den meisten Fällen die VCG einen ihrer Vertreter in den Aufsichtsrat bzw. Beirat des Unternehmens entsenden wollen. Falls ein solcher noch nicht existiert, ist davon auszugehen, dass er im Zuge der Beteiligung durch eine VCG errichtet wird, da die Kontrollrechte, die aus Gesellschafterversammlungen heraus ausgeübt werden können zeitlich und sachlich deutlich unflexibler sind als wenn dies direkt aus einem eigens errichteten Kontrollorgan heraus geschieht. Technisch wird die Beteiligung in der Regel über eine Kapitalerhöhung bei dem Unternehmen dargestellt, bei der die Altgesellschafter auf ihr gesetzliches Bezugsrecht verzichten und dafür die VCG neue Anteile übernimmt. Die Gegenleistung, die der neue Gesellschafter erbringt, besteht in der Form der Einzahlung neuer Mittel in das Eigenkapital der Gesellschaft.

> Grundsätzlich sind die Konditionen frei verhandelbar. Die Venture-Capital-Gesellschaft wird versuchen, möglichst viele Vertragsbestandteile als „Standard" darzustellen, letzten Endes hängen die Vereinbarungen aber vom Verhandlungsgeschick jedes Einzelnen ab. Man sollte sich daher frühzeitig von einem erfahrenen Anwalt beraten lassen.

Wie hoch der Anteil ist, den die VCG bekommt, und wie viel Geld dafür in das Unternehmen einzubringen ist, ist letztlich ebenfalls Verhandlungssache. Konzeptionell ist dafür der Wert des Unternehmens ausschlaggebend. Da sich dieser Wert durch die Einlage neuer Mittel erhöht, gilt folgender Zusammenhang:

$$Beteiligung\ VCG\ in\ \% = \frac{Einlage\ VCG}{Wert\ vor\ Transaktion \oplus Einlage\ VCG}$$

> Fallstudie: Internet-Handel mit Schwangerschaftsmoden (Teil 3)
>
> Das Unternehmen von Frau Schmidt ist gewachsen. Es hat nun einen Kapitalbedarf von TEUR 500, hauptsächlich aus der geplanten Einstellung von mehreren Nähern und der Finanzierung des immens gewachsenen Umlaufvermögens. Das Unternehmen hat vor der Beteiligung einen Wert von TEUR 2.000. Die VCG legt im Rahmen einer Kapitalerhöhung TEUR 500 in das Unternehmen ein. Wie hoch ist die Beteiligung, die die VCG nach der Transaktion hält?
>
> Die prozentuale Beteiligung beträgt TEUR 500 / (TEUR 2.000 + TEUR 500) = 20%.

Die folgende Abbildung stellt die typische Struktur einer VC-Beteiligung grafisch dar:

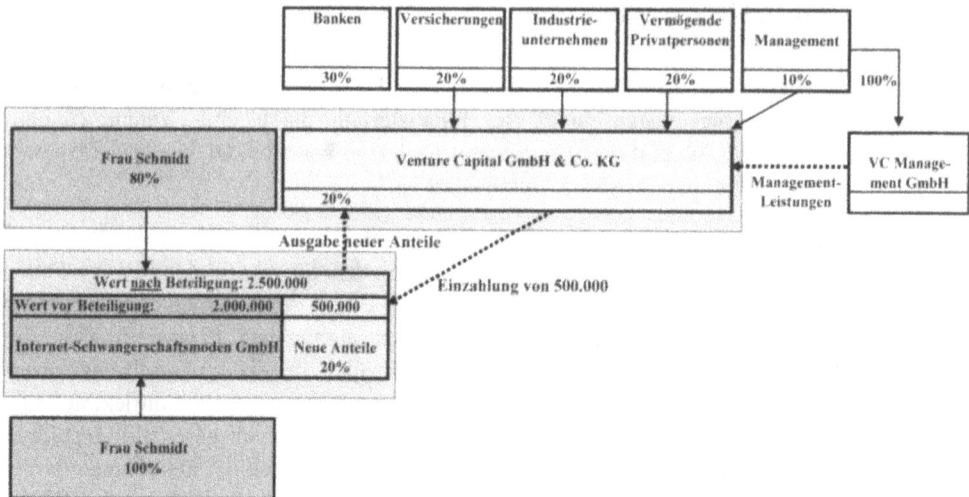

Abb. 6.8: Struktur einer VC-Beteiligung

Offensichtlich ist der Wert eines Unternehmens speziell in Gesprächen bezüglich einer VC-Beteiligung sehr wichtig. Wie aber ermittelt sich der Wert des Unternehmens vor der Transaktion? Im Grundsatz gibt es für die **Bewertung von Unternehmen** zwei Ansätze, die so genannten Barwertkalküle und die Marktwertverfahren:

Die **Barwertkalküle** sind dabei die theoretisch richtige Art und Weise der Unternehmensbewertung. Hier werden im Grundsatz die prognostizierten Einzahlungsüberschüsse mit einem risikoangepassten Diskontierungszinssatz abgezinst und es wird der Wert des nichtbetriebsnotwendigen Vermögens hinzuzuaddieren. Hierfür haben Theorie und Praxis mehrere Methoden (Ertragswertmethode, DCF-Methode, APV-Methode) entwickelt, die, wenn sie korrekt und mit identischen Ausgangsparametern durchgeführt werden, zum selben Ergebnis führen müssen. Grafisch stellt sich die Vorgehensweise bei den Barwertkalkülen wie in Abb. 6.9 dar.

Das Gebiet der Unternehmensbewertung ist eines der meist diskutierten Felder der Betriebswirtschaftslehre überhaupt. Vor allem über die Höhe des Diskontierungszinssatzes gibt es mannigfaltige Meinungen und Ermittlungsansätze, die von marktorientierten Verfahren wie das CAPM-Modell bis bin zu überschlägigen Schätzungen reichen.

Obwohl man sich wohl heute schon mit dem Ergebnis zufrieden geben könnte, dass es unmöglich ist, den einen richtigen Kalkulationszinssatz zu finden, ist meines Erachtens nicht abzusehen, dass sich die Diskussion in der näheren Zukunft entspannen wird. Im Gegenteil, die zunehmende Rechenkraft der PCs und Tabellenkalkulationsprogramme wird wohl eher dazu führen, dass die Modelle komplexer, aber damit nicht unbedingt wirklichkeitsnäher werden.

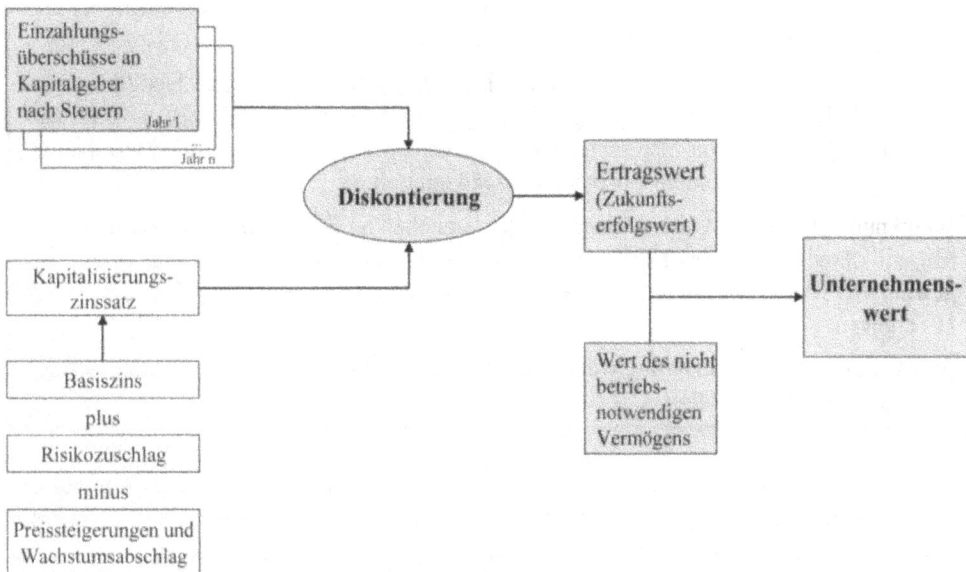

Abb. 6.9: Funktionsweise der Barwertkalküle in der Unternehmensbewertung

An dieser Stelle noch genauer auf die Feinheiten der Barwertkalküle einzugehen oder die unterschiedlichen Methoden zu erläutern, würde den Rahmen bei weitem sprengen. Nur so viel: Bei Vorliegen eines vollständigen finanziellen Business Plans ist die Unternehmensbewertung eine reine Rechenaufgabe. Es empfiehlt sich jedoch, diese Rechenaufgabe auf der Basis der eigenen Planungen zumindest einmal wenigstens überschlägig durchführen zu lassen, denn obwohl die Bewertung sich letztlich aus Verhandlungen ergibt, gilt das Folgende:

> Der im Rahmen einer theoretisch korrekten Unternehmensbewertung ermittelte Wert wird von den VCGs gerne als Obergrenze bei Verhandlungen benutzt.

Viel öfter als die theoretisch korrekten Barwertkalküle werden von potenziellen Investoren allerdings die so genannten Marktwertverfahren verwendet. Diese auch Multiplikatoren-Verfahren genannten Ansätze werden nachfolgend beschrieben.

Hinter den **Marktwertverfahren** verbirgt sich konzeptionell, dass man aus Marktdaten ermittelte Multiplikatoren auf bestimmte Basisgrößen anwendet. Die bekannteste Anwendung dieser Verfahren ist das so genannte „Kurs/Gewinn-Verhältnis" (KGV). Zu dessen Berechnung wird lediglich der Kurs der Aktie durch den Gewinn, der auf eine Aktie entfällt, geteilt.

<u>Fallstudie:</u> Internet-Handel mit Schwangerschaftsmoden (Teil 4)

Das Unternehmen von Frau Schmidt ist mittlerweile an der Börse notiert. Der Aktienkurs steht bei EUR 20, der Gewinn je Aktie beträgt EUR 2,00. Das KGV ist also 10 (= 20 / 2,00). Im Übrigen kommt man rechnerisch zum selben KGV wenn man die Marktkapitalisierung durch den gesamten Unternehmensgewinn teilt.

Wenn nun ein weiteres Unternehmen aus der Branche von Frau Schmidt an die Börse gehen will, dann wird dieses KGV als Referenzwert verwendet. Bei einem Unternehmensgewinn von EUR 3 Mio. würde sich also ein Unternehmenswert von EUR 30 Mio. (= 3 x 10) ergeben.

Im Falle einer VC-Finanzierung würde die VCG tendenziell noch einen Abschlag auf diesen Wert vornehmen wollen.

Die Praxis hat diverse weitere Multiplikatoren-Methoden entwickelt, die alle nach demselben Schema funktionieren. So gibt es zum Beispiel Umsatz-Multiplikatoren oder EBIT-Multiplikatoren. In Zeiten des Internet-Booms sind auch seriöse Institute und Analysten nicht davor zurückgeschreckt, Multiplikatoren auf der Basis von „Page Impressions" zu berechnen. In der Literatur wurden die Bewertungen auf der Basis von Kunden-Multiples diskutiert.[8] Es ist offensichtlich, dass diese Reduktion auf wenige Parameter Schwächen beinhaltet. So bleibt die Kapital- und Risikostruktur des Unternehmens außerhalb der Betrachtung. Die statische rein stichtagsbezogene Betrachtungsweise lässt dynamische Entwicklungen des Unternehmens völlig außer Betracht. Nichtsdestotrotz erfreuen sich Multiplikatoren-Ansätze größter Beliebtheit. Sie sind einfach zu handhaben und auch für den Laien schnell verständlich. Vor allem aber erfahren die Multiplikatoren-Verfahren eine beträchtliche Legitimation aus ihrer direkten Ableitung aus Marktwerten. Dagegen ist in der Praxis schwer zu argumentieren, auch wenn oftmals die herangezogenen Referenz-Unternehmen mit dem zu bewertenden Unternehmen nur bedingt vergleichbar sind.

Die so genannte „**Venture-Capital-Methode**" treibt das Verfahren auf die Spitze. Zur Ermittlung des Unternehmenswerts sind aus Sicht einer VCG lediglich die folgenden fünf Fragen zu beantworten:
- **Wann** können wir unseren Anteil an dem Unternehmen wieder verkaufen?
- Wie hoch wird der **Gewinn** (allgemein: die relevante Basisgröße) des Unternehmens zu diesem Zeitpunkt sein?
- Wie hoch wird das zu erzielende **KGV** (allgemein: der Multiplikator) dann sein?
- Wie hoch wird folglich der **Marktwert** des Unternehmens sein?
- Aus den gewonnenen Erkenntnissen ergibt sich für die VCG nun die folgende einfache Rechenaufgabe: Wenn wir eine **Rendite** von 30 % pro Jahr erzielen wollen, wie viel dürfen wir dann heute für dieses Unternehmen bezahlen?

---

[8] Vgl. Wullenkord, 2000, S. 522 ff.

Trotz sämtlicher diffiziler Methoden, die die Betriebswirtschaftslehre zur Unternehmensbewertung entwickelt hat, haben in der Praxis in Beteiligungsverhandlungen mit einer VCG die Marktwertverfahren große Bedeutung. Dies liegt sicher vor allem an der Einfachheit der Anwendung und in der vermeintlichen Rechtfertigung der ermittelten Werte durch den Kapitalmarkt. Aus unserer Sicht ist es jedoch auch ein Indiz dafür, was letzten Endes das Hauptmotiv einer VCG ist, die sich an einem Wachstumsunternehmen beteiligt, nämlich der Exit.

Es ist für den Entrepreneur nicht leicht, den Kapitalbedarf seines wachsenden Unternehmens zu decken. Die traditionellen Wege der Finanzierung stehen ihm nur eingeschränkt zur Verfügung. Daneben hat der Zusammenbruch der so genannten Wachstumsbörsen (NASDAQ, Neuer Markt etc.) bewirkt, dass mangels kurzfristiger Exit-Kanäle die VCGs weniger Geld in Wachstumsunternehmen investieren. Darüber hinaus hat diese Entwicklung auch das „Fundraising" der VCG erschwert, da die Investoren die Erfahrung, dass VC-Investitionen ein sehr großes Risiko in sich bergen, teilweise sehr schmerzhaft machen mussten.

Nichtsdestotrotz sollten auch heutzutage Unternehmen mit einem guten Produkt und einem seriösen Management in der Lage sein, Finanzierungsquellen zu erschließen. In Hinblick auf die Finanzierung durch VCGs sei zum Ende dieses Abschnitts noch einmal darauf hingewiesen, dass das „Hereinnehmen" einer VCG letztlich schon den ersten Schritt zum eigenen Ausstieg aus dem Unternehmen bedeutet. VCGs sind Unternehmen, die beträchtliche Renditen für ihre Anleger erwirtschaften müssen und deren Geschäft darin besteht, Unternehmen zu kaufen und wieder zu verkaufen. Dabei ist der Schritt an die Börse der Königsweg in dieser Disziplin und, wie Beispiele wie Siltronic oder X-Fab im Frühjahr 2004 gerade wieder gezeigt haben, ein Weg der momentan nur sehr schwer gangbar ist. Als Alternative dazu bietet sich der so genannte **„Trade Sale"** an, also der Verkauf an einen strategischen Investor oder Wettbewerber; eine Alternative, mit der sich der Unternehmer, der sich mit seinem Unternehmen aber weit mehr identifiziert als ein reiner Finanzinvestor, eventuell nur eingeschränkt anfreunden kann. Wenn man den Schritt geht und eine VCG mit an Bord holt, sollte der Unternehmer sich aber der Tatsache bewusst sein, dass er damit in letzter Konsequenz den ersten Schritt in Richtung des Ausstiegs aus seinem eigenen Unternehmen tut.

6.3   Geldverwaltung

Der weitere Teil des Beitrags beschäftigt sich mit der Geldverwaltung, dem täglichen Geschäft im Finanzmanagement. Das Thema kann in drei Teilbereiche aufgegliedert werden:
- Das Kapitel „Bilanz ziehen" behandelt die Basis allen Finanzmanagements, die Buchhaltung. Der grundlegende Charakter dieser Funktion wird üblicherweise unterschätzt. Zielsetzung ist es daher, die fundamentalen Zusammenhänge aufzuzeigen, um so das Verständnis für diesen Umstand zu schärfen.
- Das Cash-Management, d.h. die Sicherstellung der jederzeitigen Zahlungsbereitschaft des Unternehmens, ist die vordringlichste Aufgabe im Finanzmanagement, vor allem in

Wachstumsunternehmen. Da sie jedoch wesentlich auf Zahlen der Buchhaltung aufbaut, wird sie erst im zweiten Kapitel dieses Abschnitts thematisiert.

* Das letzte Kapitel setzt sich mit dem Controlling auseinander. Wiederum aufbauend auf Informationen der Buchhaltung stehen hier betriebswirtschaftliche Fragestellungen im Vordergrund.

Neben einer grundsätzlichen Beschreibung der Aufgaben, die innerhalb dieser Bereiche anfallen, sollen wieder zahlreiche Abbildungen und Fallstudien helfen, die praktische Relevanz der Themen zu erkennen. Für jeden Bereich sollen einfache und handhabbare Instrumente dargestellt werden, die schnell in der Praxis einzusetzen sind.

6.3.1   Bilanz ziehen – die Buchhaltung

Der überwiegende Anteil der Instrumente, mittels derer Unternehmen mit ihren „Stakeholdern" kommunizieren, die sie zur Steuerung ihrer Geschäftstätigkeit oder der Liquidität benutzen, haben ihren Ausgangspunkt in einer einzigen betrieblichen Funktion, der Buchhaltung. In Hinblick auf den veröffentlichten Jahresabschluss ist dieser Zusammenhang schnell ersichtlich. Bezüglich des Controllings und des Cash-Managements erschließt er sich nicht auf den ersten Blick. Zwei Beispiele sollen die Wirkungsweisen verdeutlichen:

* **Liquiditätssteuerung**: Eine effiziente Steuerung und Kontrolle der liquiden Mittel ist nur dann möglich, wenn bekannt ist, welche Posten im zu planenden Zeitraum zur Zahlung anstehen. Dies gilt für die Forderungen (Zahlungseingänge) genauso wie für die Verbindlichkeiten (Zahlungsausgänge). Wenn diese Posten in der Buchhaltung nicht zeitnah und vollständig erfasst sind, ist eine hinreichend exakte Planung nicht möglich.
* **Gemeinkostenanalyse**: Diese kann nur zu aussagefähigen Ergebnissen führen, wenn die effektiv angefallenen Posten, von der Miete bis zum Büromaterial, vollständig und zeitnah erfasst sind.

„You only get what you give!"-Daten, die nicht originär in der Buchhaltung erfasst werden, können auch nicht analysiert werden.

Selbstverständlich kann man sich über diverse Nebenrechnungen, z.B. Excel-Listen, mehrfache Ablagen und Ähnliches behelfen. Dies ist eine weit verbreitete Praxis, führt jedoch zu doppeltem Verwaltungsaufwand und Frustration in den eigentlich operativ tätigen Bereichen.

Fallstudie: Internet-Handel mit Schwangerschaftsmoden (Teil 5)

Da der neue Betriebsmittelkredit über eine Forderungsabtretung besichert wurde, verlangt die Bank ab sofort monatliche Fälligkeitslisten bezüglich der Offenen Posten.

In der Buchhaltung wurden bisher keine Fälligkeiten erfasst, da der Vertrieb sich weigerte, auf den Rechnungen die vertraglich vereinbarte Fälligkeit einzutragen. Argument des Vertriebs: Zu viel Bürokratie.

Folge: Bis ein funktionierender Prozess etabliert ist, muss nun jeden Monat ein Mitarbeiter sämtliche Rechnungen in einer Excel-Tabelle eintragen. Dann muss er seine Liste mit der OP[9]-Liste aus der Buchhaltung abstimmen, um sicher zu gehen, dass der Bank keine widersprüchlichen Zahlen gemeldet werden, z.B. wenn die Forderungen laut Bilanz von denen laut Excel-Tabelle abweichen.

Um solche Fälle zu vermeiden ist es wichtig, die Buchhaltungsfunktion von Anfang an professionell abzudecken. Eine Möglichkeit, die in der Praxis sehr oft in Anspruch genommen wird, ist die Auslagerung der Buchhaltungsfunktion auf externe Anbieter, im Normalfall einen Steuerberater. Der Vorteil daran ist, dass dort in der Regel erfahrenes Personal und die entsprechenden Werkzeuge vorhanden sind. Nachteilig ist, dass die Funktion nicht unter der direkten Kontrolle des Unternehmens steht, sodass z.B. die Verarbeitung der Buchhaltungsdaten in weiteren Funktionen erschwert sein kann. Auch ist oftmals aufgrund des umständlichen Belegflusses eine zeitnahe Erfassung nicht gewährleistet. Darüber hinaus haben in den seltensten Fällen die externen Dienstleister tatsächliches Branchen-Know-how, sodass die Abbildung komplexer Sachverhalte, z.B. Wartungsverträge bei Softwareunternehmen, problematisch ist.

Aus diesen Gründen empfiehlt es sich, ab einer gewissen Größenordnung die Buchhaltung im eigenen Haus zu betreiben. Dafür sollen im Folgenden die drei **kritischen Erfolgsfaktoren der Buchhaltung** definiert werden:

- Das **Personal** sollte über Erfahrung sowohl in der täglichen Buchhaltungsarbeit als auch in der Abschlusserstellung verfügen. Fachlich generell geeignet sind Personen, die auf der Basis mehrjähriger Berufserfahrung die Ausbildung zum „Bilanzbuchhalter" absolviert haben. Die persönlichen Eigenschaften sind allerdings mindestens genauso wichtig wie die fachliche Qualifikation. Diese liegen in Zuverlässigkeit, Genauigkeit, Hartnäckigkeit und einer Liebe zum Detail. Der Buchhalter sollte in seiner Hartnäckigkeit eher gebremst werden müssen als dass er dazu angehalten werden muss. Wichtig ist aber, dass er auch gebremst wird!

- Die **Buchhaltungssoftware** muss einfach zu bedienen sein. Standardberichte (Bilanz, GuV, Umsatzsteuer-Voranmeldung etc.) sollten vordefiniert vorhanden sein. In den meisten Fällen lohnt es sich, auf bekannte Produkte (z.B. DATEV, KHK, Lexware) zu setzen, da viele Mitarbeiter damit Erfahrungen haben und die Produkte regelmäßig gepflegt und erweitert werden. Es sollte auf jeden Fall möglich sein, Buchungen auf Kostenstellen

---

[9] Offene Posten.

vorzunehmen. Kostenträger-Buchungen sind kein Muss, aber vorteilhaft. Im Grundsatz sollte man zu Gunsten der Einfachheit lieber auf Extra-Features verzichten.

- **Prozesse** sollten nicht darauf ausgerichtet werden, alle denkbaren Spezialfälle abzudecken. Die Geschäftsvorfälle, die 90% der täglichen Arbeit ausmachen, müssen verbindlich geregelt sein, der Rest sollte ad hoc gelöst werden.

Wie beschrieben nimmt die Buchhaltung eine zentrale Rolle im Finanzmanagement ein. Eine Überorientierung an den Bedürfnissen des Rechnungswesens ist jedoch zu vermeiden, da ein Unternehmen in einem dynamischen Umfeld sich überregulierte interne Prozesse nicht leisten kann. Dieses Gleichgewicht herzustellen und dem Lebenszyklus des Unternehmens anzupassen, ist eine der Hauptaufgaben des Unternehmers. Wenn dieser dazu nicht willens oder in der Lage ist, hat es sich in der Praxis oft bewährt, relativ früh ein starkes kaufmännisches Gegengewicht zu installieren, um so das wichtige Gleichgewicht zwischen „Treibern" und „Bremsern" zu erreichen. Dieses Gleichgewicht ist jedoch im stetigen Wandel und muss daher stets von Neuem kritisch überprüft werden.

„Die Buchhaltung des Betriebes muss Instrument sein und darf nicht Selbstzweck sein. In der Entwicklung der Buchhaltung ist dies nicht immer beachtet worden."[10]

6.3.2   Cash managen – die Liquiditätssteuerung

Nur Bares ist Wahres! Diese Tatsache wird dann richtig greifbar, wenn das Unternehmen sich in einer Situation befindet, in der das finanzielle Gleichgewicht nicht mehr gegeben ist.

<u>Fallstudie</u>: Internet-Handel mit Schwangerschaftsmoden (Teil 6)

Das Unternehmen von Frau Schmidt ist nach wie vor hoch profitabel und wächst rasant. Finanziell ist die Lage etwas angespannt, weil in der Planung der Kapitalbedarf im Umlaufvermögen unterschätzt wurde. Bei der Bank hat man schon wegen einer Ausweitung der Kreditlinie vorgesprochen. Diese braucht jedoch zuerst aktuelle Zahlen, das Engagement muss außerdem noch im Kreditausschuss besprochen werden. Dieser tagt erst wieder in drei Wochen. Derweil sind freie Zahlungsmittel im Prinzip nicht vorhanden.

Folge: Lieferanten mahnen ihre Forderungen an, neues Material wird nur noch gegen Vorauskasse geliefert. Gerade dies kann das Unternehmen momentan aber nicht leisten, so dass einige Aufträge nicht ausgeführt werden können. Auf der anderen Seite kommen im Moment die Forderungen nur sehr schleppend herein, weil es sich viele Kunden zur Angewohnheit gemacht haben, erst nach 60 Tagen zu bezahlen (das Mahnwesen ist noch nicht voll funktionsfähig). Die Auszahlung der Gehälter verzögert sich um drei Tage, die Mitarbeiter werden nervös. Die Unternehmensleitung verbringt einen beträchtlichen Teil der Arbeitszeit damit, Krisen-Management zu betreiben.

---

[10] Das Zitat stammt aus dem Jahre 1950 und ist der Einführung zu einem Buch von einem der Begründer der deutschen Betriebswirtschaftslehre, Eugen Schmalenbach, entnommen. Vgl. Schmalenbach, 1950. Dies soll verdeutlichen, dass es sich bei der Thematik fast schon um ein „traditionelles" Problem handelt.

An diesem Horrorszenario wird deutlich: Die Sicherstellung der jederzeitigen Zahlungsfähigkeit des Unternehmens ist eine der wichtigsten Aufgabe des Unternehmers. Im Gegensatz allerdings zu Buchhaltungssystemen, die heutzutage in großer Anzahl und hoher Qualität am Markt verfügbar sind, ist dies bei „Cash-Management"-Systemen nicht der Fall.

In der Hauptsache liegt dies an dem Prognose-Anteil, der einer Planung immer innewohnt und speziell im Fall der Liquiditätssteuerung einen hohen Grad an Genauigkeit verlangt. Zum einen sind die Forderungen und Verbindlichkeiten danach zu beurteilen, wann diese zahlungswirksam werden. Für die Verbindlichkeiten liegt dies teilweise in eigener Hand. Was jedoch die Forderungen angeht, kann man sich lediglich an der Erfahrung über das bisherige Zahlungsverhalten des Kunden orientieren. Noch schwieriger ist die Beurteilung bei den Posten, die bis heute rechtlich noch nicht einmal entstanden sind, sprich den Umsätzen und Kosten, die sich zwar aus der Planung für das Geschäftsjahr ergeben, rechtlich aber bisher noch nicht entstanden sind. Daneben sind noch die Investitionen und die Zahlungsströme aus der Finanzierungstätigkeit in den Liquiditätsplan einzuarbeiten.

Der Betrachtungszeitraum eines Liquiditätsplans sollte sich etwa sechs Monate in die Zukunft erstrecken. Als kleinste zu betrachtende zeitliche Einheit dürfte eine Woche ausreichen. Lediglich bei drohender Zahlungsunfähigkeit sollte aus insolvenzrechtlichen Erwägungen heraus auf eine tägliche Betrachtungsweise umgestiegen werden. In der Praxis behilft man sich daher überwiegend mit Excel-basierten Lösungen. Die nachfolgende Abb. 6.10 zeigt, wie man eine Liquiditätsplanung aufbauen kann.

Um das in der Fallstudie beschriebene Szenario zu vermeiden, ist ein Liquiditätsplan wie unten dargestellt der erste Schritt. Daneben sind die folgenden drei **Erfolgsfaktoren für ein gutes „Cash-Management"** ausschlaggebend:

- Die Erfahrung zeigt, dass Kunden sich schnell an das Zahlungsverhalten gewöhnen, das ihr Lieferant ihnen zugesteht. Es ist daher wichtig, von Anfang an ein **konsequentes Mahnwesen** einzurichten, das nicht nur schriftlich, sondern auch im direkten telefonischen Kontakt versucht, den Ursachen der verzögerten Zahlung auf den Grund zu gehen und diese abzustellen. Vonseiten des Vertriebes wird gerne behauptet, dass Kunden darauf negativ reagieren würden. Dies ist nicht zutreffend, wenn Kunden sich in langer Übung daran gewöhnt haben. Grundsätzlich ist ein freundlicher aber in der Sache bestimmter Anruf gegenüber einem seriösen Kunden lediglich ein Zeichen von Professionalität. Ein funktionierendes Kreditmanagement inklusive geeigneter Maßnahmen der Vertriebssteuerung helfen im Übrigen dabei, den Aufwand im Mahnwesen zu begrenzen.
- Da der Zahlungseingang einer Forderung erst sicher ist, wenn das Geld auf dem Bankkonto gutgeschrieben ist (manchmal noch nicht mal dann[11]), sollten immer **Reserven** in die eigene Planung eingebaut werden. Daneben sollte für alle Fälle nicht nur eine planerische, sondern auch eine faktische Reserve im Sinne einer Kreditlinie, die im Grundsatz nicht angefasst wird, vorhanden sein. Es empfiehlt sich, diese Linien dann vertraglich zu sichern, wenn man sie nicht braucht.

---

[11] Erst nach Ablauf von zwei Bankarbeitstagen nach Gutschrift des Schecks durch die Bank kann diese nicht mehr rückgängig gemacht werden. Bis dahin erfolgt die Gutschrift unter Vorbehalt.

	KW 1	KW 2	KW 3	KW 4
(1) Liquide Mittel - Anfang Periode	**350**	**425**	**-220**	**-195**
Einnahmen aus dem operativen Geschäft				
Forderungen laut Saldenliste 31.12.2004	400	200	150	150
Einzahlungen aus Umsätzen lt. Planung 2005	0	0	0	50
Ausgaben aus dem operativen Geschäft				
Verbindlichkeiten laut Saldenliste 31.12.2004	-300	-250	-100	-75
Auszahlungen aus Materialeinkauf lt. Planung 2005	0	0	-25	0
Auszahlungen aus Verwaltungsaufwand lt. Planung 2005	0	0	0	-50
Löhne und Gehälter lt. Planung 2005	0	0	0	-100
Sozialversicherung für Gehälter Dezember 2004	0	-20	0	0
Lohnsteuer für Gehälter Dezember 2004	-25	0	0	0
Umsatzsteuer November 2004 (Dauerfristverlängerung)	0	-75	0	0
(2) Cash-Flow aus der Geschäftstätigkeit	**75**	**-145**	**25**	**-25**
Auszahlungen aus Investitionen lt. Planung 2005	0	-1.500	0	0
(3) Cash-Flow aus der Investitionstätigkeit	**0**	**-1.500**	**0**	**0**
Einnahmen aus der Finanzierungstätigkeit				
Zufluss aus Kreditaufnahme (abzgl. Disagio)	0	1.000	0	0
Zufluss aus Kapitalerhöhung	0	0	0	0
Ausgaben aus der Finanzierungstätigkeit				
Tilgung von Kredit 1	0	0	0	-75
Zinsen auf Kredit 1	0	0	0	-35
(4) Cash-Flow aus der Finanzierungstätigkeit	**0**	**1.000**	**0**	**-110**
(5) Liquide Mittel - Ende Periode (= 1 + 2 + 3 + 4)	**425**	**-220**	**-195**	**-330**
(6) Kreditlinie Volksbank	100	100	100	100
(7) Kapitalbedarf (-)/-überschuss (= 5 - 6)	**525**	**-120**	**-95**	**-230**

Abb. 6.10: Liquiditätsplanung

- Es sollten frühzeitig **fixe Termine für Zahlungen** festgelegt werden. In den meisten Unternehmen dürften zwei Tage pro Woche vollkommen ausreichend sein. Vielfach wird es sogar genügen, wenn ein Tag pro Woche fixiert wird, an dem die Lieferanten bezahlt werden. Dies vermindert den Verwaltungsaufwand und sollte dennoch genügen, um Skonti so weit wie möglich auszunutzen.

Auf die Feinheiten der Zinsoptimierung soll hier nicht eingegangen werden. Geld dürfte in den Unternehmen, die Zielgruppen dieses Beitrags sind, die knappste aller Ressourcen sein. Insofern ist es wichtiger liquide zu sein als den letzten Euro an Zins- oder sogar Kursgewinnen im Unternehmen zu realisieren.

6.3.3   Controlling

Funktion des Controllings ist es, betriebswirtschaftliche Analysen durchzuführen und daraus Maßnahmen zur Steuerung des Unternehmens abzuleiten. Auch hier haben Forschung und Praxis mittlerweile ein umfangreiches Instrumentarium entwickelt, welches stetig erweitert wird.

Dem Entrepreneur jedoch hilft beispielsweise eine „Balanced Scorecard" erst dann etwas, wenn er schon über funktionierende Instrumente zur Erfassung der „Finanziellen Perspektive" verfügt.[12] Im Zentrum unserer Betrachtungen steht die finanzielle Perspektive. Somit stellt sich die Frage: Welches sind, unter der Berücksichtigung der begrenzten Ressourcen im Bereich Controlling, die Instrumente, die man benötigt, um in einem unternehmerischen Umfeld agieren zu können?

> Viel wichtiger als die Anzahl an Berichten ist es, diese Rechenwerke konsistent und zeitnah vorzulegen.

Neben den Standardauswertungen der Buchhaltung sollten die nachfolgenden Berichte zwingend vorliegen:
- Umsatzanalyse je Produkt, Monat, Kunde, Vertriebsmitarbeiter
- Kostenstellenberichte
- Projektkostenberichte

In den einzelnen betrieblichen Funktionen sind darüber hinaus noch weitere Berichte notwendig, so z.B. ein Umsatz-Forecasting im Vertrieb oder Projektstatusberichte in den Entwicklungsabteilungen. Solche Instrumente zur Steuerung einzelner betrieblicher Funktionen sind jedoch für unsere Betrachtung der finanziellen Perspektive nicht weiter zu vertiefen.

Kernstück des Controlling und aus unserer Sicht das wichtigste Instrument zur Steuerung des Gesamtunternehmens ist jedoch die so genannte **„Stufenweise Deckungsbeitragsrechnung"**[13]. Deren Ziel ist es, den Fixkostenblock aufzuspalten und Teile der Fixkosten zwar nicht einzelnen Produkten, aber beispielsweise einer Produktgruppe oder einem Unternehmensbereich zuzuordnen[14]. Der Grundgedanke, der dahinter steht, ist, dass Kosten nur auf der Stufe zugeordnet werden, auf der sie auch eindeutig zuordenbar sind. Die Notwendigkeit von Verrechnungen und Umlagen wird auf diese Art und Weise deutlich reduziert, der regelmäßige Aufwand für die Erstellung wird dadurch geringer. Die folgende Abb. 6.11. zeigt exemplarisch, wie eine stufenweise Deckungsbeitragsrechnung systematisch aufgebaut sein kann:

---

[12] Vereinfacht gesprochen sieht das Konzept der „Balanced Scorecard" vor, dass für alle relevanten Perspektiven des Unternehmens, d.h. nicht nur die finanziellen, Kennzahlen definiert, erhoben und in einem gemeinsamen Bericht zusammengefasst werden. Zu Details vgl. den im Literaturverzeichnis aufgeführten Klassiker zu diesem Thema von Kaplan/Norton, 1997.

[13] Basierend auf Mellerowicz, 1966, S. 169 ff.

[14] Vgl. Wöhe, 2000, S. 1159 f.

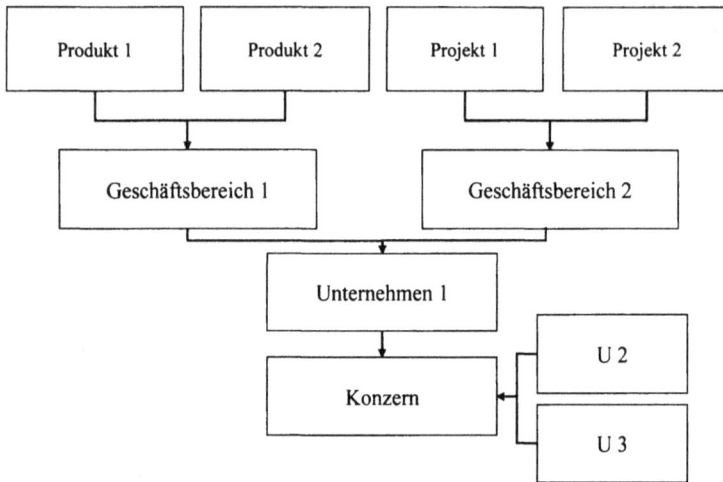

Abb. 6.11: Stufenweise Deckungsbeitragsrechnung schematisch

Im Praxisbeispiel stellt sich dies wie folgt dar:

	Geschäftsbereich 1		Geschäftsbereich 2	
	Produkt 1	**Produkt 2**	**Projekt 1**	**Projekt 2**
Umsatzerlöse	1.000	1.000	1.000	1.000
- Wareneinsatz	-100	-220	-100	-220
- Personalaufwand zurechenbar	-500	-50	-700	-30
Deckungsbeitrag 1	**400**	**730**	**200**	**750**
Einzelkosten Produkt, Projekt				
- Produkt-, Projektmanagement	-100	-500	-50	-80
- Einzelkosten Entwicklung	-50	-50	0	-50
- Einzelkosten Vertrieb	-25	0	-15	0
Produktergebnis	**225**	**180**	**135**	**620**
		405		755
- Gemeinkosten Produktentwicklung		-10		-10
- Gemeinkosten Vertrieb		-100		-100
- Gemeinkosten Verwaltung		-100		-100
Ergebnis Geschäftsbereich		**195**		**545**
			740	
- Geschäftsleitung			-200	
- Kaufmännische Verwaltung			-150	
- EDV			-75	
- Grundlagenforschung			-75	
- Steuern			-50	
Ergebnis Unternehmen			**190**	

Abb. 6.12: Stufenweise Deckungsbeitragsrechnung (Beispiel)

Auch hieraus ist ersichtlich, dass eine Zuordnung von Kosten erst auf der Stufe vorgenommen werden sollte, auf der sie sinnvoll möglich ist. So können z.B. die Kosten einer Maschine, auf der im obigen Beispiel das Produkt 1 und 2 gefertigt werden, nur mit pauschalen Schlüsselungen direkt den beiden Produkten zugeordnet werden. Eine pauschale Aufteilung würde darüber hinaus die Aussagekraft der DB[15]-Rechnung nur geringfügig erhöhen. Im System der stufenweisen DB-Rechnung wird diese Aufteilung überhaupt nicht vorgenommen, sondern die Kosten dieser Maschine würden in der DB-Rechnung erst auf der Stufe der Geschäftsbereiche ausgewiesen werden.

Die drei wichtigsten **Erfolgsfaktoren für das Controlling** sind:
- Kosten sollen an dem Ort erfasst werden, an dem sie entstehen. Dieser Ort ist die Kostenstelle (**Kostenstellenerfassung**). Insofern ist es notwendig, eine hinreichend detaillierte Kostenstellenstruktur aufzubauen und sicherzustellen, dass die Buchhaltungssoftware in der Lage ist, Kostenstellen zu bebuchen.
- Gerade im projektbezogenen Geschäft ist es wichtig zu wissen, für welche Projekte die Mitarbeiter ihre Zeit verwenden. Ohne diese Information ist die Identifikation von Gewinn- und Verlustbringern nur schwer möglich. Jedoch gilt in diesem Fall für den Mitarbeiter das für Kunden unter dem Punkt „Mahnwesen" Gesagte: Wenn von Anfang an eine **Zeiterfassung** installiert ist, gewöhnen sich die Mitarbeiter an diesen Zustand. Ein Unternehmen, welches dies allerdings erst nach einigen Jahren versucht, muss heftige Diskussionen erwarten.
- **Gesunder Menschenverstand** ist gerade im Controlling nicht zu ersetzen. Abseits von mathematischen Formeln ist es nämlich wichtig, einfache, in sich logische und an die Bedürfnisse jedes einzelnen Unternehmens angepasste Berichte zu erstellen. Es müssen einfache Fragen gestellt und analysiert werden. Bei dieser Aufgabenstellung verwirren akademische Lehrbücher leider oftmals mehr als dass sie helfen.

6.4 Fazit

Am Anfang wurde die Frage gestellt, welches die Themen sind, die den Entrepreneur im Zusammenhang mit den Finanzen seines Unternehmens umtreiben. Wie dargestellt, sind das nicht zwingend die aktuellen Themen der Betriebswirtschaftslehre. Für reifere Unternehmen mag sich dies anders darstellen. Dieser Beitrag beschäftigt sich jedoch ausschließlich mit den Belangen von Unternehmen und Geschäftseinheiten, die im Begriff sind, zu wachsen und in denen sich noch keine fest gefügten Strukturen entwickelt haben. Für diese wurde versucht, einen anderen Ansatz zu entwickeln.

Im unternehmerischen Umfeld sind Ressourcen für die Verrichtung von nicht Wert schaffenden Tätigkeiten nur sehr begrenzt vorhanden. Das Thema Finanzen gehört nicht zu den Wert schöpfenden Faktoren im Unternehmen. Daher ist es notwendig, eigenständige Ansätze für das Finanzmanagement zu entwickeln. Diese müssen theoretisch fundiert sein, sollten aber

---

[15] Deckungsbeitrag.

niemals Theorie um ihrer selbst Willen betreiben. Auch sollte berücksichtigt sein, dass in einem sich ändernden Marktumfeld oftmals nicht die Zeit für 100%-Lösungen ist. Zugunsten der Geschwindigkeit und Flexibilität müssen schnelle und pragmatische Lösungen gefunden werden. Diese Lösungen müssen dennoch dem fundamentalen Transparenz- und Kontrollbedürfnis des Finanzmanagements gerecht werden.

Hierzu bedarf es eines umfangreichen „Werkzeugkastens" im Sinne von vordefinierten Methoden und Verfahren, über die der Unternehmer ad hoc verfügen kann. Ziel dieses Beitrags war es, das elementare Zubehör eines solchen Werkzeugkastens einzuführen und zu erläutern.

Literaturhinweise

Kaplan/Norton: Balanced Scorecard: Strategien erfolgreich umsetzen, Stuttgart 1997

Mellerowicz, Konrad: Neuzeitliche Kalkulationsverfahren, Freiburg 1966

Schmalenbach, Eugen: Die doppelte Buchführung, Opladen 1950

Wöhe, Günter: Einführung in die Allgemeine Betriebswirtschaftslehre, München 2000

Wullenkord, Axel: New Economy Valuation, in: Finanzbetrieb, Heft 7-8/2000, S. 522–527

7 Mergers, Acquisitions und strategische Allianzen

7.1 Mergers & Acquisitions – eine sinnvolle Investitionsalternative?

Willis E. Eayrs, MBA, ist Direktor und Leiter „Mergers & Acquisitions" bei der Landesbank Baden-Württemberg in Stuttgart und berät in dieser Funktion mittelständische Unternehmen bei Unternehmenskäufen und -verkäufen. Vor seinem Eintritt bei der Landesbank Baden-Württemberg war er Assistant Director bei J. Henry Schroder & Co. Ltd. in London und dort für das deutsche Corporate Finance Geschäft verantwortlich. Er ist Lehrbeauftragter im MBA Programm der Fachhochschule Esslingen – Hochschule für Technik (FHTE).

Fusionen und Akquisitionen zeichneten viele Jahre lang große Einschnitte in die Unternehmenslandschaft. Die aktuellste Zeitspanne intensiver Fusionsaktivität, die bereits in den 1960er Jahren begann, dauert bis heute an. In den 60er Jahren nahmen Unternehmen Fusionen und Akquisitionen mit dem Bestreben vor, **Risikostreuung** durch den Erwerb von Unternehmen verschiedener Industriezweige zu betreiben. Dieser Trend führte zu einer Bildung großer Mischkonzerne, wobei hier vor allem ITT anzuführen ist, die zu einem bestimmten Zeitpunkt Beteiligungen an Unternehmen diverser Industriezweige hielt, deren Bandbreite von Hotels über Nahrungsmittel und Automobilzulieferer bis hin zu Wehrtechnik reichte. In den 1980er Jahren führte die größere Bereitschaft von Banken, Akquisitionsfinanzierungen zu erbringen sowie die **steuerliche Abzugsfähigkeit der Zinszahlungen für Akquisitionsfinanzierungen** zu einer Vielzahl beachtlicher Transaktionen, die vorwiegend über Bankschulden finanziert wurden. Beispiele hierzu sind die Akquisition von General Foods durch Phillip Morris und die Übernahme von Nabisco durch R.J. Reynolds im Jahre 1985. Daran anschließend wurde im Jahre 1989 RJR Nabisco selbst durch den Finanzinvestor KKR im größten Leveraged-Buy-Out (LBO) jener Zeit übernommen. Im Jahre 2000 markierte die Akquisition von Mannesmann durch Vodafone in einem Anteilstausch, bewertet bei 190 Mrd. Euro, die größte Unternehmensübernahme der Geschichte. Die Häufigkeit von Fusionen und Akquisitionen hängt von der Verfügbarkeit und den Kosten der Finanzierungsmittel ab. Da solche Unternehmenstransaktionen typischerweise aus einer Kombination von Eigen- und Fremdkapital finanziert werden, wirken sich das Zinsniveau (Kosten des Fremdkapitals) und die Kursentwicklungen an den Kapitalmärkten (Kosten des Eigenkapitals) auf die Anzahl von Fusionen und Akquisitionen aus. Trotz der jüngsten stagnierenden Kursentwicklung an den Kapitalmärkten setzt sich der zahlenmäßige Anstieg von Fusionen und Akquisitionen fort.

Obwohl Fusionen und Akquisitionen nicht nur aus finanziellen, sondern auch aus strategischen Gründen vorkommen, stellen jüngste Beweise heraus, dass mehr als **50% der Transaktionen nicht den Erwartungen der Erwerber entsprechen.**[1] Diese Untersuchung beschreibt, wie und warum Fusionen und Akquisitionen erfolgen und welche Diskussionspunkte die wichtigsten sind, die bei Überlegungen hinsichtlich einer Fusion oder einer Akquisition angesprochen werden müssen. Der Schwerpunkt liegt auf Fusionen und Akquisitionen von nicht-börsennotierten Gesellschaften. Das Grundkonzept kann jedoch auf Gesellschaften angewendet werden, deren Aktien an der Börse gehandelt werden. Fusionen und Akquisitionen von Gesellschaften ohne Aktienhandel machen den Hauptteil der Transaktionen aus, erfreuen sich jedoch geringer Aufmerksamkeit. Entrepreneure sind an Fusionen und Akquisitionen als Investoren (Kapitalgeber) und als Führungskräfte (Management-Buy-Ins oder -Buy-Outs) beteiligt und wären deshalb gut beraten, die kritische Analyse dieser Untersuchung für den Fall der Erwägung einer Transaktion anzuerkennen. Ebenso ist es unabdingbar, die speziellen Problemstellungen ins Auge zu fassen, die jede potenzielle Fusion oder Akquisition umfasst.

Eine Fusion oder eine Akquisition stellt für die beteiligten Firmen ein wichtiges Ereignis dar. Sowohl der Erwerber als auch der Veräußerer hoffen auf Nutzen bedingt durch eine größere Effizienz sowie eine größere Wettbewerbsfähigkeit aufgrund des Unternehmensverbunds. Wie man jedoch an vielen Beispielen erkennen kann, werden beträchtliche Geldsummen von einer oder von beiden Parteien der Transaktion eingebüßt. Ungeachtet der Vorzüge oder der Kosten zählt eine Fusion oder eine Akquisition zu den wichtigsten Aktionen, die eine Firma zur Realisierung strategischer Ziele unternehmen kann. Solche Ziele mögen eine Erweiterung von Produktprogrammen, den Eintritt in neue Märkte sowie eine Veränderung der Managementsysteme einschließen, um Umsätze und Profitabilität zu steigern.

Gerade weil das gesamte Unternehmen von einer Fusion oder einer Akquisition berührt wird, macht das Befinden darüber, ob die Transaktion ratsam ist, eine viel breitere Analyse der korrespondierenden Faktoren notwendig als die meisten anderen Bereiche des Finanzmanagements. Neben der üblichen Überlegungen hinsichtlich steuerlicher, rechtlicher, „Cash Flow-" und Investitionsaspekten sind Wettbewerbspositionen und -strategien wichtig. Der Zweck dieser Ausarbeitung besteht in der Unterstützung bei der Feststellung und der Auswertung wichtiger finanzieller sowie anderer Faktoren.

7.2   Formen der Transaktion

Der Begriff **Mergers & Acquisitions (M&A)** beschreibt den Kauf bzw. den Verkauf von Unternehmensvermögen oder Gesellschaftsanteilen (Acquisition) sowie die Verbindung zweier oder mehrerer Gesellschaften zu einer Unternehmenseinheit (Merger). Der M&A-Spezialist steht den Beteiligten einer M&A-Transaktion beratend zur Seite. Solcher Rat schließt typischerweise die Informationsvorbereitung zum Zweck der Präsentation für die

---

[1] Vgl. Böning, 2004.

interessierten Parteien ein. Außerdem werden Unternehmensbewertungen, Feststellung und Analyse spezifischer Kandidaten, Unterstützung bei Verhandlungen über die Transaktion sowie die Auswertung von Investitionsmöglichkeiten und Finanzierungsoptionen vorgenommen, die Aktivitäten sind jedoch nicht allein hierauf beschränkt.

In einer M&A-Transaktion liegt der Schwerpunkt auf der Festlegung einer **optimalen Transaktionsstruktur,** welche die Ziele sowohl des Veräußerers als auch des Erwerbers berücksichtigt. Ein Hauptziel beider Parteien ist die Wertsteigerung. Besonderer Nachdruck liegt auf der Summe dauerhaften Cash Flows, die aus der Transaktion generiert werden kann. Transaktionen, die hohen und dauerhaften zukünftigen Cash Flow generieren, führen zu einer höheren Unternehmensbewertung.

7.2.1   Fusionen

In einer Fusion werden die Vermögens- oder Gesellschaftsanteile von zwei oder mehreren Gesellschaften in eine neue oder bestehende Unternehmenseinheit, gegen Gewährung von Gesellschaftsanteilen der neuen oder bestehenden Unternehmenseinheit, eingebracht. Die Fusion ermöglicht daraufhin den Beteiligten den Vorteil gemeinsamer Ressourcen durch verbesserte Kapazitätsauslastung und die Möglichkeit des Zugangs zu günstigerem Kapital. Oftmals liegt die Begründung für eine Fusion in dem Wunsch nach größerem und schnellerem Wachstum in einem Markt mit niedrigen oder stagnierenden Wachstumsaussichten. Die Verbindung von Markt- und Strategieüberlegungen bei einer Fusion von zwei oder mehreren Unternehmen kann zu einer in hohem Maße komplexen Transaktion führen. Produktprogramme, Technologie, Management-Know-how sowie die Marktposition der beteiligten Gesellschaften sollten sich weitgehend ergänzen, damit das fusionierte Unternehmen Nutzen für die Eigentümer abwirft.[2] Ausgedehnte Analysen sind notwendig, um geeignete Kandidaten mit dem geeigneten Geschäftsmodell und den passenden strategischen und technologischen Profilen zu finden.

Eine Fusion kann auf zwei Arten erfolgen: durch Aufnahme oder durch Neugründung. In einer **Fusion durch Aufnahme,** werden Aktiva und Passiva des erworbenen Unternehmens mit dem Käufer verschmolzen und das erworbene Unternehmen hört auf zu existieren. Dies ist in der Regel der Fall, wenn zwei Gesellschaften deutlich unterschiedlicher Größe fusionieren und das kleinere Unternehmen in das größere Unternehmen verschmolzen wird, wobei ein Unternehmen intakt bleibt („vereinheitlichte Struktur").

---

[2] Vgl. Hitt/Harrison/Ireland, 2001.

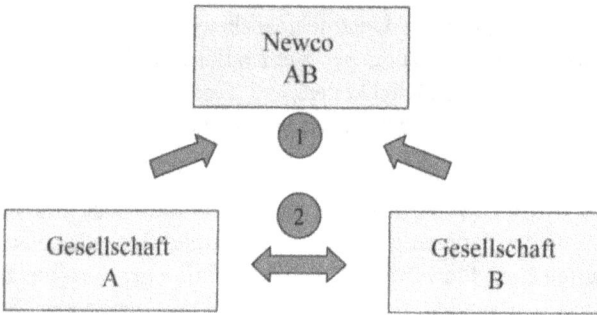

- 1. Gesellschaften A + B werden in die neue Gesellschaft (Newco AB) gegen Gewährung von Anteilen der NewCo eingebracht (Verschmelzung durch Neugründung).
- 2. Gesellschaft A wird in Gesellschaft B oder umgekehrt B in A gegen Gewährung von Anteilen der übernehmenden Gesellschaft verschmolzen (Verschmelzung durch Aufnahme).

Abb. 7.1: Fusionen

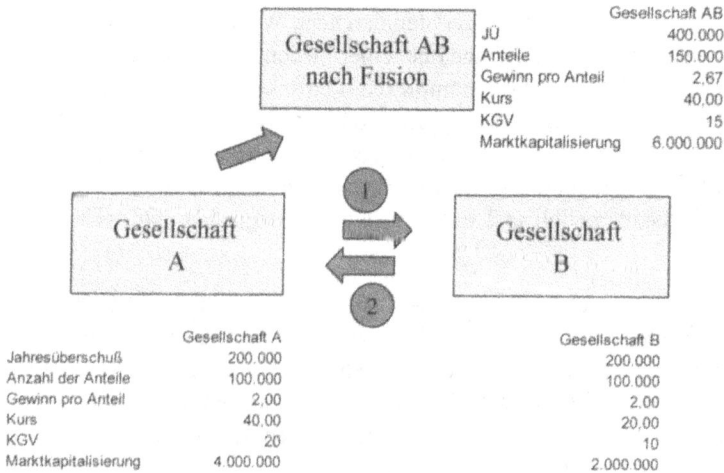

	Gesellschaft AB
JÜ	400.000
Anteile	150.000
Gewinn pro Anteil	2,67
Kurs	40,00
KGV	15
Marktkapitalisierung	6.000.000

	Gesellschaft A	Gesellschaft B
Jahresüberschuß	200.000	200.000
Anzahl der Anteile	100.000	100.000
Gewinn pro Anteil	2,00	2.00
Kurs	40,00	20,00
KGV	20	10
Marktkapitalisierung	4.000.000	2.000.000

- 1. Gesellschaft A erwirbt Gesellschaft B durch Anteilstausch. (Tauschverhältnis 1:2; unterstellt ist keine Übernahmeprämie).
- 2. Gesellschaft B wird in Gesellschaft A verschmolzen.

Abb. 7.2: Kombination (Fusion durch Aufnahme)

Eine **Fusion durch Neugründung** findet statt, wenn zwei oder mehrere Firmen eine vollständig neue Unternehmenseinheit bilden und alle fusionierenden Gesellschaften als separate rechtliche Einheiten zu existieren aufhören. Gesellschaftsanteile der neuen Gesellschaft werden gegen Gesellschaftsanteile der fusionierenden Gesellschaften getauscht. Unternehmen von gleicher Größe tendieren dazu, eher durch Neugründung als durch Aufnahme zu fusionieren. Obwohl der Unterschied zwischen Fusion durch Aufnahme und Fusion durch Neugründung wichtig ist, werden die Begriffe häufig im Austausch untereinander verwendet. Jeder Begriff bezieht sich generell auf eine Verschmelzung von Aktiva und Passiva zweier Gesellschaften.

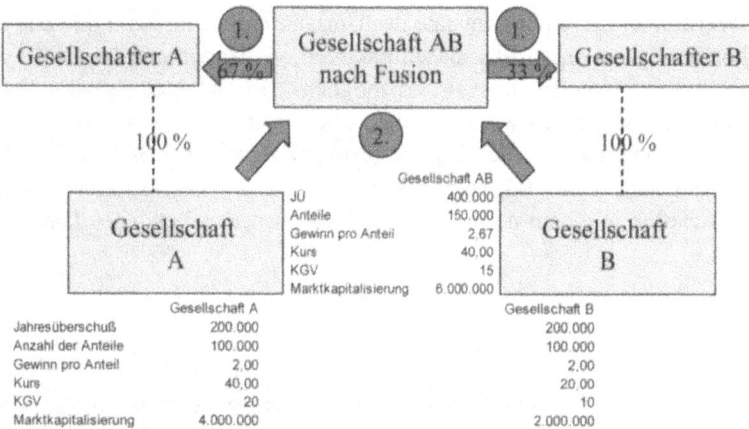

1. Die Gesellschafter A und B bringen ihre jeweilige Beteiligung an den Gesellschaften A und B in die neuen Gesellschaft AB ein und erhalten dafür Anteile an der AB.

2. Danach können die Gesellschaften A und B auf die Gesellschaft AB verschmolzen oder als Tochtergesellschaften geführt werden.

Abb. 7.3: Konsolidierung (Fusion durch Neugründung)

Die **Bewertung der fusionierenden Gesellschaften** stellt einen der wichtigsten Aspekte einer Fusion dar. Der Wert der fusionierenden Gesellschaften wird typischerweise basierend auf einer **diskontierten Cash Flow (DCF)-Analyse** für nicht-börsennotierte Gesellschaften ermittelt sowie aufgrund des Aktienkurses (Marktkapitalisierung) für börsennotierte Gesellschaften. Die folgende Formel kann benutzt werden, um das Austauschverhältnis für börsennotierte Gesellschaften zu ermitteln:

$$Austauschverhältnis = \frac{Aktienkurs\ (Ziel) \otimes (1 \oplus Übernahmeprämie)}{Aktienkurs\ (Erwerber)}$$

Beispiel: Gesellschaft A beabsichtigt, Gesellschaft B durch einen Aktientausch zu erwerben, dessen nähere Angaben oben angeführt werden. Wenn Gesellschaft A den Aktionären der Gesellschaft B keine Übernahmeprämie anbietet, ist das Austauschverhältnis wie folgt:

$$0,5 : 1,00 = \frac{€\ 20 \otimes (1 \oplus 0,00)}{€\ 40}$$

Mit anderen Worten tauscht A eine neue Aktie für jeweils zwei Aktien von B.

Bei der Bewertung von nicht-börsennotierten Gesellschaften durch Heranziehen des DCF sind die relevanten Werttreiber die Wachstumsrate des Umsatzes, die Umsatzrendite und die Kapitalkosten (Diskontierungszinssatz). Aus diesen Faktoren, verbunden mit der Größe der Gesellschaften, basierend auf Umsatzzahlen, ist es möglich, den Unternehmenswert jeder Gesellschaft zu ermitteln[3]. Barreserven werden addiert und zinstragende Verbindlichkeiten vom Unternehmenswert subtrahiert, um den Eigenkapitalwert zu erhalten. Indem der Wert möglicher Synergien vernachlässigt wird, resultiert die Summe der Eigenkapitalwerte der fusionierenden Gesellschaften in einem neuen Eigenkapitalwert der verbundenen Unternehmenseinheit.

7.2.2   Akquisition

Eine Akquisition bezieht sich in der Regel auf den Kauf der Aktiva (so genannter „**Asset Deal**") oder der Gesellschaftsanteile (so genannter „**Share Deal**") einer Gesellschaft. Der hauptsächliche Unterschied zwischen einem Asset Deal und einem Share Deal liegt beim Verkäufer. In einem Asset Deal ist die Zielgesellschaft der Verkäufer, wohingegen bei einem Share Deal der Anteilseigner der Verkäufer ist.

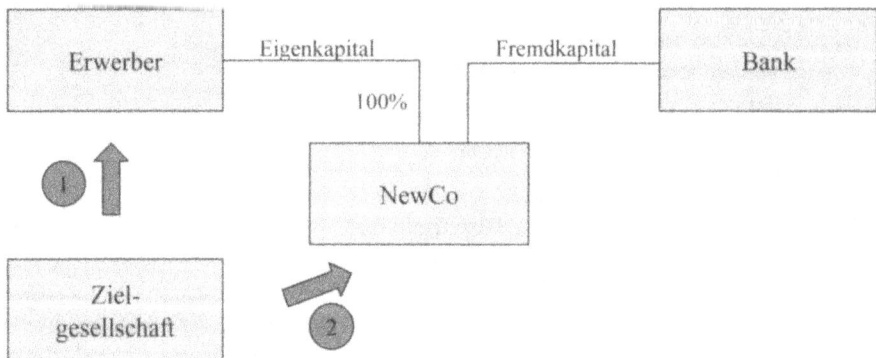

■ Erwerbergesellschaft erwirbt die Aktiva oder Anteile der Zielgesellschaft direkt (1.) oder indirekt (2.) über Newco.

Abb. 7.4: Akquisition

---

[3] Vgl. Ausführung Kapitel 6.2.

Bei einer Akquisition kann der Erwerber die Aktiva oder Gesellschaftsanteile einer Zielgesellschaft direkt oder indirekt durch eine neu gebildete Erwerbergesellschaft kaufen, typischerweise bezeichnet als „**NewCo**". Werden die Gesellschaftsanteile anstelle der Aktiva einer Zielgesellschaft erworben, wird die Zielgesellschaft zu einer Tochtergesellschaft entweder des Erwerbers oder der NewCo. Zu einem späteren Zeitpunkt kann die Zielgesellschaft mit dem akquirierenden Unternehmen verschmolzen werden. Diese Struktur wird typischerweise für die Finanzierung der Transaktion verwendet, um Steuervorteile in Anspruch zu nehmen.

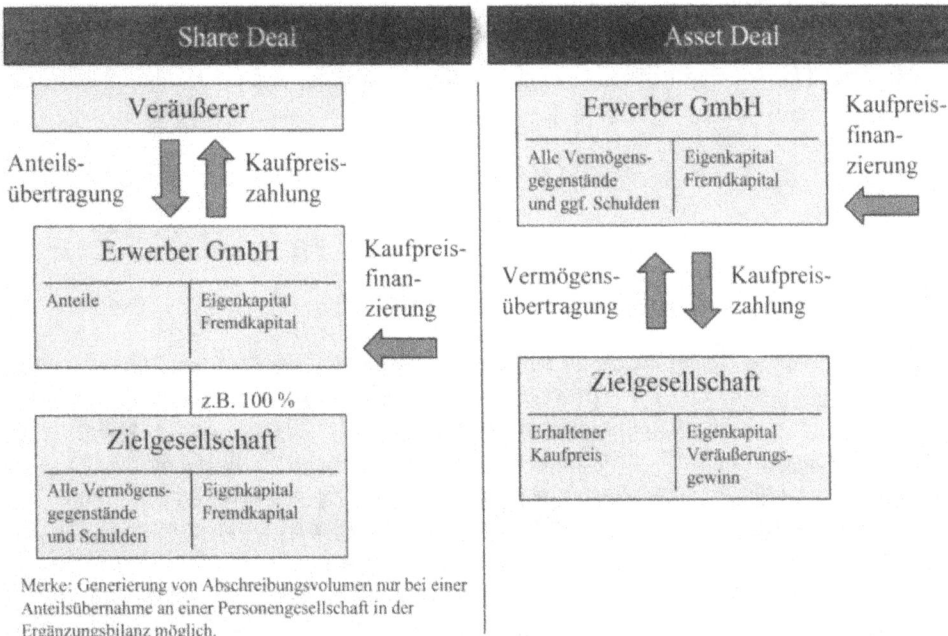

Abb. 7.5: Share versus Asset Deal

7.2.3 Holdinggesellschaft

Eine Holdinggesellschaft ist eine Gesellschaft, die Mehrheitsbeteiligung an einer oder mehreren Firmen hält. Wirkungsvolle Betriebskontrolle oder entscheidender Einfluss kann durch Beteiligungen von mehr als 50% der Anteile mit Stimmrecht erzielt werden. Dies ist abhängig von der Breite des Anteilsbesitzes. Eine Holdinggesellschaft, die am operativen Management der Tochtergesellschaft beteiligt ist, wird Muttergesellschaft genannt. Holdinggesellschaften werden häufig zum Zweck der Akquisition anderer Gesellschaften gebildet. Durch Bildung einer Holdinggesellschaft erhält ein Unternehmen die Möglichkeit, ein anderes Unternehmen mit einem geringeren Eigenmitteleinsatz aufgrund der Trennung von Anteilserwerbsfinanzierung und operativem Geschäft zu erwerben.

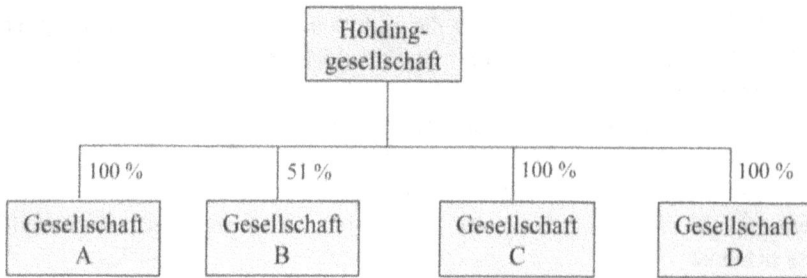

Die Holdinggesellschaft hält die Beteiligungen an den Gesellschaften A, B, C, und D (Tochtergesellschaften) und stimmt deren Produktprogramme ab. Nach außen bleiben die
Tochtergesellschaften rechtlich selbstständig. Die wirtschaftliche Selbstständigkeit geht im
Hinblick auf Finanzierung und Unternehmenspolitik weitgehend auf die Holdinggesellschaft
über.

Abb. 7.6: Holdinggesellschaft

7.2.4   Joint Venture

Ein Joint Venture ist eine strategische Allianz zwischen zwei oder mehreren Gesellschaften
mit dem Ziel, ein gemeinsames wirtschaftliches Ziel zu erreichen. In einem Joint Venture
bringen die Partnergesellschaften typischerweise Kapital oder Aktiva gegen Gewährung von
Gesellschaftsanteilen in die Joint Venture Gesellschaft ein. Joint Ventures werden oft gebildet, um in neue Märkte einzutreten oder neue Produkte zu entwickeln. Obwohl Joint Ventures typischerweise von vorübergehender Natur sind, können sie eine effektive Weise sein,
Vorteile aus dem Know-how und den Ressourcen der beteiligten Gesellschaften zu ziehen
sowie Geschäftsrisiken auf sie zu verteilen. Joint Ventures dienen Gesellschaften auch in
effektiver Weise bei der Planung, eine Tochtergesellschaft oder einen Geschäftsbereich zu
veräußern, da ein sanfter Übergang eines Geschäfts auf den Partnergesellschafter ermöglicht
wird.[4]

---

[4] Vgl. Nanda/Williamson, 1995.

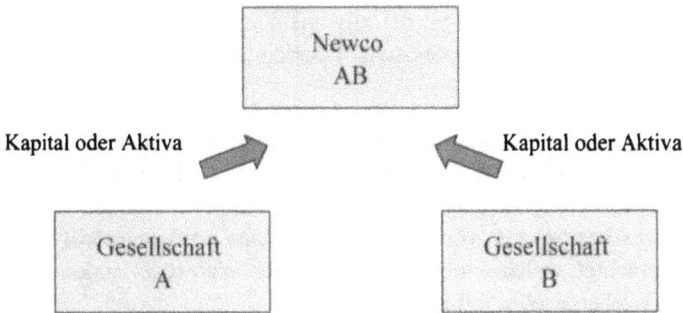

- Ein Joint-Venture ist eine strategische Allianz zwischen zwei oder mehreren Gesellschaften mit dem Ziel, ein gemeinsames wirtschaftliches Ziel zu erreichen.

- Die Gesellschaften A + B bringen entweder Kapital oder Aktiva im Gegenzug für Gesellschaftsanteile in das gemeinsame Unternehmen ein.

Abb. 7.7: Joint Venture

Auf diese Weise tragen Fusionen, Akquisitionen und Joint Ventures zum Erreichen von Unternehmenswachstum bei. Zumindest erhöhen sich die Aktiva, das Ziel ist jedoch Umsatz- und Gewinnwachstum.

7.3 Unternehmen wollen wachsen

Es gibt zahlreiche Gründe, weswegen Unternehmen Wachstum anstreben. Für die Gesundheit eines Unternehmens wird Wachstum als lebensnotwendig erachtet. **Für ein stagnierendes Unternehmen wird es möglicherweise schwierig sein, die Rentabilität aufrecht zu erhalten sowie Kapital und hochqualifiziertes Management heranzuholen.** Größere Firmen können dem Topmanagement höhere Gehälter zahlen als kleinere. In einigen Industriezweigen kann Größe an sich Wettbewerbsvorteile bringen. Beispielsweise kann die Fähigkeit, neue Produkte zu entwickeln und zu vermarkten durch die Zusammenlegung von F&E[5] und Marketingaktivitäten verbessert werden. Darüber hinaus kann ein größeres Unternehmen deutlich höhere Fertigungs- oder Vertriebseffizienz aufweisen als ein kleineres.

Faktoren wie die gesamtwirtschaftliche Entwicklung, der Aktivitätsgrad auf den Kapitalmärkten und das Vorliegen attraktiver Investitionsmöglichkeiten beeinflussen die Aktivität von Fusionen und Akquisitionen. Beispielsweise stärken eine günstige Wirtschaftsperspektive verbunden mit einem hohen Aktivitätsgrad an den Kapitalmärkten sowie hohe Aktienprei-

---

[5] Forschung und Entwicklung.

se Fusionen und Akquisitionen. Im Gegensatz zu der allgemein verbreiteten Ansicht haben Studien gezeigt, dass Steuervorteile ohne strategische Überlegungen die M&A-Strategie nicht beeinflusst haben.[6]

Trotz der Wachstumserfordernis ist alleiniges Setzen auf Wachstum für den Erfolg eines Unternehmens nicht ausreichend. Außerdem muss Wachstum nicht zu jedwedem Preis erreicht werden. In dieser Untersuchung liegt die Betonung auf dem wertmäßigen Einfluss einer Transaktion. Sorgfältiges Vergleichen von Nutzen und Kosten wird angestellt und als vorteilhaftes Geschäft wird erachtet, welches in Aussicht stellt, den Wert (oder andere Dinge, die gleichwertig sind) der Erwerbergesellschaft zu steigern.

Darüber hinaus ist eine Fusion oder eine Akquisition möglicherweise nicht immer der beste Weg für Unternehmenswachstum. Ein Unternehmen kann **internes Wachstum** durch Investition in neue selbstgeschaffene Projekte erzielen. Studien zeigen, dass inneres Wachstum durch neue Produktentwicklung die erste Wachstumsquelle für die meisten Firmen darstellt.[7] Interne Investitionen können in vielen Fällen zur besseren Nutzung bestehender Ressourcen und zur Entwicklung neuer Produkte führen.

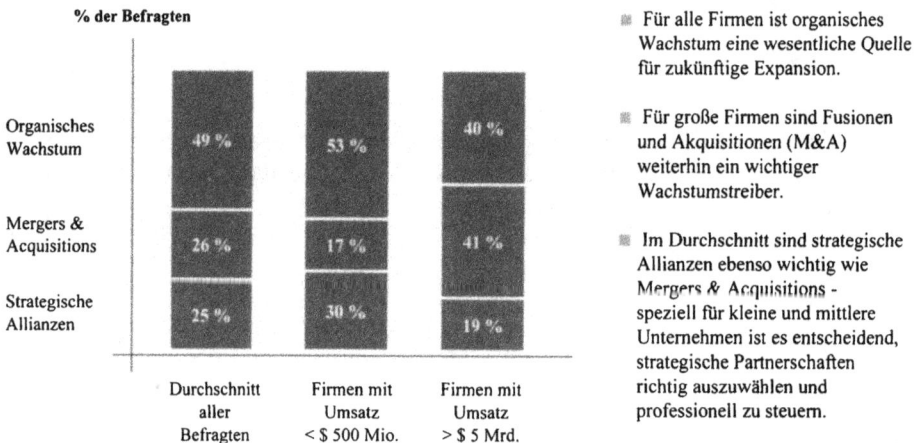

Quelle: Gemini Consulting GmbH/The Economist Intelligence Unit

Abb. 7.8: Wachstumstreiber für Unternehmen

Externes Wachstum kann in Folge von Fusionen, Akquisitionen und Joint Ventures stattfinden. Aufgrund der Ähnlichkeiten dieser Transaktionen und dem Prozess der Kapitalinvestition können die gleichen Bewertungs- und Kontrollverfahren sowie „Post Audit"-Prüfungen, die im Allgemeinen bei der Analyse von Investitionen in Anlagevermögen benutzt werden, auch für die M&A-Analyse verwendet werden. Darüber hinaus sollten auf

---

[6] Vgl. FINANCE-Studien, 2003, S. 20.

[7] Vgl. Studie Gemini Consulting/Economic Intelligence Unit, 1999.

höchster Geschäftsebene Überlegungen angestellt werden, wie die vorgeschlagene Transaktion den strategischen und organisatorischen Bedürfnissen des Unternehmens gerecht wird. Die strategischen Bedürfnisse werden befriedigt, wenn „Operations", F&E, Marketing oder Management der beiden Unternehmen sich ergänzen; die organisatorischen Bedürfnisse erfordern eine Kompatibilität von Managementprozessen, Unternehmenskultur und kognitive Strukturen (Führungsstil, Entscheidungsfindungsprozesse etc.). Ergänzen sich beide Unternehmen in den vorgenannten Punkten in hohem Maße, dann kann die Zielgesellschaft auch bei einem hohen Kaufpreis als eine erfolgreiche Investition angesehen werden. Ist dies nicht der Fall, so ist eine Transaktion möglicherweise unabhängig von der Höhe des Kaufpreises wenig Erfolg versprechend.

7.4 Probleme bei Mergers & Acquisitions

Bis vor kurzem wurden zwei **Rechnungslegungsmethoden** benutzt, Kaufmethode (so genannte „Purchase Method") und Interessenszusammenlegung (so genannte „Pooling-of-Interests"), um M&A-Transaktionen zu buchen. Die Buchungsmethode der Interessenszusammenlegung erlaubte den Erwerberunternehmen, die Bilanz der Zielgesellschaft zu ihrer eigenen zu addieren, ohne Berücksichtigung der manchmal enormen Zahlungen für den Firmenwert (so genannte „Goodwill"), die sich in den bezahlten Kaufpreisen widerspiegeln. Durch den Wegfall dieser Buchungsmethode müssen Erwerbergesellschaften Firmenwerte nunmehr mit Hilfe der Kaufmethode („Purchase Method") als langfristigen, nicht amortisierbaren Aktivposten buchen. Dies hat zur Konsequenz, dass das Investment einer regelmäßigen Prüfung unterzogen werden muss und ggf. darauf Abschreibungen vorzunehmen sind, wenn der Wert sich als nicht nachhaltig erweist.[8]

Bei der „**Kaufmethode**" wird die Zielgesellschaft vom Erwerberunternehmen als Investition behandelt, analog einer langfristigen Geldanlage, und eine komplett neue Eigentümerschaft wird angenommen. Vermögenswerte werden neu bewertet angesichts von Schätzungen ihres gegenwärtigen Marktwertes und die Bilanz wird aufgestockt, um die neuen Werte darzustellen. Als Ergebnis dieser Anpassungen ergibt sich oft Goodwill. **Goodwill** ist der Betrag, um den der Preis, der für eine Gesellschaft bezahlt wurde, das geschätzte Reinvermögen einer Gesellschaft zum Marktwert übersteigt. Nach deutschem HGB (Handelsgesetzbuch) wird, ähnlich wie bei anderen Investitionen, der Goodwill gegen künftige Einnahmen über eine angemessene Zeitspanne hinweg amortisiert. Solche Abschläge gegenüber künftigen Einnahmen sind jedoch steuerlich nicht abzugsfähig. In den Vereinigten Staaten wird Goodwill nicht mehr amortisiert und muss jährlich geprüft werden, um ein wertmäßiges Ungleichgewicht zu ermitteln. Wenn nötig, wird Goodwill abgeschrieben, um einem permanenten wertmäßigen Rückgang einer erfolgten Fusion oder Akquisition Rechnung zu tragen. (Anmerkung: Diese Regelung gilt ab 2005 nach IFAS auch für kapitalmarktnahe Unternehmen in Deutschland.)

---

[8] Vgl. PriceWaterhouseCoopers, 2001, S. 2.

Einige Probleme treten unweigerlich als Ergebnis der Verbindung zweier Unternehmen auf. Manager des erworbenen Unternehmens erleben möglicherweise einen Rückgang ihrer Autonomie, da Entscheidungen nunmehr mit der Geschäftspolitik des Erwerbers übereinstimmen müssen. Auf der einen Seite werden einfache Vorgehensweisen durch die neuen Kontrollsysteme unter Umständen komplizierter. Zum anderen besteht möglicherweise Besorgnis bei den Managern des akquirierten Unternehmens über Chancen persönlicher Anerkennung und Beförderung in der neuen Gesellschaft. Ebenso können sich Probleme bei der Erwerberfirma ergeben. Beispielsweise sind ihre Stärken und Schwächen möglicherweise nicht sofort deutlich, und die Fähigkeiten sowie das Potenzial ihrer Belegschaft sind nicht sofort ersichtlich. Zusätzlich kann bei der Belegschaft der Erwerbergesellschaft ein Mangel an Erfahrung vorliegen, die Technologie und die Prozesse des erworbenen Unternehmens vollständig zu verstehen und sie ist deshalb unter Umständen nicht in der Lage, die richtigen Entscheidungen zu treffen. Über die Zeit hinweg bewährte Disziplin, Verfahrensweisen und Kontrolle funktionieren in der neuen Umgebung nicht so reibungslos. Bei adäquatem Umgang können die negativen Auswirkungen solcher Probleme auf ein Minimum reduziert werden. Studien über den Integrationsgrad nach einer Transaktion („**Post Merger Integration**") regen an, die Ziele der Transaktion durch das Management klar zu vermitteln sowie messbare Eckwerte zu vereinbaren, um den Fortschritt bei der Verwirklichung der Zielsetzung bemessen zu können.[9] Es sollten sofortige Vorkehrungen getroffen werden, um Orientierungshilfen für die neue Belegschaft zu geben, um Verfahrensweisen mit dem Betriebspersonal zu besprechen und Verlagerungen der Zuständigkeiten vorzunehmen, wo dies notwendig ist. Fachleute können zur Belegschaft hinzugezogen werden, die in ihrer Verantwortung die Auferlegung unangemessener Kontrollen über den neuen Firmenbereich verhindern sowie das Topmanagement hinsichtlich der Charakteristiken der unbekannten Firma schulen. Obendrein sollten Informationen über die umfangreicheren Aufstiegsmöglichkeiten innerhalb der größeren Organisation an die Mitarbeiter der darunter liegenden Ebenen weitergegeben werden. Schließlich können Workshops und Veranstaltungen, welche die Mitarbeiter und Manager der betreffenden Gesellschaften einbeziehen, hilfreich sein, Konflikte während der schwierigen Anfangszeit zu lösen.[10]

Aus analytischer Sicht wird die **M&A-Entscheidung** in derselben Weise behandelt wie eine **Investition ins Anlagevermögen**. Anfängliche Ausgaben für Investitionen erfolgen, um erwartete zukünftige Rückzahlungen (Cash Flow) zu erzielen. Eine gute Fusion oder Akquisition wird größere Rückzahlungen nach sich ziehen als Investitionsausgaben erforderlich waren. Eine erfolgreiche Transaktion steigert sowohl den Wert des erwerbenden als auch des erworbenen Unternehmens.

---

[9] Vgl. Böning, 2004, S. 52.

[10] Vgl. ebenda, S. 60.

7.5   Strategische Überlegungen

Wie bereits betont, sollte die Entscheidung über eine Fusion oder eine Akquisition nicht allein auf Kostenüberlegungen basieren. Gleichermaßen bedeutend ist der mögliche Nutzen der Transaktion, der nicht immer unmittelbar erkennbar ist. Bei der Identifizierung und Auswertung möglichen Nutzens aus der vorgeschlagenen Transaktion müssen Überlegungen sowohl hinsichtlich quantitativer als auch qualitativer Aspekte angestellt werden. Wie werden beispielsweise Preispolitik und Marktstrategie des Erwerberunternehmens durch die Einbindung der Zielgesellschaft berührt? In welcher Weise werden die Produktionskosten tangiert? Wie werden Höhe und Zuwachs von Umsatz und Ertrag des verbundenen Unternehmens ausfallen? Wird das Risiko verringert? Gibt es andere Gründe für die Betrachtung dieser Transaktion?

Der erwartete Nutzen wird in gewissem Maße ebenfalls die Geschäftsphilosophie hinsichtlich des erworbenen Unternehmens bestimmen. Wenn einerseits die Zielgesellschaft zu einem sich im Abschwung befindlichen Industriezweig gehört, und es beabsichtigt wird, dieses Unternehmen als eine auf der Kapitalseite „zu melkende Kuh" zu benutzen, um Geldmittel anderen Geschäftsteilen zur Verfügung zu stellen, können spezielle Managementprobleme schnell erkannt und angepackt werden. In diesem Fall sollten Managern des erworbenen Unternehmens, wenn möglich, zukünftige Positionen im weiter bestehenden Unternehmen in Aussicht gestellt werden. Darüber hinaus muss das Management sorgfältig die Steuerung sowie die allmähliche Reduzierung des Netto-Umlaufvermögens planen. Wenn andererseits erwartet wird, dass die neue Firma Zugang zu neuen Märkten mit größerem Wachstumspotenzial schafft, wird eine umfassendere strategische Veränderung notwendig sein. Zukünftige Möglichkeiten können die erneute Umverteilung des Kapitals einschließen, eine veränderte Aufstiegsstruktur für neue Manager ergeben sowie die weitere Entwicklung und Erprobung einer erfolgreichen Strategie beibehalten.

In diesem Abschnitt werden sieben **strategische Ziele einer Fusion oder einer Akquisition untersucht:**
- Schaffung eines Marktvorteils
- Verbesserung der Betriebseffizienz
- Beseitigung mangelnder Leistungsfähigkeit im erworbenen Unternehmen
- Erzielen von Wachstum
- Erfüllung persönlicher Interessen
- Diversifizierung/Risikostreuung
- Erhöhung von Cash Flow und Ertrag

Die Auswirkungen einer Fusion oder Akquisition auf die **Marktvorteile des Unternehmens** sind eine der wichtigsten Überlegungen bei jeder Transaktion. Die Größe des Unternehmens, die Frage, in welchem Maße Wettbewerbsvorteile aufrechterhalten werden können sowie die Auswirkung gegenwärtiger Entscheidungen auf die Zukunft der Gesellschaft beeinflussen insgesamt die Marktposition. Abhängig von der Größe der an der Fusion oder Akquisition beteiligten Unternehmen und der Wettbewerbsstruktur des Industriezweigs, können Kartellbestimmungen einem Unternehmen Schwierigkeiten bereiten, seinen Marktanteil durch Zukauf von Konkurrenten zu vergrößern. Trotzdem können Fusionen und Akquisitionen in anderer Weise wichtige Marketingeffekte zur Folge haben. Beispielsweise kann mit dem bestehenden Produktprogramm eines Unternehmens das Marktpotential nicht voll ausgeschöpft werden. Akquisitionen von nicht-konkurrierenden, komplementären Unternehmen, die auf dem gleichen Markt operieren, können durch Ausschaltung doppelter Verkaufsanstrengungen gewisse Synergien ergeben und sie können den Bedarf einer Handels- oder Produktmarke durch eine breitere Produktpalette ausweiten. Ein Maschinenbauer beispielsweise, der hoch angesehene Hochgeschwindigkeits-Schneidemaschinen herstellt, könnte Vorteile aus der Akquisition eines starken Schneidwerkzeug-Herstellers ziehen. Wenn die Abnehmer nach und nach beide Produktprogramme als Produkte einer angesehenen Herstellerfirma erkennen, kann ein erheblicher Verstärkungsprozess einsetzen, welcher die Stärke beider Produktprogramme nutzt.

Die Marketing/Vertriebs-Kette kann hinsichtlich des Eintritts neuer Wettbewerber oder des Wachstums von bisher regional tätigen Unternehmen in einigen Märkten eine wirkungsvolle Barriere darstellen. Das marktführende Unternehmen kann beispielsweise 3 % seiner Umsätze ausgeben, um seinen Marktanteil zu halten, wohingegen andere Unternehmen 6 % oder mehr für ähnliche Ergebnisse einsetzen müssen. Ein breiter nationaler Markt für die Produkte eines Unternehmens kann die entscheidende Basis für einen effektiven Marketingplan darstellen. Akquisitionen anderer regionaler Gesellschaften können die nationale und internationale Markterschließung fördern. Beispielsweise hat die Zusammenlegung der Kfz-Zulieferer aus kleineren regionalen Firmen große und machtvolle nationale und internationale Unternehmen hervorgebracht. Zusätzlich zu den offensichtlichen Marktvorteilen haben solche Transaktionen die Kfz-Zulieferer in die Lage versetzt, große Investitionen in Werkzeuge und Maschinen zu tätigen und somit wirksamer mit den Automobilherstellern (OEMs) zu konkurrieren.

In einigen Industriezweigen, speziell in jenen, die kapitalintensiv sind, ist die Fertigungskapazität ein wichtiger Faktor für die Betriebskosten. In solchen Industriezweigen ist zu einem gewissen Grad größer gleich besser, um die Verbesserung der Betriebseffizienz zu erreichen. Banken, Automobilindustrie, Telekommunikation sowie die chemische und die pharmazeutische Industrie haben von dieser Tatsache profitiert. Die Entstehung größerer Industrieunternehmen in der Stahl- und der Automobilindustrie wurde im frühen 20. Jahrhundert teilweise vom Wunsch getragen, Skaleneffekte durch horizontale Transaktionen zu erreichen. Ziel einer horizontalen Fusion oder Akquisition eines Wettbewerbers ist es, Wettbewerbsvorteile im Bereich Beschaffung, Herstellung und Vertrieb zu halten oder auszubauen. Wettbewerbsvorteile ergeben sich durch die Fähigkeit, Produkte zu Preisen oberhalb des Marktpreises zu verkaufen oder wenn die Herstellungs- und Vertriebskosten niedriger als die der Wettbewerber sind.[11]

Wenn ein Erwerberunternehmen überschüssige Kapazität frei hat, kann verbesserte produktive Leistungsfähigkeit etabliert werden, falls das zusätzliche Umsatzvolumen zur höheren Produktionsauslastung genutzt werden kann. In ähnlicher Weise erreicht man geringere Kos-

---

[11] Vgl. Hitt/Harrison/Ireland, 2001, S. 150.

ten, wenn zwei Produktprogramme als Ergebnis größerer Produktionsmengen (Skaleneffekte) verbunden werden können. Zu guter Letzt kann unter Umständen eine weniger effiziente betriebliche Maßnahme vollständig aufgegeben und eine effizientere ausgedehnt werden. Der sich ergebende Rückgang an Produktionskosten erfolgt sowohl aufgrund von Expansion als auch aufgrund von verbesserter Technologie.

Während eine solche Expansion intern erreicht werden kann, werden Fusionen oder Akquisitionen im Allgemeinen verfolgt, um das Wachstum zu steigern und die Betriebseffizienz durch vertikale Integration zu verbessern. Bei einer **vertikalen Fusion oder Akquisition** versucht ein Unternehmen, zusätzliche Teile der Wertschöpfungskette durch den Erwerb entweder eines Lieferanten (rückwärts gerichtete vertikale Integration) oder eines Abnehmers (vorwärts gerichtete vertikale Integration) zu kontrollieren. Jüngste Transaktionen auf dem Energiesektor zeigen, dass die Energieproduzenten eine vertikale Integration über die Wertschöpfungskette durch Akquisition von Gesellschaften versucht haben, die wiederum Zugang zu den Endverbrauchern ermöglichten. Weniger erfolgreiche Beispiele vertikaler Integration kann man in der Autoindustrie beobachten, wo Automobilhersteller sich von Zuliefererbetrieben getrennt haben.

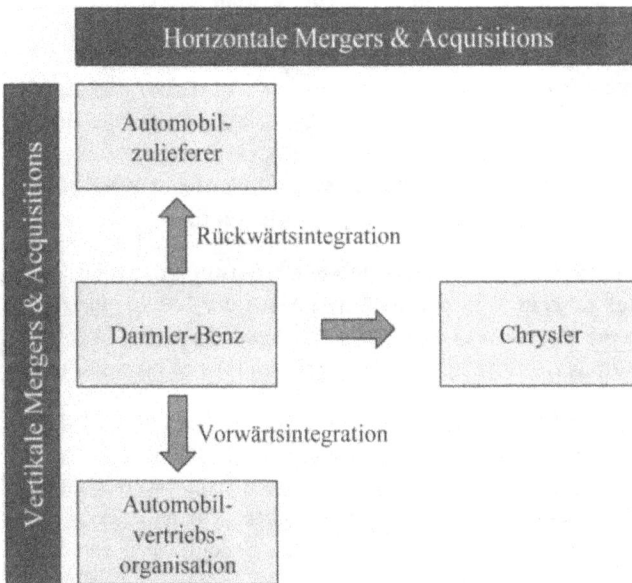

Abb. 7.9: Strategische Überlegungen bei Mergers & Acquisitions

Die hier erwähnten betriebswirtschaftlichen Gesichtspunkte stellen möglicherweise den wichtigsten Grund dar, eine Fusion oder eine Akquisition vorzunehmen. Die erwarteten Einsparungsmöglichkeiten jedoch müssen sorgfältig erkannt und umgesetzt werden. Sehr oft materialisiert sich der aus betrieblichen und anderen Gründen erwartete Nutzen nicht, oder zumindest nicht in dem Ausmaß oder innerhalb der erwarteten Zeitspanne. Generell ist das Risiko umso niedriger und der Wert umso höher, je schneller die Investitionsausgaben zurückfließen. Deshalb muss eine Fusion oder eine Akquisition kritisch geprüft werden, so dass die möglichen Kosteneinsparungen und deren Timing realistisch eingeschätzt werden.

In einigen Situationen kann ein Erwerberunternehmen für eine Zielgesellschaft, die unterhalb ihres Potenzials operiert und deren Profitabilität durch besseres Management gesteigert werden könnte als neuer Fokuspunkt fungieren. Oft bestätigt eine frische Herangehensweise des Managements offensichtliche Bereiche, die verbessert werden könnten und kann deshalb erheblich die Erträge beeinflussen (**Beseitigung mangelnder Leistungsfähigkeit**). Es ist möglich, dass beispielsweise das Umlaufvermögen schlecht verwaltet wird. Besseres Management der Forderungen (Debitoren) kann die Finanzierungskosten senken und Warenbestände können konsolidiert werden zur vorteilhaften Inanspruchnahme von Skonti bei Lieferanten. Vorteile für Unternehmen mit nicht ausgelasteten Aktiva bestehen in einer Fusion mit oder in einer Akquisition durch ein Unternehmen, dem Produktionskapazität fehlt. Darüber hinaus können nicht profitable Produktprogramme gestrichen werden, um deckungsbeitragsschwache Umsätze zu streichen und damit den Gesamtgewinn zu erhöhen. Da die Aktiva effektiver verwaltet werden, steht nun Liquidität zur Verfügung, um Schulden zu tilgen, um Ausschüttungen an die Gesellschaften zu zahlen oder um im Unternehmen wieder gewinnbringender investiert zu werden. Die sich ergebenden geringeren Kosten führen so zu erhöhten Gewinnspannen.

Ein Unternehmen, das unterhalb seines Potenzials operiert, stellt ein natürliches Ziel für eine Akquisition dar. Um außergewöhnlich attraktiv zu sein, muss jedoch der Preis eher den bestehenden als die zukünftigen Gewinne reflektieren. Wenn dieses Gewinnpotenzial bereits im Kaufpreis beinhaltet ist, kann nicht erwartet werden, dass ein finanzieller Zugewinn zu einem wertmäßigen Anstieg der erworbenen Firma nach der Transaktion führt.

In den meisten Firmen steht das **Erzielen von Unternehmenswachstum** an zweiter Stelle, was Gewinne als Managementziel anbelangt. In den Anfangsphasen der Entwicklung einer Gesellschaft können sie auch den primären Fokus darstellen. Für diesen Fall kann Wachstum leichter durch eine Fusion oder Akquisition erreicht werden als durch interne Investitionen.

Anfänglich wird Wachstum meist durch die Entwicklung und den Verkauf von Produkten des Unternehmens auf den heimischen Märkten erzielt. Sind die Möglichkeiten des heimischen Marktes für die Produkte des Unternehmens erschöpft, werden Exportmärkte zu einer wichtigen Wachstumsquelle. Oft ist der Eintritt in **Exportmärkte schneller erreichbar** sowie mit geringeren Kosten und Risiken durch eine Fusion oder ein Joint Venture verbunden als durch interne Anstrengungen, eine Präsenz in einem Auslandsmarkt aufzubauen. Dies trifft im Besonderen zu bei Schwierigkeiten bezüglich des Zugangs zu Kunden ohne örtliche Marktkenntnis. Um Zugang zu ausländischen Märkten zu finden und eine Senkung des Geschäftsrisikos, das mit dem Eintritt in ausländische Märkte verbunden ist, zu erreichen, sind Gesellschaften auf der Suche nach Akquisitionen oder Joint Ventures mit etablierten Unternehmen des Ziellandes.

Sobald die Möglichkeiten der heimischen Märkte sowie der Exportmärkte erschöpft sind, wird der Bedarf, abhängig vom Lebenszyklus der Produkte einer Gesellschaft, neue Produkte zu entwickeln oder zu erwerben essentiell, um das Wachstum aufrecht zu erhalten. Akquisitionen werden oft unternommen, um **Zugang zu neuen Produkten oder neuer Technologie** zu erwerben, die nicht intern entwickelt werden können, oder, sollten sie intern entwickelt werden, nur mit einem erheblichen Zeit- und Kostenaufwand. Beispiele dieses Akquisitions-typus kann man in den Industriezweigen der Biotechnologie sowie der Informationstechno-logie sehen, wo die interne Entwicklung neuer Produkte teuer und zeitintensiv sein kahn. Die Akquisition einer bestehenden Gesellschaft mit einem etablierten Umsatzvolumen, einem Kundenstamm und erfolgreichen Finanzzahlen kann weniger risikoreich sein.[12]

Die **Kosten externen Wachstums durch Akquisitionen können geringer sein** als die Kos-ten internen Wachstums. Sowohl Produktprogramme als auch eine Marktdurchdringung können sofort erreicht werden. Obendrein kann die Forschungskompetenz eines anderen Unternehmens erworben werden, mit seinen Patenten und anderen immateriellen Vermö-genswerten. Management mit Topqualitäten kann in ein Umfeld gebracht werden, wo, auf-grund von Wettbewerb und/oder der Knappheit an qualifiziertem Personal, das Finden sowie die Anstellung einer kompetenten und effizienten Belegschaft schwierig sein kann. Manager müssen außerdem beachten, dass die Entscheidung für eine Akquisition, auch wenn sie zu höherem Ertragswachstum führt, nicht unbedingt für die Gesellschafter nützlich ist. Wieder-um ist der Preis wichtig, der für die Akquisition bezahlt wurde. Ist das Unternehmen über-bewertet, wird ihr Wachstum nicht ausreichen, um das eingesetzte Kapital des Erwerbers zu verzinsen. Darüber hinaus stellt Wachstum an sich keinen klaren Nutzen dar. Strategische Ziele des Unternehmens und seine Finanzpolitik sowie auch ein Mangel an kompetentem Management kann das Ausmaß des Wachstums einschränken. Außerdem muss klar zwischen widersprüchlichen Zielen gewählt werden, wie zum Beispiel dem angestrebten Verschul-dungsgrad, der Eigenkapitalrendite sowie den erreichbaren Wachstumsraten. Schließlich, wie bereits erwähnt, stimmen die Ziele des Managements sowie der Gesellschafter nicht immer überein. Verantwortliche Manager müssen sorgfältig ihre persönlichen Gründe für das Vor-nehmen einer Fusion oder Akquisition prüfen, wenn Wachstum sich nicht als Wertsteigerung für das Unternehmen ergibt.

Durch Fusionen und Akquisitionen können eine ganze Reihe **persönlicher Interessen** ver-folgt werden. Die Manager der Erwerbergesellschaft können ihre Gesellschaft vergrößern. Infolge einer Fusion oder Akquisition ist das Management für eine größere Gesellschaft mit einem höheren Umsatzniveau und hoffentlich auch höheren Gewinnen verantwortlich. Kann das Management erfolgreich Gewinne und Cash Flow erhöhen und so den Wert ihrer Gesell-schaften steigern, werden die Gesellschaften, die sie leiten, auch weit weniger wahrschein-lich selbst zu Übernahmekandidaten werden. Auf der anderen Seite beweisen Studien, dass Manager, die an M&A-Aktivitäten beteiligt sind, die Tendenz haben, sich selbst zu über-schätzen. Selbstüberschätzung kann allerdings einer der Gründe sein, warum Erträge über-bewertet werden und überaus hohe Preise für Akquisitionen bezahlt werden.[13]

Anteilseigner veräußernder Gesellschaften haben ihre eigenen persönlichen Interessen. Ei-gentümer eng gehaltener Gesellschaften haben in der Regel keinen liquiden Markt, um ihre Gesellschaftsanteile zu verkaufen. Sie mögen Gefallen daran finden, ihren Unternehmens-

---

[12] Vgl. Hitt/Harrison/Ireland, 2001, S. 156.

[13] Vgl. Teach, 2004.

wert durch Fusion oder mit einem Börsenzugang im Austausch gegen Barmittel oder Gesell-schaftsanteile zu realisieren. Ein Entrepreneur, der vor dem Ruhestand steht und in adäquater Weise keine(n) NachfolgerIn herangezogen hat, sieht möglicherweise im Verkauf der Ge-sellschaft den gangbarsten Weg für die Kontinuität der Gesellschaft. Trotz der Tatsache, dass die meisten Geschäftseigentümer (75%) es vorzögen, Gesellschaftsanteile an einen Nachfol-ger aus der eigenen Familie weiterzugeben, werden eine von zwei Gesellschaften an Dritte verkauft.[14]

Die persönlichen Motivationen sowohl der Käufer als auch der Verkäufer können ebenso wichtig sein, wie jeder andere geschäftliche Grund, um eine Fusion oder Akquisition zustan-de kommen zu lassen.

Unternehmen verstehen ihr Kerngeschäft, und es ist typischerweise einfacher für sie, neue Marktangebote und neue Geschäfte in diesen Märkten zu entwickeln. Konträr dazu ist es schwieriger, neue Produkte zu entwickeln und in neue Märkte einzutreten, die bedeutend anders als die existierenden sind. Zu dieser Schwierigkeit trägt das fehlende Verständnis für neue Märkte und deren Anforderungen bei. Folglich streben Unternehmen eher nach Fusio-nen oder Akquisitionen als dass sie sich um interne Entwicklung bemühen, um Produktpro-gramme und Geschäftsabläufe zu diversifizieren. Die Praxis zeigt, dass Fusionen und Akqui-sitionen dem Unternehmen einen schnelleren und einfacheren Weg ermöglichen, sein Ge-schäftsportfolio zu verändern.[15] Einen weiteren Anreiz für Fusionen und Akquisitionen ver-bunden mit **Diversifikation** stellt die Möglichkeit der Verteilung von Risiken dar. In einer größeren Gesellschaft ist das Risiko der Innovation eines einzigen Produktes möglicherweise relativ gering, verglichen mit der Kapitalbasis des gesamten Unternehmens. In einer kleine-ren Firma jedoch mag das Risiko eines möglichen Verlustes im Verhältnis zur Kapitalbasis so groß sein, dass das Management nicht bereit ist, die Chance zu ergreifen. Ein Unterneh-men, das durch eine Fusion oder Akquisition in eine Größe verwandelt wurde, die ausreicht, mit dem Risiko der Entwicklung einer neuen Produktpalette fertig zu werden, sieht in diesem Fall einen gewissen Anreiz. Der Nutzen der Diversifikation für den Wert des Unternehmens scheint auf den ersten Blick auf der Hand zu liegen. Wenn die Verbindung der beiden Unter-nehmen weder die Gewinne des einen noch des anderen schädigt und das Risiko verringert sowie Cash Flow stabilisiert wird, sollte sich eine höhere Bewertung ergeben. Die Situation ist jedoch nicht so klar wie es scheint. In einigen Konstellationen kann die Diversifikation, die über die Fusion oder Akquisition erreicht wurde, in großem Maße in ähnlicher Weise zu relativ geringen Kosten geschaffen werden, indem in ein gut diversifiziertes Portfolio inves-tiert wird. Wenn die Wirkung der Fusion oder Akquisition sich nicht erheblich von der eines diversifizierten Portfolios unterscheidet, wird der erwartete Gewinn nicht unbedingt zu einer höheren Bewertung führen.

Letzten Endes besteht eine attraktive Akquisition darin, ein **Wachstum von Ertrag und Cash Flow** zu erreichen. Die Hinzunahme eines Unternehmens wirkt sich im Niveau und der Rate des Ertragswachstums aus, und auch darin, wie dieses aufrecht erhalten werden kann.

---

[14] Die Angaben sind von INTES/Institut für Mittelstandsforschung (IfM), Bonn.

[15] Vgl. Hitt/Harrison/Ireland, 2001, S. 158.

Die Position der Anteilseigner einer Gesellschaft wird auf die Dauer nur dann verbessert werden, wenn der Wert der Gesamtauswirkung der Akquisition ihre Kosten übersteigt.

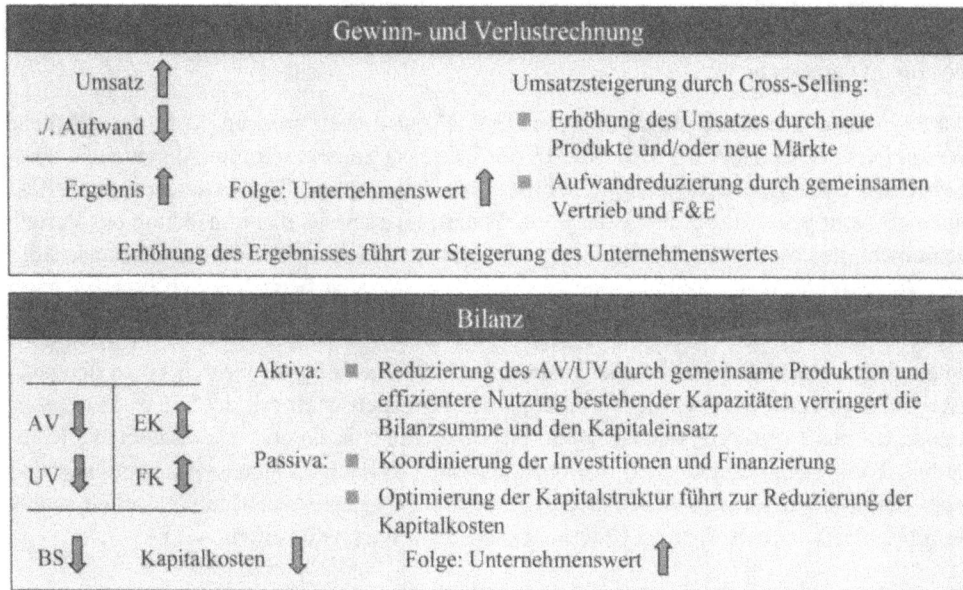

Abb. 7.10: Werttreiber für Unternehmen

7.6 Zusammenfassung

Unternehmen, die darum bemüht sind, den Wert ihrer Geschäfte zu steigern, können dies mit Hilfe interner oder externer Maßnahmen tun. Internes Wachstum ist möglicherweise weniger risikoreich, aber für Gesellschaften, die sich reifen Märkten und steigender Konkurrenz gegenüber sehen, ist internes Wachstum unter Umständen zu langsam oder bietet eine zu geringe Investitionsrendite, um ihre Eigentümer zufrieden zu stellen. Strategische Fusionen, Akquisitionen und Joint Ventures können die Chancen für Wertzunahme über das Wachstumsniveau hinaus verbessern, das jede Gesellschaft für sich allein erreichen könnte.

Ein Unternehmen zieht eine Fusion oder Akquisition aus vielen strategischen Gründen in Erwägung. Zuallererst kann eine Fusion oder eine Akquisition die strategische Kraft einer Gesellschaft verstärken. Die Präsenz der Gesellschaft auf einem Markt kann sich durch das Hinzunehmen von Unternehmen mit komplementären Produkten stärker etablieren. Ihre Umsatz- und Marketinggrundlage kann gefestigt werden und der Umfang des Marktes kann sich von einem regionalen zu einem nationalen oder internationalen Fokus hin ausdehnen. Kostenvorteile können durch eine wachsende Bandbreite des Geschäftes oder durch verbesserte Kapazitätsauslastung entstehen. Horizontale oder vertikale Integration kann Kosten im Vergleich zu Wettbewerbern senken. Günstige Besteuerung kann einen zusätzlichen Anreiz darstellen, allerdings nicht ohne andere strategische Überlegungen. In vielen Beispielen stellen Fusionen und Akquisitionen das schnellste und wirtschaftlichste Mittel dar, Unternehmenswachstum zu erzielen. Schließlich können schlecht geführte Unternehmen sehr verlockende Akquisitionsziele für ein aggressives Unternehmen darstellen, das sich zum Ziel gesetzt hat, die betriebliche Leistungsfähigkeit und das Management des Unternehmensvermögens zu verbessern.

Trotz all dieser Faktoren, die zu Fusionen und Akquisitionen anregen, kann der mögliche Nutzen leicht überschätzt werden. Das Diversifikationsargument wird im Allgemeinen übertrieben und Synergien werden häufig überbewertet. Kurzfristige Gewinnsteigerungen reflektieren oft nicht genau den gestiegenen Wert. Wachstum allein ist nicht unbedingt ein Vorteil, wenn nicht gleichzeitig die Profitabilität verbessert wird. Schließlich werden oft die schädlichen Auswirkungen der Reibungspunkte übersehen, die sich beim Versuch ergeben, zwei Gesellschaften zusammenzuführen.

Unternehmen mit außergewöhnlicher finanzieller Leistungsfähigkeit werden selten diversifiziert. Folglich ist es wichtig, die Verbindung der Zielgesellschaft mit der Stärke des Erwerberunternehmens klar zu erkennen. Wenn eine gute strategische und organisatorische Kompatibilität mit einem attraktiven Preis übereinstimmt, können Fusionen, Akquisitionen und Joint Ventures eine rentable Alternative gegenüber organischem Wachstum darstellen, wobei die Ertragskraft der entstehenden Unternehmenseinheit wertmäßig erhöht wird.

Literaturhinweise

Böning, Uwe: Passion for Excellence or Passion for Ignorance? Eine empirische Studie zum Erfolg und Misserfolg von M&A-Prozessen, in: M&A Review, Februar 2004, S. 51–60

FINANCE-Studien: Zerschlagung der Deutschland AG, F.A.Z-Institut für Management, Frankfurt, August 2003

Hitt/Harrison/Ireland: Mergers & Acquisitions. A Guide to Creating Value for Stakeholders, New York 2001

Nanda/Williamson: Use Joint Ventures to Ease the Pain of Restructuring, in: Harvard Business Review, November-December 1995, S. 119–128

PriceWaterhouseCoopers: Shedding Light on the New Combination Rules. A Guide for Dealmakers, New York 2001

Studie Gemini Consulting/Economic Intelligence Unit, 1999

Teach, Edward: Watch how you think, in: CFO Europe, February 2004, S. 46–48

8   Marketing für Entrepreneure

Prof. Dr. Helmut Kohlert führt Beratungen und Workshops in Unternehmen durch. Er ist Professor für Business Management, insbesondere Marketing, Internationales Marketing und Entrepreneurship an der Fachhochschule Esslingen – Hochschule für Technik (FHTE) und Akademischer Direktor der MBA-Programme der FHTE in Esslingen und Moskau.

8.1   Aufbau von Marketingstrategien

8.1.1   Denken in Strategien

Für den Erfolg eines Unternehmens, eines neuen Geschäftsbereiches, der Einführung eines neuen Marktangebots etc. ist es in der ersten Phase nicht relevant, ob das Rechnungswesen einwandfrei organisiert ist, die Büros ansprechend sind, wie man Steuern sparen kann etc. All diese Fragen kommen gar nicht auf, wenn man eine einzige Frage nicht beantworten kann, nämlich **woher die ersten zwanzig Kunden kommen!** Die Kunden kaufen die Stärken des neuen Marktangebots des Unternehmens und genau auf diesen Stärken fußen die Strategien eines jeden Unternehmens. Das bedeutet, das Unternehmen baut um seine Stärken herum seine Strategien auf, z.B. welche Kundengruppen bearbeitet werden, in welche Branchen gegangen werden soll. Alles andere kann nachgeholt werden. Das hören einige andere betriebswirtschaftliche und technische Disziplinen sicherlich nicht gerne, aber nur Marktnähe ermöglicht den Erfolg. Daher ist eine typische Frage für jeden Entrepreneur die **Auswahl des richtigen Marktes**, in dem das Marktangebot platziert werden soll. Diese Entscheidung wird in vielen Fällen unbewusst getroffen oder mit „attraktive Märkte" beantwortet. Mit der Frage, wann Märkte attraktiv sind, wird sich später ebenso beschäftigt wie mit dem Versuch, die richtige Marktauswahlentscheidung zu treffen.

Als **relevante Märkte** werden in diesem Beitrag **Marktsegmente** bezeichnet, in denen durch das eigene Unternehmen spezifische Bedürfnisse des Kunden bedient werden können, die die Kunden in diesen Märkten wertschätzen und die Wettbewerber nicht in der Lage sind zu erbringen.

> Je mehr die Kunden ein Marktangebot wertschätzen, umso höher werden die Preise sein, die sie akzeptieren, da sie die Leistungsmerkmale optimal nutzen können.

Damit spielt der relevante Markt eine herausragende Rolle. Das Marketing steht hier vor seiner größten Herausforderung, nämlich, im Spannungsfeld zwischen Markt und Wettbewerber eine erfolgreiche Ausrichtung zu definieren. In diesem Sinne erfolgt hier die Definition des Marketings:

> **Marketing** ist die aktive Auseinandersetzung mit dem Wettbewerber um Kunden mit dem Ziel der Ausschaltung der Wettbewerber. Das **Ziel des Marketing** ist es, dem Kunden keinen Grund zu geben, beim Wettbewerber einzukaufen.[1]

Es wird jetzt eine Vorgehensweise vorgestellt, die zwar noch an die Besonderheiten des Unternehmens angepasst, in ihren Grundzügen aber so ablaufen kann:

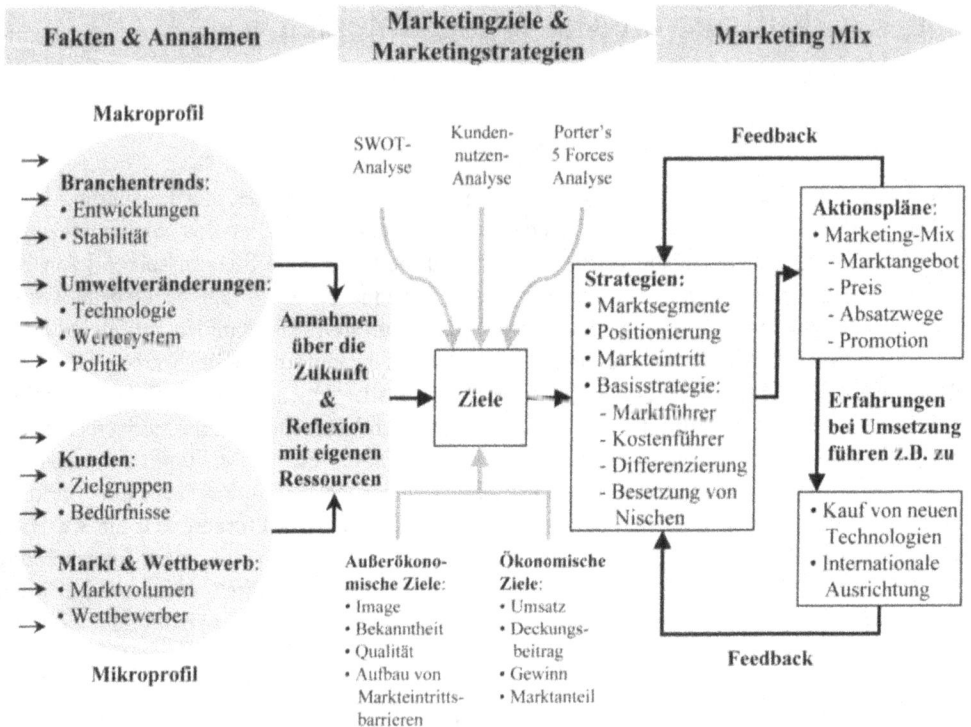

Abb. 8.1: Entwicklung einer Marketingstrategie im Unternehmen

---

[1] Vgl. Kohlert, 2003, S. 3.

8.1.2   Fakten und Annahmen

Zunächst müssen **Fakten** über das Umfeld des Unternehmens gesammelt werden. Diese lassen sich grob in die zwei dargestellten Hauptgruppen einteilen und stellen den Rahmen für die weiteren Entscheidungen dar.

Bei der Betrachtung des **Makroprofils** werden Branchentrends ermittelt, die sich meist ankündigen und aufgegriffen werden müssen. Dabei wird beurteilt, ob es sich bei diesem Trend um einen stabilen Trend handelt, der sich auf dem Markt durchsetzen kann, oder um eine labile Zeiterscheinung. Des Weiteren muss auf **Umweltveränderungen** geachtet werden:

- Diese kommen durch die Akzeptanz der **eingesetzten Technologien**, z.B. den Veränderungen durch die hohe Verbreitung der Internettechnologie, zustande und können Geschäftsmodelle revolutionieren. Man denke dabei an die Auswirkungen des Internets auf die Geschäftsmodelle von ganzen Branchen wie Buchhandel oder Finanzdienstleistungen.

- Das **Wertesystem**, sowohl der eigenen Mitarbeiter als auch der Kunden, und die Veränderungen in diesem, sind ein Faktor, der Berücksichtigung findet, wenn man einmal an die Anforderungen an die Ausbildung und die Motivationsstrukturen der Mitarbeiter denkt. Konkret stellt sich die Frage, inwieweit die neuen Mitarbeiter für die Anforderungen von „Corporate Germany" ausgebildet und eingestellt sind?

- Die **Politik** setzt den Rahmen und beeinflusst die Werte. In den letzten Jahrzehnten hat die Bürokratisierung in Corporate Germany erschreckende Ausmaße angenommen. In den Unternehmen sind oftmals Mitarbeiter vor lauter eigener Absicherung nicht mehr bereit, Risiken einzugehen. Dies lahmt die Innovationskraft der Unternehmen, die für die weitere erfolgreiche Kontinuierung so entscheidend sind. Diese Entwicklung hat ihren Ursprung in der Politik von Parteien, Gewerkschaften und Verbänden, die in den vergangenen Jahrzehnten eine realitätsferne Politik betrieben haben und dem Bürger eine heile Welt vorgegaukelt haben; der heutige „Wake-up"-Call ist damit umso schmerzhafter.

Im **Mikroprofil** steht die Betrachtung von einzelnen Kunden, dem relevanten Markt und der Wettbewerbssituation im Vordergrund:

- Ohne eine Liste von möglichen Kunden mit konkreten Bedürfnissen, d.h. klar definierten **Zielgruppen**, ist es sinnlos, Zeit in die Erstellung einer Marketingstrategie zu investieren. Die einfache Frage, woher die ersten zwanzig Kunden kommen, muss konkret beantwortet werden können.

- Das **Marktvolumen** muss eine effiziente Bearbeitung des Marktes für das Unternehmen mit seiner Kostenstruktur ermöglichen. Interessant ist auch die prognostizierte Entwicklung des Marktvolumens in den nächsten Jahren.

- Das **Wettbewerbsumfeld** muss beurteilt, alle Spieler, die eine wesentliche Rolle spielen, sollten ermittelt werden. Betrachtet werden nicht alle möglichen Wettbewerber, sondern in der Regel nur a) die direktesten Wettbewerber, b) der größte Wettbewerber, d.h. der mit dem höchsten relativen Marktanteil, c) der profitabelste Wettbewerber, d.h. der mit dem höchsten Grenzgewinn und d) der am schnellsten wachsende Wettbewerber, d.h. der mit dem höchsten Umsatzzuwachs.[2] Bei den letzten Dreien wird man auf ihre Stärken achten, um aus ihnen zu lernen und sie nicht auf eigene Schwächen treffen zu lassen. Außerdem ist die Frage interessant, was diese Unternehmen denn richtig machen, um das zu ermöglichen. Vielleicht kann man daraus lernen. In der Literatur läuft dieser Gedanke unter dem Stichwort „Benchmarking".

Da viele Fakten interpretiert werden können, ist es für die weitere Vorgehensweise von Bedeutung, dass die **Annahmen über die zukünftige Entwicklung** des Marktes von allen wichtigen Personen im Unternehmen bzw. im Team gemeinsam getragen werden. Erst auf dieser Basis lassen sich dann Entscheidungen über die zukünftige Entwicklung des Unternehmens treffen, wie die Vereinbarung über die Zielsetzungen des Unternehmens. Daraus abgeleitet werden dann die Strategien, die wiederum durch Aktionen umgesetzt werden.

8.1.3   Marketingziele und Marketingstrategien

Erst nachdem sich die Verantwortlichen im Unternehmen über eine gemeinsame Interpretation der zukünftigen Entwicklung einig sind, werden gemeinsame **Marketingziele** abgeleitet, die meist ökonomische Ziele darstellen, auch angereichert mit außerökonomischen Zielsetzungen. Es gibt gewisse **Anforderungen an gute Zielsetzungen**:
*   Ziele müssen spezifisch sein, z.B. muss das Marktangebot, mit dem Umsatz erzielt werden soll, klar umschrieben werden.
*   Ziele müssen messbar sein um den Fortschritt zu erkennen. Anstatt „viel zu verkaufen" muss in Zahlen gefasst sein, wie viel verkauft werden soll.
*   Ziele müssen herausfordernd sein. Sind sie zu niedrig gesetzt, traut sich das Unternehmen nichts zu, sind sie zu hoch, wird die Arroganz es zum Scheitern verurteilen. Sind etwa die Umsatzziele aus der Marketing-Situation abgeleitet und nachvollziehbar, ist dies eine gute Voraussetzung dafür, diese Ziele auch zu erreichen.
*   Ziele müssen realistisch sein.
*   Ziele benötigen eine Zeitvorgabe.

Das folgende Beispiel dokumentiert, die große Bedeutung der richtigen Zieldefinition ist wichtig. Im Jahre 1953 startete die Yale Universität in den USA eine Studie und fragte alle Studienabgänger nach ihren Zielsetzungen. Nur 3% konnten klare Ziele definieren. 20 Jahre später wurden dieselben Absolventen noch einmal befragt. Diese 3% der Absolventen besaßen inzwischen ca. 95% des gesamten Vermögens des Jahrgangs. Wer sich keine Ziele setzt, kann sie auch nicht verfolgen und somit auch nichts erreichen, dann ist jeder Weg, den man beschreitet, das Ziel!

---

[2] Vgl. Kohlert, 2002, S. 48 f.

Es empfiehlt sich, vor der Festlegung der Ziele verschiedene Analysen durchzuführen:

- **SWOT**-Analyse zur Ermittlung der eigenen Stärken des Unternehmens. Diese kann auch für Wettbewerber durchgeführt werden und, mit der eigenen Ausrichtung verglichen, zu neuen Erkenntnissen führen, z.B. auf welche eigenen Schwächen die Stärken der Wettbewerber treffen können.[3]
- Porters „**5-Forces Analysis**" zur Ermittlung des Wettbewerbsumfelds und zur Beantwortung der Frage, auf welchen „Schlachtfeldern" es sich entscheiden wird, ob das eigene Unternehmen erfolgreich bleiben bzw. werden wird.[4]
- **Kundennutzenanalyse** als Argumentationshilfe beim Kunden, aber auch als Methode, den Kundennutzen eindeutig herauszuarbeiten. Selbstverständlich muss man sich dabei in die Gedankenwelt des Kunden einlassen und seinen Markt, seine Wettbewerber, seine Ängste und Nöte kennen lernen, wegen derer er nachts nicht mehr schlafen kann.[5]

Aus den Zielen leiten sich die **Marketingstrategien** ab, die über die Marktsegmente entscheiden, in die eingetreten werden soll. Die Positionierung und der eigentliche Markteintritt werden festgelegt. In der Positionierung wird das eigene Marktangebot, das eine Zielgruppe in einem Marktsegment bedient, dem Kunden kommuniziert. Die Strategien für jedes Angebot, wie es dem jeweiligen Marktsegment nahe gebracht werden kann, werden entwickelt. Man spricht dabei von den Produkt/Markt-Kombinationen. Die Zusammenstellung des Angebots erfolgt unter dem Gesichtspunkt der **Einzigartigkeit,** d.h. der Kunde braucht es, der Wettbewerber hat es nicht. Für jede Produkt/Markt-Kombination werden eigene Strategien und Aktionen entwickelt. Oft werden Beratungsunternehmen für diese Aufgaben eingesetzt. Jedoch gibt es keinen Ersatz für die Erfahrungen, die Entrepreneure bei der Marktforschung selbst machen können! Diese Erfahrungen helfen dann später bei der Umsetzung. Das beinhaltet im Einzelnen:

- Bereitstellung von außergewöhnlichen **Stärken**, die den Kunden zum Kauf zwingen, wenn sie ein bestimmtes Problem gelöst haben wollen.

Mit Stärken sind nicht inkrementelle Verbesserungen gegenüber den Marktangeboten der Wettbewerber gemeint, sondern wenn ein Kunde von einem Wettbewerber zu einem anderen Unternehmen wechseln soll, müssen dessen Marktangebote zwei Mal billiger, zwei Mal besser und zwei Mal schneller sein.

- **Strategische Positionierung des Marktangebots** indem dem Kunden der optimale Einsatz des Marktangebots innerhalb seiner Geschäftsprozesse aufgezeigt wird. Dies sollte nicht dem Wettbewerber überlassen werden, auch das gehört zu den Stärken des Marktangebots, nämlich den Kunden mit der Umsetzung nicht alleine zu lassen.

---

[3] Vgl. dazu die Ausführungen in: Kohlert, 2003, S. 97 ff.

[4] Vgl. dazu die Ausführungen in ebenda, S. 63 ff.

[5] Vgl. dazu die Ausführungen in ebenda, S. 113 ff.

> Die **strategische Positionierung** beinhaltet einfache Fragen:[6]
>
> - Für welche Zielgruppe,
> - die welches Problem hat
> - und wie hohe Qualen (Frage der Dringlichkeit) erleidet,
> - kann unser Marktangebot, das es so noch nicht auf dem Markt gibt,
> - durch welche unverwechselbaren Stärken,
> - welche Resultate erbringen,
> - die die Wettbewerber nicht bereitstellen können.

- **Vertrieb und Absatzwege** sind von Beginn an zum Erfolg verpflichtet, denn es passiert nicht viel, solange nicht klar ist, dass das neue Marktangebot wirklich verkauft werden kann. Die Marketingleute rüsten die Vertriebsleute mit Argumenten, Unterlagen etc. aus. Oft werden in einem komplexen Umfeld Vertriebspartner benötigt, um sich auf die eigenen Stärken fokussieren zu können. Diese müssen gefunden und eingestimmt werden.
- **Kommunikation des Marktangebots** und seiner Stärken müssen dem Kunden verständlich mitgeteilt werden und dann zu Verkäufen führen. Der Schlüssel sind dabei oft die **Referenzkunden**[7], die, von anderen genau beobachtet, entscheiden, ob das Marktangebot angenommen wird oder nicht: Gewinnen der 5% der Kunden, die die anderen 95% mitreißen.
- **Operativer Aufbau des Geschäfts** mit einem Team von unterschiedlichen Talenten, um den komplexen Kundenanforderungen in der Anfangszeit, in der nichts standardisiert ist, gerecht zu werden. Ohne technischen Sachverstand kommt man zu keinen Ergebnissen. Kaufleute und Techniker sind eine Schicksalsgemeinschaft.

Je mehr Erfahrungen die in dem neuen Geschäftsfeld beteiligten Mitarbeiter gesammelt haben, um so eher werden sie den Blick für das Ganze („Big Picture"-Perspektive) haben. All diese Aspekte gehören zusammen und bedingen sich gegenseitig; Abteilungsdenken macht erfolgreiche Produkteinführungen entweder zunichte oder sehr teuer!

Im Zusammenhang mit der Positionierung stellt sich die wichtige Frage nach der **Basisstrategie**:
- Bei einer Zielsetzung „**Marktführer**" wird man Preise eher niedrig ansetzen, um eine möglichst hohe Anzahl von Kunden zu generieren. In einem solchen Markt spielt der Marktanteil eine erhebliche Rolle, etwa wegen sehr hohen Größenvorteilen, den so genannten „Economies of Scale". Hier erzielt nur der Marktführer Gewinne, vielleicht noch die ersten beiden Verfolger, der Rest liegt im negativen Bereich.
- Bei der Zielsetzung „**Kostenführer**" kann es nur einen geben. Nur ein Unternehmen wird vom Markt als Kostenführer anerkannt. Ist diese Position strittig, kann ein erbarmungslo-

---

[6] Vgl. Moore, 1991, S. 154.

[7] Vgl. dazu die Ausführungen in: Kohlert, 2003, S. 343 f.

ser Wettbewerb zwischen den Kontrahenten um diese Position entstehen, der bis zum ruinösen Wettbewerb führen kann.

- Bei der Zielsetzung „**Differenzierung**" fokussiert das Unternehmen auf verschiedene Marktsegmente, in denen es wiederum die Marktführerschaft anstrebt.
- Bei der Zielsetzung „**Besetzung von Nischen**" konzentriert sich das Unternehmen auf die Bedienung eines Marktsegments und kann dort aufgrund seiner Spezialisierung sehr schnell expandieren und zum Marktführer aufsteigen.

Für alle Basisstrategien bestehen umfangreiche Vorteile aber auch Risiken, die im Einzelnen untersucht werden müssen.[8] Vor vorschnellen Entscheidungen sei gewarnt!

8.1.4   Marketing-Mix

Aus den Strategien werden dann die Aktionspläne, auch Maßnahmenpläne genannt, abgeleitet. Hier werden die einzelnen Strategien im Markt umgesetzt. Das Marketing-Mix steht hier im Vordergrund. Das Marketing-Mix setzt sich mit dem Marktangebot, seiner Bepreisung, dem Absatzweg und der Promotion auseinander.[9] Verschiedene Aktionen können wiederum die Strategien des Unternehmens beeinflussen, wenn etwa im Zuge der Umsetzung die Notwendigkeit erkennbar wird, Wettbewerber aufzukaufen, neue Technologien zu erwerben oder Ähnliches.

In der Umsetzung der Strategien kommen im Marketing-Mix alle Komponenten zusammen. Je nachdem, wie gut die Vorarbeiten geleistet worden sind, ergeben sich jetzt mehr oder weniger Probleme. Wichtig ist, die „Big Picture"-Perspektive zu behalten und nicht an Details, die für den Erfolg nicht wirklich entscheidend sind, hängen zu bleiben. Das **strategische Dreieck des Marketings** und seine Auswirkungen können zusammenfassend wie in Abb. 8.2 dargestellt werden.

Unternehmen verkaufen dem Kunden ihre Stärken, die die Kunden wertschätzen, deswegen bereit sind, dafür einen höheren Preis zu bezahlen und die die Wettbewerber nicht anbieten. Dabei wird klar unterschieden zwischen Beschreibungen und Stärken. Beschreibungen können erst dann als Stärken dargestellt werden, wenn der Kunde weiß, was sein besonderer Nutzen ist. So ist Qualität erst dann eine Stärke, wenn der Wettbewerber diese Güte nicht bieten kann, ansonsten ist es Standard bzw. eine Voraussetzung, um überhaupt im Geschäft zu bleiben.[10]

---

[8] Vgl. dazu die Ausführungen in: Kohlert, 2003, S. 157 ff.

[9] Vgl. dazu die Ausführungen in: ebenda, S. 14 f.

[10] Mehr dazu mit verschiedenen weiteren Beispielen vgl. Kohlert, 2003, S. 98 ff.

Marktangebot des Unternehmens
→ Unternehmen verkaufen Stärken

Definition des Geschäfts

Kundenbedürfnisse:
→ Kunden kaufen Stärken

Wettbewerbsangebote:
→ Gegner suchen Schwächen

Zielgruppenbestimmung:
→ Wahl der richtigen Marktsegmente (Kundenkreise)

+

Produktdifferenzierung:
→ Herausstellen der Alleinstellungs- merkmale (Stärken)

+

Positionierung:
→ Kommunikation der Alleinstellungs- merkmale (Stärken)

Fortlaufende Entwicklung neuer Marktangebote

Kundenakquisition

Kundenpflege

Aufbau der dazugehörigen Geschäftsprozesse:
Erfolg im Marketing wird durch Regelmäßigkeit determiniert!

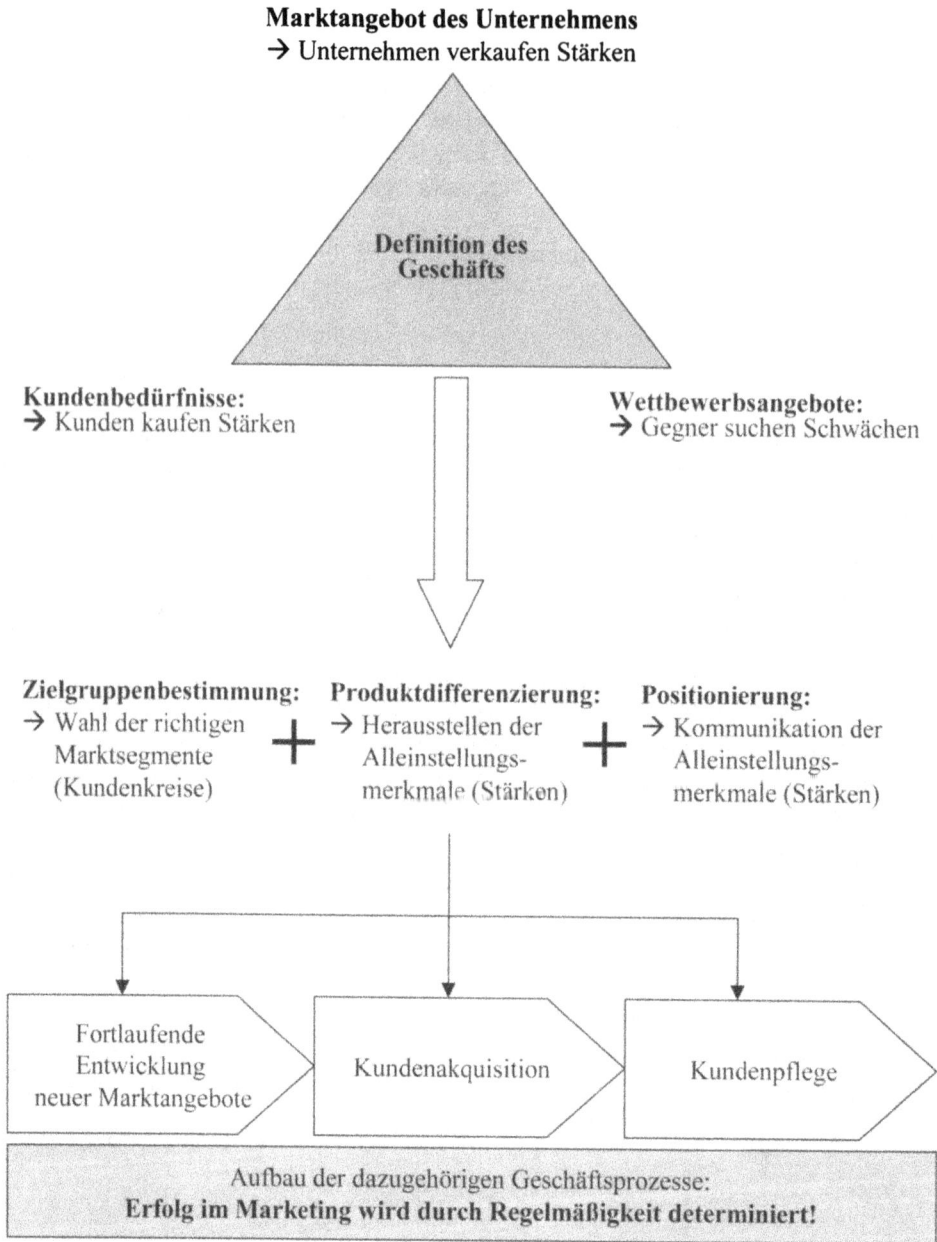

Abb. 8.2: Strategisches Dreieck des Marketings

Sagt der Kunde „**Der Preis ist entscheidend**" bedeutet dies, dass der Preis das einzige Unterscheidungsmerkmal ist, das er gegenüber anderen Anbietern erkennt. Leider kann dies gelegentlich nicht geändert werden, aber oftmals macht man es sich auch zu einfach. Märkte sind zu komplex, Marktangebote zu differenziert und Menschen zu unterschiedlich, um immer an den Preis als einziges Entscheidungskriterium zu glauben. Die Frage lautet also, welche Alleinstellungsmerkmale den Kundennutzen optimaler treffen und welche der Kunde wertschätzt. In der Regel sind das diejenigen, die ein akutes Problem lösen, die dem Entscheider schlaflose Nächte bringen!

Wettbewerber suchen ihre Stärken bei den Schwächen der gegnerischen Marktangebote zu platzieren, zumindest insofern sie professionell geführt werden. In diesem Dreieck bewegt sich die Definition des Geschäftsfeldes, in dem sich das Unternehmen bewegt.

Daraus ergeben sich die **Zielgruppen**, die das Unternehmen bedienen will. Das sind in der Regel diejenigen Kundenkreise, die das Marktangebot am meisten wertschätzen, weil sie die Alleinstellungsmerkmale optimal einsetzen bzw. ihre Probleme optimal gelöst werden. Sie sind dann auch bereit, die besten Preise zu bezahlen. Diese Alleinstellungsmerkmale müssen klar herausgestellt und kommuniziert werden.

Fortlaufende Entwicklung neuer Marktangebote ist heute ein Muss für erfolgreiche Unternehmen. Man denke daran, dass ein Zusammenhang zwischen dem Unternehmenserfolg und dem Alter seiner Marktangebote besteht.[11] Je klarer die obigen Hausaufgaben abgearbeitet worden sind, umso einfacher tut man sich in der Akquisition. Die **Kundenakquisition** ist kein Produkt des Zufalls, sondern das Zusammenwirken von richtigen Marktangeboten an die richtigen Kunden zu einem fairen Preis. Als fair wird im Allgemeinen ein Preis betrachtet, der ein Kundenproblem dergestalt löst, dass der Nutzen für den Kunden den Preis des Marktangebots eindeutig überwiegt. Das setzt sich fort in der **Kundenpflege**. Da man seine Kunden gut kennt, kennt man auch deren Bedürfnisse und weiß, wie man die Beziehungen aufrecht erhalten kann. Dies ist wichtig für die „Re-order", aber auch für die Entwicklung neuer Marktangebote, die sehr oft auf die Impulse von Kunden zurückzuführen sind. Manche Unternehmen konnten durch den engen Kundenkontakt neue Dienstleistungen entwickeln und neue Umsatzfelder erschließen.[12]

> Bemängelt werden kann bei der Geschäftsprozessmodellierung jedoch gelegentlich die hohe Detailverliebtheit. Geschäftsprozessmodellierung verfolgt keinen Selbstzweck, sondern dient der Unterstützung der internen Geschäftsabläufe, um im Markt erfolgreicher zu werden!

---

[11] Um ein gutes Beispiel handelt es sich bei dem sehr erfolgreichen und höchst expansiven Unternehmen Kärcher in Winnenden bei Stuttgart. 70% ihrer Marktangebote sind jünger als vier Jahre.

[12] Vgl. dazu den Praxisfall von der Trumpf Werkzeugmaschinen GmbH + Co. KG in: Kohlert, 2003, S. 308 ff.

8.2   Attraktivität von Märkten

8.2.1   Unternehmensressourcen ermöglichen Differenzierung

Die Attraktivität neuer Geschäftsfelder wird meist unter den Aspekten Profitabilität und Wettbe-
werbsintensität bewertet. Als **attraktive Geschäftsfelder** gelten gemeinhin Märkte, in denen das
Gewinnpotenzial hoch ist, nicht bediente Märkte definiert werden können, d.h. kein horizontaler
Wettbewerb um Kunden vorherrscht und kein vertikaler Wettbewerb um Gewinnmargen mit den
Zulieferern und Distributoren besteht. Durch die **hohe Differenzierung** des Unternehmens ist es
ihm möglich, sich von latenten Wettbewerbern, die etwa Substitutionsprodukte anbieten, abzuheben. Diese Differenzierungsmerkmale müssen durchhaltbar sein. Man spricht dann von **durchhaltbaren Wettbewerbsvorteilen**, wenn das Folgende gegeben ist:[13]

- Die Kunden müssen die Differenzierung des Unternehmens zu alternativen Marktangeboten der Wettbewerber erkennen und diese Unterscheidung muss ein Schlüsselkriterium
  bei der Kaufentscheidung darstellen.
- Die Differenzierung resultiert aus den unterschiedlichen Fähigkeiten des Unternehmens
  im Verhältnis zu seinen Wettbewerbern. Sie unterliegt keinen Trends und kann nicht
  durch inkrementelle Innovationen vernichtet werden.
- Die Differenzierung ist daher vom Wettbewerber nur schwer imitierbar und macht für das
  Unternehmen eine längerfristige Verteidigung möglich.

Es sei davor gewarnt, sich nur auf die Differenzierung zu anderen zu verlassen. Oft wird
nicht berücksichtigt, dass die Fähigkeiten, die eine **Differenzierung** ermöglichen, auf **fundamentalen Unterschieden beruhen** müssen:[14]

- **Funktionale Fähigkeiten**, d.h. es können bessere Kundenlösungen angeboten werden als
  es der Wettbewerber vermag.
- **Vorteile in der Positionierung**, oft bedingt durch eine bestimmte Reputation, aber auch
  durch eine bessere Ausstattung in der Fertigung, die der Wettbewerber nicht ohne Weiteres erlangen kann.
- **Standortvorteile** bedingt durch die Politik des Landes, in der sich der Standort befindet,
  etwa durch nicht übermächtige Gewerkschaften mit starkem Willen zum Selbsterhalt, un-
  ternehmensfeindliche Gesetzgebung, wobei hier oft nur die Diskussion darüber Unternehmen bereits abhält, zu investieren.
- **Adaptionsfähigkeit der Marktangebote** des Unternehmens an die Bedürfnisse der Kunden, die sich in der Offenheit für Sonderlösungen ausdrückt.

> Diese Differenzierung, die vom Wettbewerber schwer imitierbar ist, gibt dem Unterneh-
> men von Beginn an ein unverwechselbares Profil und positioniert es in seinem Markt. Ein
> kompetentes Marketing ist der Erfolgsfaktor in neuen „Ventures".

---

[13] Vgl. Coyne, 2000, S. 31 f.

[14] Vgl. ebenda, S. 32.

8.2.2   Kennzeichen attraktiver Märkte

Zusammenfassend kann die Attraktivität von Märkten auf die folgenden drei Aspekte reduziert werden:

Märkte, in denen
das **Gewinnpotenzial** hoch ist

Märkte, in denen
das eigene Unternehmen
Macht hat

Märkte, in denen
Zulieferer und Distributoren
<u>keine</u> Macht haben

Abb. 8.3: Kennzeichen attraktiver Märkte

• Quantifizierung der
Gewinnaussichten

Märkte, in denen das
Gewinnpotenzial hoch ist

• Erkennen der hemmenden
Kräfte des Gewinns

Abb. 8.4: Kriterium #1 für attraktive Märkte – Gewinnpotenzial

Das **Gewinnpotenzial** hängt davon ab, wie ernsthaft die Kunden an dem Marktangebot interessiert sind und was es schließlich kostet, die Kundenbedürfnisse zu befriedigen. Wichtig ist auch, wie viele Kunden es in dem Marktsegment gibt. Dieses Gewinnpotenzial kann quantifiziert werden. Gewinnpotenziale können limitiert werden, wenn die Qual des Kunden nicht groß genug ist oder wenn eine geringe Differenzierung zwischen den Wettbewerbern besteht. Damit liegt es auf der Hand, dass sich Entrepreneure auf Kundensegmente mit dem höchsten Gewinnpotenzial fokussieren. Das machen jedoch die Wettbewerber mitunter auch! Daher empfiehlt es sich für Entrepreneure oft, auf Nischenstrategien auszuweichen, zumindest solange keine Position aufgebaut wurde, von der man zu weiteren „Eroberungen" aufbrechen kann.

Das Unternehmen ist auf Märkte fokussiert, in denen es die **Macht** hat.

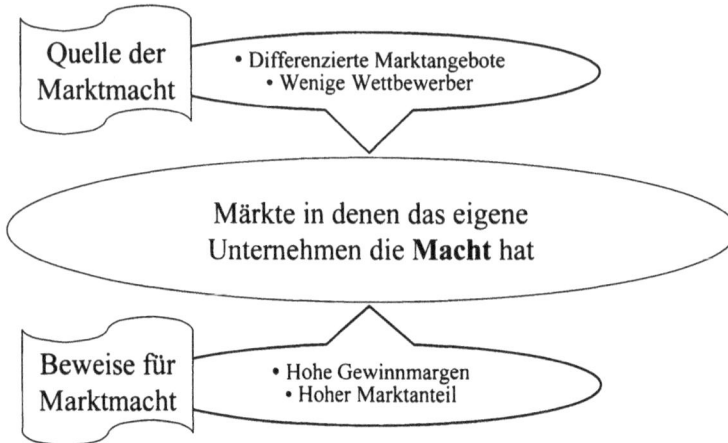

Abb. 8.5: Kriterium #2 für attraktive Märkte – Macht für das Unternehmen

Die Chance auf Macht setzt voraus, dass sich das Unternehmen von den Wettbewerbern differenzieren kann. Die **Quelle der Differenzierung** ist gemeinhin der Besitz oder die Kontrolle einer wertvollen Ressource.

Daraus ergeben sich für das Unternehmen die folgenden Empfehlungen:

- Bewerten Sie den Wert Ihrer Ressourcen

- Differenzieren Sie sich dadurch von Ihren Wettbewerbern?

- Ist die Differenzierung durchhaltbar, d.h. nur schwer durch andere zu kopieren oder zu imitieren?[15]

- Trägt die Differenzierung bei, die Kundenbedürfnisse zu befriedigen?

Differenzierung ist wichtiger als die Zerstörung der Wettbewerber. Die Kontrolle über Märkte ergibt sich durch den Fokus auf Märkte, in denen das eigene Unternehmen Vorteile erkennt.

---

[15] Ein Beispiel dazu: Eine neue Preisgestaltung ist schnell zu kopieren und stellt somit keinen durchhaltbaren, sondern höchstens einen operativen Wettbewerbsvorteil dar. Ein neues Distributionssystem ist schwer aufzubauen, es stellt dabei einen durchhaltbaren Wettbewerbsvorteil da, insofern dieser Wettbewerbsvorteil auch durch das Unternehmen verteidigt wird.

Vorteile gegenüber den Wettbewerbern müssen dauerhaft und für den Kunden substanziell sein und eine wahrnehmbar überlegene Leistung für den Kunden darstellen. Die Vorteile sind dauerhaft, wenn sie sich nicht schnell abnutzen, verfügbar und nicht substituierbar und nicht imitierbar sind. Nur dann können diese Wettbewerbsvorteile in der Tat zur Differenzierung herangezogen werden.

Es sollte darauf geachtet werden, **nicht die eigene Profitabilität zu präsentieren**, das würde neue Wettbewerber motivieren, ebenfalls in diesen Markt einzutreten. Unter diesem Gesichtspunkt ist es sinnvoller, schwache Wettbewerber zu beschützen und leben zu lassen, da sonst die stärkeren Wettbewerber kommen könnten, nachdem sie bei einem wenig kompetitiven Markt vermuten, dass er nicht besonders gut bedient wird. Auch wenn Wettbewerber in einen Markt eintreten, hat dies nicht nur negative Auswirkungen auf das eigene Unternehmen. Mehr Unternehmen in einer Branche ermutigen auch neue Lieferanten und neue Distributoren, in diesen Markt einzutreten, was wiederum die Kosten senkt. Dann ist es umso mehr notwendig, an der eigenen Differenzierung zu arbeiten!

Ein **hoher Marktanteil** führt unter den folgenden Bedingungen zu weiteren Umsätzen:
- Ist es für die Kunden schwer, zu einem Wettbewerber zu wechseln („Lock in"-Effekte)?
- Ist das Marktangebot umso wertvoller, je mehr Kunden es nutzen?
- Bestehen „Economies of Scale"?

Macht zu haben ist die eine Seite, **Macht zu erhalten** die andere. Daher ist es ratsam, sich nur auf Märkten zu bewegen, die zum Unternehmen passen und glaubhaft vermittelbar sind. Es gibt Unternehmen, die Märkte auf der Suche nach Geschäftsgelegenheiten nach den beiden Parametern Gewinnaussichten und Wettbewerb „scannen". Es ist daher zu empfehlen, die eigene Profitabilität so weit wie möglich nicht nach außen zu kommunizieren und schwache Wettbewerber am Leben zu erhalten. Dies mag potenzielle neue, stärkere Unternehmen abhalten, in diesem Markt zu investieren.

Drittens wird der Entrepreneur Märkte auswählen, in denen **Lieferanten und Distributoren keine Marktmacht** haben.

Märkte, in denen Lieferanten und Distributoren nicht die Marktmacht haben, sind Märkte, in denen ein Wettbewerb zwischen den Lieferanten und zwischen den Distributoren herrscht. Dieser Wettbewerb kann durch das eigene Unternehmen sogar noch forciert werden, indem neue Lieferanten und Distributoren unterstützt werden, in diesen Markt zu investieren.

Abb. 8.6: Kriterium #3 für attraktive Märkte – Keine Macht für Lieferanten und Distributoren

Ein schöner Effekt bei einem gesunden Wettbewerb der Lieferanten und Distributoren ist, dass es die Preise des eigenen Unternehmens positiv beeinflusst. Beide teilen sich die Gewinne auf der Stufe der Wertschöpfungskette und reduzieren im Kampf um höhere Marktanteile die Preise. Man spricht dabei vom „**Compare Effect**" von Preisen, denn das eigene Unternehmen kommt dadurch immer näher an den Monopolpreis heran.

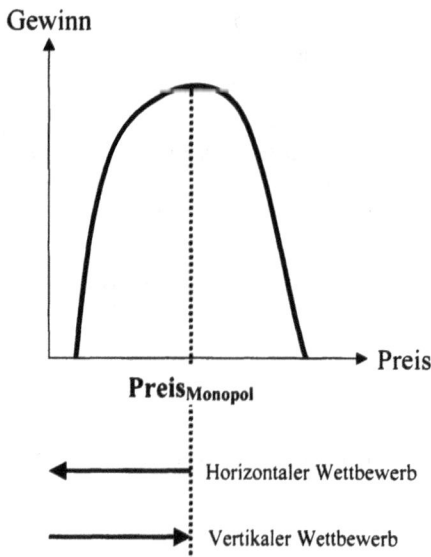

Abb. 8.7: „Compare Effect" von Preisen

In einem **horizontalen Wettbewerb** zwischen verschiedenen Herstellern bzw. Anbietern von Dienstleistungen fallen die Preise für die beteiligten Unternehmen durch den erhöhten Wettbewerb. In einem **vertikalen Wettbewerb** werden durch Absprachen zwischen Herstellern und Lieferanten bzw. Distributoren die Preise bzw. Gewinnmargen des Unternehmens steigen, da der Hersteller in der Lage ist, den Wettbewerb auf dieser Stufe der Wertschöpfungskette für sich zu nutzen, etwa durch die Nutzung einer besseren Ausgangsposition bei Preisverhandlungen.

8.2.3 Streben nach Dominanz in attraktiven Märkten

Eine empirische Studie der Unternehmensberatung Bain & Company fand heraus, dass nur Marktführer wirklich Werte schaffen, also eine Gesamtkapitalrendite erwirtschaften, die ihre Kapitalkosten deutlich übersteigt.[16] Da nur wenige Unternehmen in einem Marktsegment wirklich profitabel arbeiten können, meist nur der Marktführer und vielleicht die direkten zwei bis drei Verfolger, müssen Unternehmen Marktsegmente definieren, in denen sie dominant sein können. Eine **dominante Marktmacht** beschert dem Unternehmen nicht nur die „Economies of Scale", sondern vermindert auch den Preisdruck, dem es sich aussetzt. Durch seine Marktdominanz kann es sich eher leisten, auf nicht rentable Aufträge zu verzichten als andere. Durch diese Effekte steigt seine Selbstfinanzierungskraft, was wiederum zu verstärkter Investition in die Produktentwicklung etc. führen kann. Laut Bain & Company ergeben sich dabei für das Unternehmen zwei Handlungsempfehlungen:[17]

- Aufbau einer Marktdominanz in einer geeigneten Nische und Expansion von dieser sicheren Basis aus.
- Volle Ausschöpfung des Potenzials des Kerngeschäfts durch bessere Definition des relevanten Marktes.

Differenzierung gibt dem Unternehmen die Möglichkeit, wie es Schumpeter schon ausdrückte, in einem **Markt zu dominieren**, indem es ihn schafft. Mit diesem Einstieg ist das Unternehmen in der Lage, das Marktangebot im Markt zu schärfen, indem es die Anregungen der Kunden systematisch aufnimmt und weiterverarbeitet. Wettbewerber treten vor allem dann auf dem neuen Markt auf, wenn sich ein neues Marktangebot als erfolgreich bewiesen hat. Umso mehr ist eine klare Dominanz auch über (noch potenzielle) Wettbewerber für das Unternehmen wichtig. **Marktdominanz** heißt, dass ein maximaler Marktanteil angestrebt wird, die Aussage „1% Marktanteil reicht mir" ist sicherlich die falsche Ausrichtung. Nur wenige Unternehmen werden die kritische Masse an Kunden bekommen, die für den Erfolg eines Geschäfts wichtig ist. Daher spielt die Dominanz diese große Rolle.

---

[16] Vgl. Bain & Company, 2003, S. 2 f.

[17] Vgl. ebenda, S. 3.

8.3 Adaptionszyklen bei technischen Marktangeboten

Ein technisches Marktangebot durchläuft einen Adaptionszyklus, dessen Phasen sich von den jeweils anderen grundsätzlich unterscheiden:[18] Die unterschiedlichen Kategorien von Adaptern unterscheiden sich z.B. durch sozialen und ökonomischen Status, Risikoeinstellung, Wissen, „Complementary Assets" und Interesse am Marktangebot.

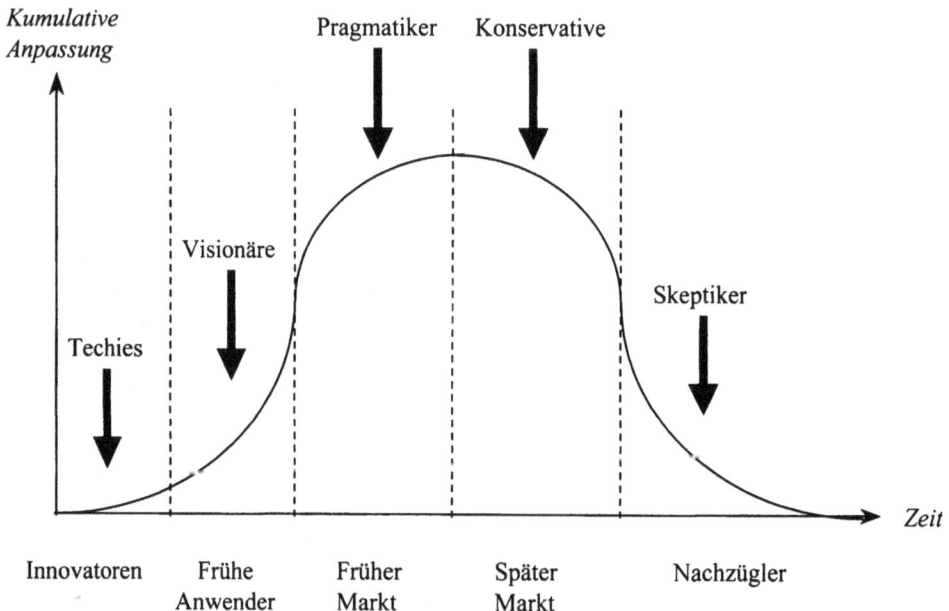

Abb. 8.8: Adaptionszkylus bei technischen Marktangeboten

Je nachdem, in welchem Stadium des Adaptionszyklusses sich das Marktangebot befindet, bedarf es einer unterschiedlichen Positionierung in den verschiedenen Zyklen:

---

[18] Vgl. Moore, 1991, S. 12.

Erwartungen der 'Techies':
Kunde betrachtet die reine Technik, die ihn fasziniert.
Zusatznutzen interessiert ihn nicht.

Unternehmensstrategie/ Preissensitivität:	**Verkauf über Techniker:**	**Promotion:**
Suche nach 'Lead Customer'	Techniker sind die richtigen Ansprechpartner	Fokus auf technische Details
Preisermittlung schwierig	Ausnutzen der technischen Verliebtheit	Verkauf von Begeisterung über eine neue Lösung

Bedeutung für das verkaufende Unternehmen:
Techies sind in der Rolle der 'Opinion Leaders', d.h. ihre Akzeptanz ist die
Voraussetzung dafür, dass weitere Kundenkreise erschlossen werden können!

Abb. 8.9: Kundengruppe „Techies"

Die wirklichen „**Techies**" müssen vom Unternehmen ausfindig gemacht werden. Die große Bedeutung ergibt sich aus der Tatsache, dass sie **später als Referenz dienen** und damit das Marktangebot für weitere Kundengruppen attraktiv werden lassen.[19] Der Techie wird von dem Marktsegment gemeinhin als „**Lead Customer**" anerkannt und beobachtet. Von seiner Reaktion hängt sehr stark ab, ob weitere Anwender folgen. So verwundert es nicht, dass mit dem Lead Customer wenig oder gar kein Geld verdient wird. Oft wird das Marktangebot erst zusammen mit ihm komplettiert und optimiert. Damit ist der Lead Customer Bestandteil der Prozesskette Produktinnovationen. Das kaufende Unternehmen verteidigt durch Offenheit gegenüber Neuem oft seine Position als Technologieführer.

Erwartungen der 'Visionäre':
Kunde kauft ein neues Marktangebot,
um damit einen strategischen Wettbewerbsvorteil zu erzielen.

Unternehmensstrategie/ Preissensitivität:	**Verkauf über Strategien:**	**Promotion:**
Einstieg in Branchen, die Vorteile besonders wertschätzen.	Dem Kunden wird aufgezeigt, wie er durch den Einsatz Vorteile gegenüber dem Wettbewerber erhält, die dieser nicht schnell imitieren kann.	Nicht die Entwicklung neuer technischer Details, sondern: Aufzeigen wie Wettbewerbsvorteile erzielt werden können.
Preissensitivität ist niedrig, so lange der Vorteil gesehen wird.		

Bedeutung für das verkaufende Unternehmen:
Visionäre verhelfen dem Marktangebot zur breiteren Marktakzeptanz! Entwickelte
Marktangebotsvarianten können für die nächste Kundengruppe genutzt werden!

Abb. 8.10: Kundengruppe „Visionäre"

---

[19] Vgl. die Ausführungen in: Kohlert, 2003, S. 343 f.

Bei den „**Visionären**", die als Kunde zustoßen, nachdem sie die „Techies" gespannt beobachtet haben, steht nun die Frage im Vordergrund, inwieweit sie durch einen sehr frühen Einsatz einer neuen Technologie Wettbewerbsvorteile erhalten bzw. ausbauen können. Dabei muss die neue Technologie an die verschiedenen Kunden angepasst werden, um dieser Forderung nachzukommen. Es entstehen Varianten, die später standardisiert für weitere Kundengruppen genutzt werden können. Als „Visionäre" eignen sich Kunden, die diese **Technologie optimal einsetzen können**, sie sind auch bereit, dafür hohe Preise zu bezahlen.

Erwartungen der 'Pragmatiker':
Kunde kauft eine komplette Problemlösung, Teillösungen werden nicht akzeptiert!
Grundlage sind bereits entwickelte Marktangebotsvarianten!
Bevorzugter Kauf erfolgt vom Marktführer!

Unternehmensstrategie/ Preissensitivität:	Verkauf über Teams:	Promotion:
Marktführerschaft wird angestrebt: Sie vermittelt dem Kunden Sicherheit und Kontinuität. Kein Wettbewerb impliziert keinen Bedarf.	Um dem Kunden eine ganzheitliche Lösung anbieten zu können, wird 'Team Selling' benötigt.	Marktangebot als vollständige Problemlösung. Darstellung der eigenen Marktführerschaft, d.h. Sicherheit und Kontinuität.

Bedeutung für das verkaufende Unternehmen:
Marktführer setzt Marktstandards! Pragmatiker setzten das Marktangebot
endgültig am Markt durch und eröffnen es einer breiten Käuferschicht.

Abb. 8.11: Kundengruppe „Pragmatiker"

Die „**Pragmatiker**" kaufen eine **komplette, erprobte und bewährte Problemlösung**. Diese bekommen sie, so glauben sie, nur vom Marktführer. Marktführerschaft gibt dem Kunden Sicherheit. Daher ist für das verkaufende Unternehmen auch das Erreichen der Marktführerschaft so entscheidend!

Erwartungen der 'Konservativen':
Kunde kauft, sobald sich der Marktstandard durchgesetzt hat.
Zeichen dafür ist ein hoher Marktanteil bei den Pragmatikern.

Unternehmensstrategie/ Preissensitivität:	Verkauf über Standard:	Promotion:
Me-too-Strategie. Standardisierte Lösungen müssen im Preis fallen.	Stand der Technik impliziert sichere Nutzung.	Zuverlässige Problemlösung, die sich bewährt hat. Technisch ausgereifte Marktangebote.

Bedeutung für das verkaufende Unternehmen:
'Cash Cow'-Strategie, sofern keine Entwicklungskosten mehr anfallen!

Abb. 8.12: Kundengruppe „Konservative"

Nicht mehr so spannend ist die Kundengruppe der „**Konservativen**". Da sie nur **standardisierte Lösungen kaufen**, erwarten sie auch geringe Preise. Das verkaufende Unternehmen beschränkt sich hier auf die Ausschöpfung letzter Gewinnmargen, neue Marktangebote sind in dieser Phase schon längst auf dem Markt eingeführt und werden von den Techies, hoffentlich begeistert, getestet.

Literaturhinweise

Bain & Company: Newsletter vom Juni 2003

Coyne, Kevin P.: Sustainable Competitive Advantages, in: McKinsey Quarterly, Heft 3, 2000, S. 31–34

Kohlert, Helmut: Marketing für Ingenieure, München/Wien 2003

Kohlert, Helmut: Faszination Selbständigkeit – Herausforderung Entrepreneurship, Renningen 2002

Moore, Geoffrey A.: Crossing the Chasm, New York 1991

9 Ausgestaltung von Marketing-Maßnahmen

Dr. Harald Mertz, *M.A. ist Berater in der Abteilung Bankmarketing des württembergischen Genossenschaftsverbands. Seit 1998 ist er als Lehrbeauftragter im MBA-Programm an der Fachhochschule Esslingen – Hochschule für Technik (FHTE) tätig. Er ist ferner Dozent an der Akademie der Genossenschaftsbanken in Stuttgart-Hohenheim und am BankColleg der württembergischen Genossenschaftsbanken.*

9.1 Marketing und Vertrieb

Die Durchsicht zahlreicher Geschäftspläne ergab eine interessante Konstante. So wurde in nahezu allen Plänen das Unternehmen vorgestellt und das unternehmerische Konzept erläutert. Dem schloss sich die Ergebnis- und Finanzplanung an. In der Regel wurde dabei der bestehende Jahresabschluss beigefügt. Des Weiteren wurden die erzeugten Marktangebote und Verfahren vorgestellt, der Gesamtmarkt mehr oder weniger schlüssig analysiert, wobei auch auf die Wettbewerbssituation eingegangen wurde. Dem schloss sich schließlich noch eine Potenzialanalyse über den anvisierten Absatz an. In einigen Geschäftsplänen wurde schließlich noch die mittelfristige Entwicklung der Zielmärkte aus der Sicht des Entrepreneurs dargestellt. Es wurde demnach nahezu ausschließlich über Markt und Möglichkeiten philosophiert, selten jedoch über die angedachte Vorgehensweise, wie dieser Markt denn konkret „erobert" werden könnte. Das Denken konzentrierte sich somit auf Marktangebote und Zahlen. Eine konkrete Aussage über die Vertriebs- und Marketingkonzepte, die die anvisierten Ziele Wirklichkeit werden lassen könnten, suchte der Leser in der Regel vergeblich. Was aber ist eine Landkarte wert, wenn auf ihr wichtige Angaben fehlen? Oder anders und neudeutsch ausgedrückt: Wir haben es mit einer „Roadmap" zu tun, bei der die Brücken, die Bindeglieder zwischen Anspruch und Realisierung, entweder noch nicht konstruiert oder ganz einfach vergessen wurden.

Wie geht man vor, um ein definiertes Ziel zu erreichen? So müsste die Frage bei der Erstellung des Geschäftsplanes („Business Plan") abschließend lauten, damit der gesamte Entwurf an Relevanz gewinnt. Doch die Aussagen hierzu blieben, wie angedeutet, eher unverbindlich oder kamen erst gar nicht vor. Doch müsste genau diese Frage beantwortet werden, soll der Geschäftsplan nicht auf dem Prinzip Zufall beruhen.

Doch auch andere sollten sich die Beantwortung der aufgeworfenen Frage zu eigen machen. Beispielsweise die Banker, die den Geschäftsplan nach dessen Einreichung zu bewerten haben. Sie sollten nicht erst dann die kritischen Fragen zu den (fehlenden) Marketing- und Vertriebskonzepten stellen, nachdem das anvisierte Projekt misslungen ist. Auch sie tragen eine nicht unerhebliche Verantwortung und sind am Gelingen oder Misslingen des Unternehmens an hervorragender Stelle beteiligt.

Das Ziel der folgenden Ausführungen muss sein, dem Leser die Notwendigkeit einer schlüssigen Ausgestaltung der Marketing- und Vertriebsplanung zu vermitteln. Dabei verzichtet der Autor ganz bewusst auf ausführliche theoretische Exkurse; vielmehr soll der praktische Nutzen im Vordergrund stehen. Die folgenden Bemerkungen basieren dabei auf der Praxiserfahrung, die der Verfasser als Verantwortlicher für den Bereich Marketing einer mittelständischen Regionalbank über viele Jahre sammeln konnte.

Beginnen wir mit dem naheliegenden: der Frage nämlich, ob Marketing im Unternehmen eine adäquate Rolle spielt, ob es „implementiert", also eingeführt und eingerichtet wurde. Damit rückt eine grundsätzliche Komponente der Marketing- und Vertriebsplanung gleich zu Beginn in den Vordergrund: Nicht nur wie markt-, sondern wie marketingorientiert ist die jeweilige Unternehmensführung? Aus den Geschäftsplänen lässt sich dies gut ableiten. Die Erfahrung zeigt, es wird viel über die Ausrichtung am Markt gesprochen. Doch es fehlt nicht nur an den notwendigen Marketingplänen, es fehlt auch die **klare Ausrichtung an strategischen und operativen Marketingüberlegungen**:

- Wie viel Bedeutung schenkt dieses Unternehmen dem Thema „Marketing" eigentlich?
- Welchen Einfluss übt das Marketing in einem Unternehmen tatsächlich aus?
- Inwieweit wird die Unternehmensstrategie durch eine adäquate Marketingstrategie begleitet oder anders gewendet: in welchem Maße gelingt es den Marketingverantwortlichen eines Unternehmens, auf die Unternehmensstrategie einzuwirken?

Marketing sollte zumindest als eine „**dominierende Funktionalstrategie**" begriffen werden, die ein zentrales Element der Unternehmensstrategie darstellt, ohne dass sie mit dieser Unternehmensstrategie völlig identisch sein muss.[1] Auf eine weitere, ausführliche Diskussion des Marketingbegriffs und die Implementierung des Marketing in einem Unternehmen soll an dieser Stelle verzichtet werden. Kohlert beschäftigte sich mit dem Thema „Marketing als Erfolgsfaktor" in einer kürzlich erschienen Publikation ausführlich.[2]

Es wurde bereits in Kapitel 8.1.4 darüber gesprochen, dass das Marketing vier Instrumente kenne. Das so genannte **Marketing-Mix** strukturiert das Marketing in die „4 ps", nämlich „product, price, place, promotion":[3]

---

[1] Vgl. Homburg/Krohmer, 2003, S. 8; vgl. ebenda, S. 350.

[2] Vgl. Kohlert, 2003, S. 1 ff.

[3] Vgl. ebenda, S. 14.

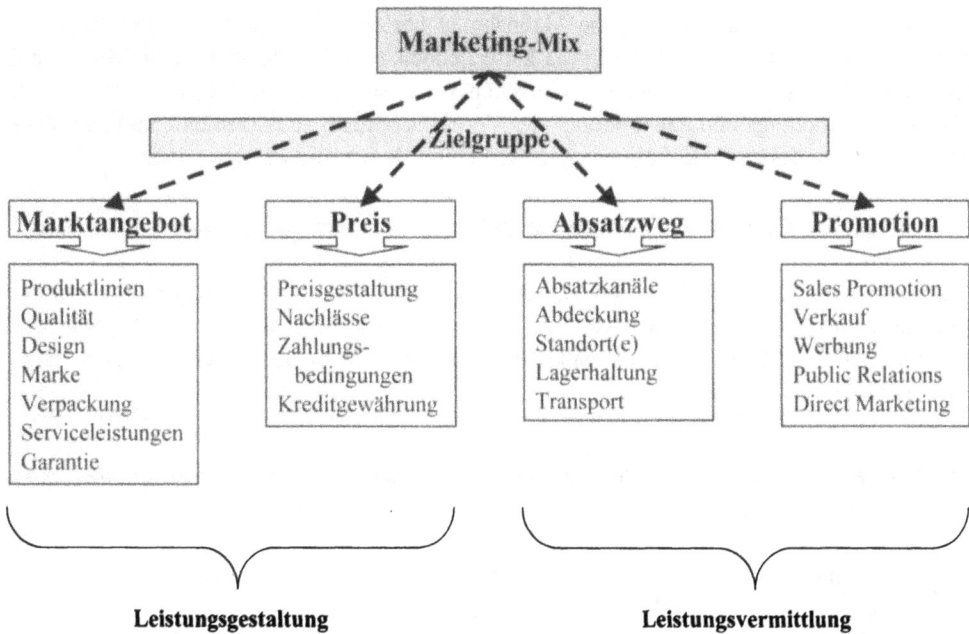

Abb. 9.1: Marketing-Mix

Diese Strukturierung ist heute immer noch aktuell, wenn auch der „place", der eigentlich den Standort meint, heute mehr in Richtung Absatzwege interpretiert wird und als „product" das Marktangebot des Unternehmens dargestellt wird. Das Unternehmen kennt sein Marketing-Mix, d.h. seine Marktangebote, die dazugehörigen Preise, die Absatzwege mit eventuellen Standorten von Niederlassungen (falls relevant) sowie die Art und Weise, wie sein Marktangebot in der Marktöffentlichkeit kommuniziert wird.[4] Alle vier Instrumente begleiten das operative Vorgehen.

In der Praxis hat sich das Marketing heute als Teil des Unternehmenssteuerungsbereiches etabliert. Zu diesem Bereich gehört unter anderem auch das Controlling, die Personalabteilung und der Bereich Technik und Organisation. Der vertriebliche Bereich, eigentlich ein Teil des Marketings, hat sich hingegen verselbständigt.

Im Normalfall steht der Vertrieb eigenständig neben dem Marketing. Das macht die Sache nicht eben einfacher. **Vertrieb bedeutet organisiertes Verkaufen**. Marketing hingegen hat unter anderem die Aufgabe, vertriebsunterstützend tätig zu sein. Das **optimale Zusammenspiel zwischen Marketing und Vertrieb** und nicht das Gegeneinander, wie häufig in der Praxis anzutreffen, macht den Erfolg im Markt nur möglich. Marketing alleine wird als Maßnahme vom Schreibtisch aus, den Vertrieb nur bedingt ankurbeln können. Der Vertrieb wiederum muss wissen, welche Aktionen im operativen Bereich geplant sind und auf wel-

---

[4] Vgl. Kohlert, 2003, S. 14.

chen strategischen Grundlagen diese Maßnahmen beruhen. Je enger die Verzahnung mit Blick auf das Kundengeschäft erfolgt, je klarer jedoch zugleich die Abgrenzungen gezogen und damit die Aufgabenbestimmung vollzogen wird, desto größer sind die Chancen, alle Mittel des Marketings und alle Optionen des Vertriebs optimal zu nutzen und damit die Kundenbedürfnisse, das zentrale Anliegen des Marketings, langfristig zu befriedigen.

> Voraussetzung für einen gelungenen Geschäftsplan ist somit das Bewusstsein, die eben angesprochenen Bedürfnisse unserer Kunden umfänglich befriedigen zu wollen. Dies setzt eine „radikale" Kunden- und Marktorientierung voraus. Ferner müssen alle Unternehmensaktivitäten, und damit auch alle vertrieblichen Leistungen, auf dieses Vorhaben abgestimmt werden. Die Marketingaufgaben und die Vertriebsaktivitäten gehören so eng wie nur möglich verzahnt.

Es ist zu empfehlen, zunächst den **Zeitpunkt der Pilotphase für die Einführung eines Marktangebots** zu definieren. Über diesen Zeitraum lassen sich in jedem Fall klare Aussagen treffen. Wie lange soll diese Phase dauern, von welchen Variablen ist diese Periode abhängig, wann wird die Aufbauphase abgeschlossen sein? Danach beginnt die zweite Etappe, nämlich die **Zeit der Etablierung**:

- Wird das Unternehmen seine Marktangebote nun über den vertrieblichen Bereich der Pilotphase hinaus zu vertreiben suchen?
- Ist an eine überregionale, nationale oder internationale Ausweitung der geschäftlichen Aktivitäten gedacht?
- Welcher Zeitraum ist dann für die Initiierung der Leistungen und die Etablierung geplant?
- Wird eine Differenzierung der Marktangebote angestrebt und zu welchem Zeitpunkt soll begonnen werden? Wann gilt diese Periode als beendet?

Fragen, die in einem Geschäftsplan im Bereich Marketing und Vertrieb gestellt und beantwortet werden müssen. Ebenso muss auf die Herausforderung eingegangen werden, wer die Leistungen wann, wie und wo vertreibt. Die besten Güter bleiben auf Halde liegen und damit unbemerkt, wenn es nicht gelingt, ein schlüssiges **Vertriebskonzept** für sie zu entwickeln. Bevor zu den taktisch/operativen Maßnahmen gegriffen wird, stellt sich die strategische Frage:

- Welche Absatzwege werden genutzt und wer wird mit dem Vertrieb letztendlich betraut?
- Welche Absatzwege sind in Zukunft geeignet, die Kunden am effizientesten und kostengünstigsten zu erreichen, ohne dass dabei der Kontakt zum Kunden verloren geht?

Verbunden mit diesem Fragenkomplex ist die **Herausforderung an das Personal**. Dieses muss schließlich die strategische vertriebliche Konzeption umsetzen, soll das anvisierte Vorhaben gelingen. Ist das Personal vertrieblich geschult, kann es verkaufen? Und ist es gegebenenfalls bereit, auf Provisionsbasis zu arbeiten? Bei Geschäften mit dem Ausland stellt sich die Frage nach Sprach- und Kulturkenntnissen.

9.2 Operative Planung

9.2.1 Erfahrungen zur Kundenbindung

Eine Genossenschaftsbank kommt um das Geschäftsfeld „Mitgliedschaft" nicht herum. Schließlich sind die Mitglieder die Eigentümer der Bank. Mit ihren Einlagen stärken sie das nötige Eigenkapital. Gleichzeitig muss ihnen eine Dividende bezahlt werden, die im Normalfall über der sonst üblichen Verzinsung für Einlagen dieser Größenordnung liegt. Die Werbung neuer Mitglieder oder das Aufstocken der bereits bestehenden Anteile kann für das Kreditinstitut somit zu einem teuren Spaß werden, denn die Mitglieder erwarten eine gute Dividende. Diese wiederum belastet den Ertrag des Unternehmens überproportional. Auf der anderen Seite sind die Mitglieder für die Bank außerordentlich wichtig. Einmal tragen sie zur Bildung von Eigenkapital bei. Zweitens sind sie als Kunde und eben auch als Mitglied, in besonderer Weise an die Bank gebunden. Dieser Kundenbindungseffekt stellt für die genossenschaftliche Bank einen großen Vorteil dar, den sie sich zwar teuer erkauft, den sie sich jedoch auch zu Nutze machen muss. In der strategischen Marketingphilosophie vor dem Hintergrund des Geschäftsfeldes „Mitglieder" muss somit dem Ausbau der Beziehung zu den Kunden und Mitgliedern eine besondere Bedeutung eingeräumt werden.

Dem **Aufbau und der Pflege solcher Beziehungen** muss der Verantwortliche im Marketing allerdings die nötige Zeit einräumen. Und es ist nicht das einzige Geschäftsfeld, das er zu definieren und aufzubauen hat. Es ist daher notwenig, einzelne Geschäftsfeldstrategien nicht nur akribisch zu entwickeln, sondern sie zugleich in einen Generalplan einzubringen, der aufzeigt, ob es zwischen den einzelnen Feldern und deren Ausgestaltung zu Friktionen kommen könnte.

Zielkonflikte kann es jedoch bereits bei den Marketingmaßnahmen in einem definierten Geschäftsfeld geben. Nochmals zurück zum eben zitierten Beispiel. Wie angesprochen bringt die Mitgliedschaft der Genossenschaftsbank nicht nur einen Nutzen für das Eigenkapital. Sie bindet Kunden an das Kreditinstitut, denen die Mitgliedschaft einen Mehrwert bietet. Dieser Mehrwert kostet das Unternehmen zunächst einmal Geld. Denn die aktive Bewerbung alleine ist schon kostenintensiv. Die Pflege der Beziehung und damit das Beziehungsmanagement ist ebenfalls ein Kostenfaktor. Gelingt es nicht, dem Mitglied Dienstleistungen in erweiterter Form zu vermitteln, wird die Mitgliedschaft zum Bumerang. Der strategische Auftrag darf in diesem Falle also nicht einfach lauten: „Wir wollen die Zahl der Mitglieder innerhalb eines Jahres um 10 Prozent erhöhen". Vielmehr muss es Sinn und Zweck der Strategie sein, die gewonnenen Mitglieder durch Marktangebote so an das eigene Haus zu binden, dass sich damit das Ertragspotenzial erhöht und die Mitglieder einen Erfolgsfaktor darstellen. Das Geschäftsfeld „Mitgliedschaft" bedingt demnach eine Definition der Optionen (mehr Mitglieder oder Stand halten; jüngere Mitglieder oder die Gewinnung von lediglich „guten" Kunden nun auch als Mitglieder etc.) und die dazugehörige Maßnahmenplanung für Marketing und Vertrieb, um die gewünschten Optionen auch umsetzen zu können. Erst dann greifen die taktisch/operationalen Einzelmaßnahmen innerhalb der Jahresplanung, die genau festlegen, was ausgegeben werden darf und wie die einzelnen Maßnahmen konkret ausgestaltet werden sollen.

9.2.2   Werbeplan als Jahresplan

Die folgende **Werbeplanung** veranschaulicht, worauf es dabei ankommt:

			Jahresplanung Geschäftsfeld Privatkundschaft (Übersicht)					
Maßnahmen	Infos Schulungsbedarf	Budget	Verband	Verbund	Werbliche Auftritte	Events	Zeitraum	Ziele
Mitgliedschaft	1. Das neue, eigene Konzept vorstellen 2. Das Konzept des Verbandes einführen und abgleichen mit den eigenen Ideen	100.000 Euro	1. Arbeitet neues Konzept aus 2. Wirbt mit Anzeigen in überregionalen Publikations-organen	liefert weitere Produkte für Mitglieder	1. Über-regionale Werbung des Verbandes 2. Regionale Werbung 3. Prospekt-material über-arbeiten 4. Neue Außen-werbung 5. Im Internet neue Konzeption vorstellen 6. Alle Mit-glieder per Mailing informieren	1. Vier Veranstal-tungen sind bereits fest geplant 2. Weitere Veranstal-tungen werden nach Ziel-gruppen erarbeitet	Ganzjährig	10 Prozent Steigerung der Mitgliederzahl

Abb. 9.2: Jahresplanung im Geschäftsfeld

Zunächst werden alle Einzelmaßnahmen aufgelistet, die in einem der Geschäftsfelder geplant sind. Es empfiehlt sich, diesen Prozess für jedes Geschäftsfeld zunächst einmal einzeln zu planen und dann alle Maßnahmen in einen **Generalplan „Marketing und Vertrieb"** zu übertragen. Hier wird sich der Übersicht halber auf ein Thema beschränkt, nämlich die Akquisition neuer Mitglieder. Es empfiehlt sich, die in unserem Generalplan aufgenommenen Maßnahmen allen Beteiligten bereits mit Beginn des Geschäftsjahres mitzuteilen. Wer über ungenügende Informationen verfügt, wird keine ausreichend gute Arbeit leisten können.

Des Weiteren muss der **Schulungsbedarf** für die Mitarbeiter und Mitarbeiterinnen ermittelt werden. Im vorliegenden Falle ist das Produkt zwar bekannt. Da aber Neuerungen geplant sind, die das bestehende Produkt deutlich modifizieren werden, muss eine gründliche Schulung bzw. Information für die Mitarbeiter erfolgen. In der Praxis hat sich dabei das **System der Multiplikatoren** bewährt.[5] Nach einer Kick-off-Veranstaltung übernehmen die Multiplikatoren die Schulung in kleineren Kreisen. Für diese Gruppen bleiben sie die ständigen Ansprechpartner.

---

[5] Dies wurde in jüngster Zeit auch bei einem Projekt zur Erhöhung der Internetnutzung von Kunden eingesetzt; vgl. Kohlert/Mertz, 2004.

Für die einzelnen Maßnahmen wird ein Teilbudget des gesamten Jahresetats bereitgestellt. Auf die detaillierte Jahresbudgetierung wird unten noch eingegangen. Wichtig ist aber, das Jahresbudget an konkreten Vorhaben auszurichten. Der Etat für die Marketingmaßnahmen im Bereich „Mitglieder" wird in einer Feinplanung weiter unterteilt.

In der **Werbung** wird festgelegt, welche Medien vom Unternehmen bedient werden, also etwa welche Tageszeitung, welche Rundfunkstation oder Kino bzw. Fernsehen. Auch die gesamte Außenwerbung muss in diese Planungen mit eingeschlossen sein. Dabei sollten zwei Aspekte berücksichtigt werden, um die Werbung wirklich an den Kunden zu bringen:

- Einmal das **regelmäßige Schalten von Anzeigen**, z.B. an einem Samstag, an dem die Klientel genügend Zeit findet, die Zeitung ausführlicher zu studieren.
- Des Weiteren wird immer dieselbe Seite gewählt, so dass eine Art „Wiederkehreffekt" eintritt.

Ferner bietet der eigene **Internetauftritt** die Gelegenheit, spezielle Marketing- und Vertriebsmaßnahmen zu bestimmten Zeiten und sehr aktuell herauszustellen.

Schließlich muss entschieden werden, welche Kunden auf dem Weg des „**Direct Mailing**" informiert werden sollen. Bei der Erstellung von Mailings sollte bedacht werden, ob genug Sachverstand im eigenen Haus vorhanden ist, eine solche **Mailing-Kampagne** mit eigenen Mitteln und eigenem Personal durchzuführen. Mailings sind in der Regel nicht billig und bedürfen einer entsprechenden Aufmachung. Auch die Sprache muss mit Hinblick auf die Zielgruppe passen. Viele Unternehmen wählen daher einen externen Partner zur Umsetzung. Dieser Weg ist nicht nur kostenträchtig, er bedarf auch einer sehr genauen Vorbereitung und Umsetzung, soll diese Informationskampagne von Erfolg gekrönt sein.

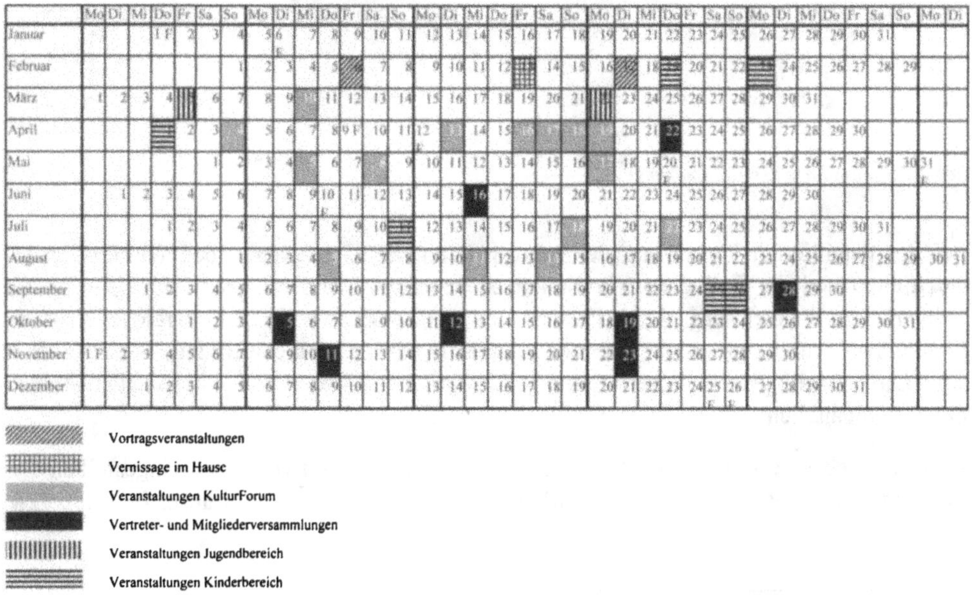

Legende:

- Vortragsveranstaltungen
- Vernissage im Hause
- Veranstaltungen KulturForum
- Vertreter- und Mitgliederversammlungen
- Veranstaltungen Jugendbereich
- Veranstaltungen Kinderbereich

Abb. 9.3: Planung der Veranstaltungen

Klappern gehört zum Handwerk: Zur Unterstützung der Marketingkampagne ist eine bestimmte Anzahl von „**Events**" geplant, mit denen die anvisierten Zielgruppen erreicht werden sollen. Eine Reihe von Veranstaltungen wird im Beispiel bereits fest geplant, andere werden flexibel festgelegt und über das Jahr verteilt.

Die Abb. 9.3 zeigt, dass es bei der Festlegung von Veranstaltungen, wie bei der Konzeption der vertrieblichen Aktivitäten, auf eine sorgsame Planung über das Jahr ankommt. Dies überrascht nicht, ist die Aufgabe der Öffentlichkeitsarbeit doch nur zum Teil dafür bestimmt, das Image des Unternehmens auszuprägen und dieses sympathisch zu machen. Zum anderen dient sie der Förderung des vertrieblichen Erfolgs. Ferner sollte berücksichtigt werden, dass eine aktive Öffentlichkeitsarbeit Personal bindet. Es muss demnach wohl überlegt sein, wann die Veranstaltung stattfinden soll und wie die personelle Situation des Unternehmens zum Zeitpunkt der Aktivitäten aussieht.

9.2.3   Ausgestaltung der Jahresplanung

Die Jahresplanung stellt sich wie folgt im Detail dar:

			Jahresplanung		
			Geschäftsfeld Privatkundschaft (Detailplanung)		
Maßnahmen	Verantwortliche	Teiletats	Werbezeitraum	Mailings	Ziel-erreichung
Mitglied-schaft	Herr Müller:	Vertrieb		Januar: Verbund/eigene Anzeigen		
			Februar: dito		
	Herr Maier:	Events	Für Events: 50.000 Euro	März: Schwerpunkt Internet	März: Zielgruppe 25-40	1. Quartal:
			April: dito		20%
	Frau Groß:	Anzeigen-werbung	Für Anzeigen: 20.000 Euro	Mai: Außenwerbung		
			Juni: dito		2. Quartal
	Frau Klein:	Außenwerbung	Für AW: 10.000 Euro	Juli: dito		30%
			August: Anzeigen Verbund		
	Herr Winzig:	Internetauftritt	Für Internet: 5.000 Euro	September: Eigene Anzeigen	September: Zielgruppe 41-50	
			Oktober: Eigene Anzeigen/Internet		3. Quartal:
	Herr Schmidt:	Mailings	Für Mailings: 15.000 Euro	November: dito		10%
			Dezember: Eigene Anzeigen/Außenwerbung		
	Herr Kaiser:	Gesamt-verantwortung			4. Quartal:
					40%

Abb. 9.4: Jahresplanung (Detailplanung)[6]

Bei der detaillierten Umsetzung der Jahresplanung ist es notwenig, den **Gesamtverantwortlichen** und die **Teilverantwortlichen** zu benennen. Im vorliegenden Beispiel ist die Teilverantwortlichkeit auf sechs Ebenen verlagert und zwar in die Bereiche Vertrieb, Eventplanung und -umsetzung, eigene Anzeigenwerbung, Außenwerbung, Internetauftritt und „Direct Mailing". Eine Koordinierung (Gesamtverantwortung) aller Aktivitäten ist demnach unumgänglich.

Allen vertriebsunterstützenden Maßnahmen werden, ausgehend vom oben eingestellten Gesamtbudget für diesen Vorgang, **Teilbudgets** zugeordnet. Dies heißt für unser Beispiel, Teil-

---

[6] Namen in der Abb. sind fiktiv.

etats für die PR-Maßnahmen, die eigene Anzeigenwerbung, die Außenwerbung sowie für den Internetauftritt und für diverse direkte Anschreiben.

Neben der selbstentwickelten Werbung zum Thema gibt es in diesem Beispiel noch die Bewerbung von Verbandsseite. Beide Programme werden nun aufeinander abgestimmt. Dabei ist es nicht nur wichtig, die **Inhalte der Werbekampagnen** zu überprüfen und in ein einheitliches Konzept zu übertragen. Auch der Aktionszeitraum der Werbemaßnahmen muss passen. Die überregionale Werbung wird von der regional geschalteten ergänzt und unterstützt.

Keine operative Planung ohne **Zielvorgaben**. Es wird nun überprüft, wie sich die Zahl der Mitglieder im jeweiligen Zeitraum und vor dem Hintergrund der Marketingmaßnahmen veränderte. Sollte die Zielerreichung gefährdet sein, muss überlegt werden, ob nicht noch zum Jahresende eine spezielle Marketingkampagne anzusetzen ist, mit der das anvisierte Ziel erreicht werden kann. Es ist daher ratsam, einen Teil des vorgesehenen Budgets für eine solche Ad-hoc-Maßnahme zurückzuhalten.

> Strategische Ziele werden in einem langfristigen Marketing- und Vertriebsplan definiert, der in der Regel eine Laufzeit von bis zu fünf Jahren haben kann. Der operative Marketing- und Vertriebsplan beschränkt sich hingegen auf die jeweilige Jahresplanung. Taktische Maßnahmen sind sogar noch kurzfristiger und werden auch als Ad-hoc-Maßnahmen bezeichnet. So kann es beispielsweise unumgänglich sein, eine kurzfristig entwickelte Anzeigenkampagne starten zu müssen, falls der Wettbewerber mit Maßnahmen auftritt, die eine direkte Reaktion herausfordern.

9.2.4   Budgetierung und Etataufstellung

Bei der **Bestimmung der Teilbudgets im operativen Bereich** geht es um die grundsätzlichen Überlegungen:

- Wie ist ein Jahresetat zu bilden?
- Welche Orientierungsmöglichkeiten bieten sich an?
- Wie kann das Jahresbudget effizient überprüft und damit ein Defizit vermieden werden?

Bei der Aufstellung eines Marketingetats stellt sich zunächst die Frage, wie hoch dieses Budget überhaupt ausfallen darf und woran sich das Unternehmen orientieren kann.[7] Neben der exakten mathematischen Berechnung[8] werden in der Praxis in erster Linie folgende Verfahren gewählt: die Ausrichtung an den verfügbaren finanziellen Mitteln, die Orientierung am Umsatz bzw. Gewinn, an den Ausgaben der Wettbewerber oder schließlich die Ausrichtung an bestimmten Werbezielen.

Während sich die Marketingausgaben möglicher Wettbewerber kaum ermitteln lassen, wurde im Falle einer Umsatz- oder Gewinnorientierung bzw. der Ausrichtung an den verfügbaren

---

[7] Ausführlich dazu vgl. Meffert, 1993, S. 459 ff und Homburger/Krohmer, 2003, S. 629 ff.

[8] Vgl. Meffert, 1993, S. 459 ff und Homburger/Krohmer, 2003, S. 631 ff.

Mitteln zu Recht kritisiert, dass der Kausalzusammenhang zwischen Werbung und Umsatz auf den Kopf gestellt werde, sofern das Unternehmen diesen Budgetansatz wähle. Auf diese Weise werde der Umsatz die Werbeausgaben bestimmen, obwohl die Werbung diesen Umsatz gerade verändern helfen solle.[9] Ähnlich kritisch fällt die Beurteilung aus, die Ausgaben an den verfügbaren Mitteln zu orientieren. Auch hier bestehe keine logische Beziehung zwischen Werbeaufwand und den finanziellen Mitteln.[10] In der Praxis dürfte aber gerade dieser Ansatz der häufigste sein.

Bleibt noch die Ausrichtung an den Marketing- und Werbezielen. In diesem Fall wird eine „sachlogische Ursache-Wirkung-Beziehung zwischen Werbung und Marketingzielen"[11] berücksichtigt. Unternehmen sollten sich bei der Budgetallokation daher an dieser Vorgehensweise orientieren. Allerdings ist die so genannte „Objective and Task"-Methode sehr aufwendig.[12]

Das beigefügte Muster gibt einen vereinfachten Überblick über die **Etataufstellung im Planjahr**.

Etatvorlage für das Planjahr 2004

Bezeichnung	Etatplanung/Aufwand	Etatplanung/Anteil in %
11111001 Geschäftsbericht	_____	_____
11111002 Bewirtung MVs, VV	.	.
11111003 Anzeigen Zeitungen	.	.
11111004 Prospekte	.	.
11111005 Schaufenster Deko	.	.
11111006 Internet	.	.
11111007 Veranstaltungen Erwachsene	.	.
.	.	.
.	.	.
.	.	.

erstellt am:

                                    _____
                                    Marketing

genehmigt am:

                                    _____
                                    Vorstand

Abb. 9.5: Etatvorlage für das Planjahr

---

[9] Vgl. Meffert, 1993, S. 470 f.

[10] Vgl. ebenda, S. 471.

[11] Ebenda, S. 472.

[12] Ein Beispiel dazu siehe: Kohlert, 2003, S. 271.

Eine Verfeinerung der Aufstellung macht es möglich, die Ausgaben nach Geschäftsvorfällen vorzunehmen und damit die Übersicht zu verfeinern.

Etatkonto	Bezeichnung	Ansatz 2003	Erläuterungen
11111001	Geschäftsbericht		Auflage 5.000, Umfang: 48 Seiten
11111002	Bewirtung MVs, VV		Verteterversammlung Mitgliederversammlungen
11111003	Anzeigen Zeitungen		Tageszeitung: 20 Anzeigen p.a. Wochenzeitung: 52 Anzeigen + 12 Wirtschaftsnachrichten
11111004	Prospekte		Neuauflagen von verschiedenen Produktprospekten Anpassung an die neue Kommunikationsstrategie
11111005	Schaufenster Deko		6 Dekos p.a. Abklebungen erneuern und diverse andere Neugestaltungen
11111006	Internet		Verstärkte Aktivitäten Internetbanking/Privatkunden
11111007	Veranstaltungen Erwachsene		KinoHit KuturForum Vernissagen Stadt-/Bürgerfeste Vortragsveranstaltungen

Abb. 9.6: Etatvorlage: Kostenallokation

Die Ausgaben lassen sich, je nach Wahl der Software eines solchen Marketing-Etat-Planungsprogrammes, beliebig auswerten: nach Kostenstellen, nach Vorgängen, nach Instrumenteneinsatz oder aber nach den verwendeten Medien innerhalb der Marketing-Kommunikation. Nicht dazu gehören Personalausgaben oder Ausgaben für den Innenbetrieb.

Literaturhinweise

Homburg/Krohmer: Marketingmanagement. Strategie, Instrumente, Umsetzung, Unternehmensführung, Wiesbaden 2003

Kohlert, Helmut: Marketing für Ingenieure, München/Wien 2003

Kohlert/Mertz: Internet-Offensive für Nachzügler, in: Badischer Genossenschaftsverband e.V. u.a. (Hrsg.), Marketing intern, Heft 1/2004, S. 29–34

Meffert, Heribert: Marketing. Grundlagen der Absatzpolitik, Wiesbaden 1993

10 Organisation des Markteintritts

*Prof. **Dr. Helmut Kohlert** führt Beratungen und Workshops in Unternehmen durch. Er ist Professor für Business Management, insbesondere Marketing, Internationales Marketing und Entrepreneurship an der Fachhochschule Esslingen – Hochschule für Technik (FHTE) und Akademischer Direktor der MBA-Programme der FHTE in Esslingen und Moskau.*

10.1 Darstellung des Management-Teams

Was das Zentrale an einem Geschäftsplan ist, darüber lässt sich streiten. Für die einen ist es das Management Team, für andere die eingesetzte Technologie, für wiederum andere das Marktangebot, das dem Kunden offeriert werden soll. Es lohnt sich jedoch, einige Worte über das **Management-Team** zu verlieren. Für viele Venture Capital Unternehmen sind die beteiligten Personen alles, denn **„business is people"**. Die Darstellung könnte etwa wie folgt aussehen:

Name	Kapital-anteil	Ausbildung	Berufserfahrung	Besondere Erfolge
Person A	40%	Dipl. Ingenieur (Maschinenbau)	• 6 Jahre Entwicklung bei Festo AG	• Anerkannter Experte in ...
Person B	30%	Dipl. Ökonom (Marketing)	• 4 Jahre Marketing bei Mittelständler	• Aufbau einer Marketing-abteilung • Aufbau einer ausl. Niederlassung
Person C	20%	Dipl. Ingenieur (Vertrieb)	• 3 Jahre Vertriebs-ingenieur bei IBM	• Neuakquisition von zwei Key Accounts • Verkaufsvorgaben immer erreicht
Person D	10%	Dipl. Ökonom (Finanzen)	• 6 Jahre Prüfungs-wesen bei KPMG	• Begleitung von Börsen-einführungen • Kenntnis der VC-Szene und Anforderungen

Abb. 10.1: Darstellung des Management-Teams

Oft sind **neuartige Geschäftsmodelle** die Basis für ein neues „Venture". Man untersucht dabei, nach welchen Kriterien Unternehmen einen bestimmten Markt für ihr Marktangebot auswählen? Ein neues Geschäftsmodell wird immer aus einer Idee geboren. Diese Idee erkennt und befriedigt auf neue Weise bisher unerfüllte Anwenderbedürfnisse. Sie generiert so neues Umsatzpotenzial und sichert dem Unternehmen eine entsprechende Marktposition. Man kann dabei bestimmte **Treiber für neue Geschäftsmodelle** identifizieren, die starken Einfluss auf die Art der Modelle und die Auswahl der Märkte haben, in denen sie eingeführt werden. Neue Geschäftsmodelle können in Märkten entwickelt werden, die sich durch die folgenden Faktoren auszeichnen:

- **Limitiertes Marktwachstum**, bedingt durch den Produktlebenszyklus. Immer mehr Märkte werden in die Sättigungsphase eintreten. Dies ist ein Anlass für viele Unternehmen, nach neuen Wachstumsmodellen zu suchen.
- Der **Einsatz von neuen Technologien**, die „Economies of Scale" oder höhere Effizienz ermöglichen, ist möglich.
- **Hohe Gewinnmargen** können durch ein neues Geschäftsmodell realisiert werden.
- **Unternehmensallianzen** führen zu neuen Geschäftsmodellen, z.B. durch Vereinigung von Wertschöpfungsketten beider Unternehmen und Schaffung neuer Kernkompetenzen.
- **Neue Bedürfnisse werden geschaffen** und in neuen Geschäftsmodellen als Marktangebote vermarktet.

Bei der **Umsetzung neuer Geschäftsmodelle** muss man sich einiger Dinge bewusst sein:
- Durch das Treffen einer strategischen Entscheidung für die Einführung eines neuen Geschäftsmodells wird das **Unternehmen als Ganzes** beeinflusst. Diese strategische Entscheidung kann nicht mehr ohne Weiteres revidiert werden.
- Dies erfordert eine **sorgfältige Analyse** der Anwenderbedürfnisse, der internen Kernkompetenzen (Stärken) im Unternehmen sowie der Märkte und der Wettbewerber.
- Die Potenzialanalysen geben Aufschluss darüber, ob das **neue Geschäftsmodell tragfähig** erscheint, d.h. das anvisierte Marktvolumen groß genug erscheint. Bei entsprechenden Potenzialen kann dann ein neues Geschäftsmodell definiert werden oder die intuitive Idee spezifiziert werden.
- Dieses neue Geschäftsmodell erfordert einen **Finanzierungsplan** sowie einen Business Plan über die Markteinführung.

Dabei bestehen verschiedene **Risiken für neue Geschäftsmodelle**:
- Der Eintritt kann in Märkte erfolgen, wo die **Dynamiken noch nicht bekannt** sind. Auch kann der Rechtsrahmen noch nicht spezifiziert sein. Dies kann zu schmerzhaften Anpassungen im Geschäftsmodell führen.
- Entwickeln sich die **Märkte zu schnell**, kann das neue Geschäftsmodell unter Umständen nicht flexibel genug reagieren.
- Neue Geschäftsmodelle bringen es oft mit sich, dass in sie **mehr investiert werden muss** als an Finanzmitteln zur Verfügung steht.
- Im Vorfeld der Markteinführung wird **zu wenig Marketing** und „Public Relations" betrieben, so dass Marktakzeptanz nicht gewährleistet ist.

Unternehmerische Phantasie und **entdeckerisches Marketing** sind die Schlüssel, neue Märkte aufzuschließen. Um aber das Potenzial der eigenen Kernkompetenzen erkennen zu können, braucht ein Unternehmen die Vorstellungskraft, sich Märkte zu erträumen, die noch nicht existieren, und die Fähigkeiten, sie vorm Wettbewerb in Beschlag zu nehmen. Wenn neue Möglichkeiten nur aus der Warte der bestehenden Geschäfte gesehen werden, bleiben die meisten von ihnen Totgeburten. Vier Dinge müssen zusammenkommen, um der Vorstellungskraft eines Unternehmens auf die Sprünge zu helfen:[1]

- der Wunsch, sich der Diktatur des bislang bedienten Marktes zu entledigen,
- die Suche nach innovativen Produktkonzepten,
- die Bereitschaft, bisher gemachte Annahmen zu den Preis/Leistungs-Relationen zu überdenken,
- die Entscheidung, Kunden zu führen, statt ihnen hinterherzulaufen.

Bei der Entwicklung der strategischen Unternehmensplanung kann auch der **Vorstoß in neue Geschäftsfelder** für ein Unternehmen in der heutigen dynamischen Umwelt eine Rolle spielen. **Chancen für Markteintritte** bestehen vielfältig:[2]

- **Chancen durch Produktinnovation**: Dies setzt eine Patentabsicherung der eigenen Erfindung voraus. Dabei orientiert sich die Innovation streng am Markt und an den Kundenbedürfnissen. Beispiele dafür finden sich bei vielen Unternehmen, in denen durch Erfindungen völlig neue Entwicklungen in Gang gesetzt wurden. Nicht jedes Patent stellt aber zwangsläufig eine verwertbare Innovation dar. Etwa 95% aller Patente werden in Deutschland nicht verwertet, da die Innovation nicht vermarktbar ist, sich keine Geldgeber dafür finden, die an die Marktfähigkeit der Erfindung glauben.
- **Chancen durch Produktlinienerweiterung**: Diese erfolgt durch die Besetzung von Marktnischen innerhalb eines Geschäftsfeldes. Eine sorgfältige Marktsegmentierung sowie eine Wirtschaftlichkeitsbetrachtung dieser Marktnische ist dafür Voraussetzung.
- **Chancen durch Markenimage**: Dies setzt einen bekannten Markennamen voraus. Die Konstanz der Produktqualität und die Verbindung des Namens mit bestimmten positiven Produkteigenschaften, die nicht verwässert werden dürfen, bestimmen den Preis bzw. lassen auch gehobene oder gar exklusive Preise zu. Der Kunde verbindet mit dem Marktangebot bestimmte Erwartungen bzw. impliziert einen Kundennutzen, der oft im immateriellen Bereich zu finden ist, z.B. Prestige. Beispiele finden sich bei vielen Kosmetik- und Modemarken. Dies ist oft die Gelegenheit für Franchisenehmer, die bereits eingeführten Markennamen und das dazugehörige Marketingkonzept zu übernehmen und so ihr unternehmerisches Risiko deutlich zu vermindern.
- **Chancen durch vertikale Bindung**: Sie ergeben sich durch Kooperationen mit vor- oder nachgelagerten Fertigungsstufen. Das Unternehmen ist dabei Teil einer Wertschöpfungskette gemeinsam mit anderen Unternehmen. Beurteilt werden kann diese Chance nach der Exklusivität der Bindung, bestehenden Umgehungsmöglichkeiten, Risiken der Abhängigkeit etc. Hier ist der Zulieferer nicht nur ein externer Lieferant von Vorprodukten,

---

[1] Vgl. Hamel/Prahalad, 1991.

[2] Vgl. Kohlert, 2002, S. 78 f.

sondern er ist in den Produktionsprozess voll integriert und damit auch nicht ohne Weiteres auswechselbar. Ohnehin geht die Entwicklung in die Richtung, dass Zulieferer in die Prozesse ihrer Großkunden besser integriert werden, um eine maximale Wertschöpfung zu erzielen.

- **Chancen durch Preispolitik**: Diese ist an sich nur für Kostenführer interessant, d.h. für Unternehmen, welche die Produkte zu den geringstmöglichen Kosten herstellen können. Durch Preisunterbietung kann ein Marktanteil gesichert oder auch vergrößert werden. Für einen Entrepreneur kommt dies nur dann in Frage, wenn er etwa neue, kostengünstigere Verfahren in der Produktion einführt, ansonsten sind ihm hier sicherlich Grenzen gesetzt, da eine Kostenführerschaft in der Regel Massenproduktion voraussetzt.

- **Chancen durch Service Management**: Diese ergeben sich durch eine gute Lieferpolitik, verbunden mit einer hohen Flexibilität, z.B. Pharmagroßhandel, Schnelligkeit („Economies of Speed"), Kundenschulungen etc. Das Service Management verhilft dabei zu einem Markteintritt, da im Vergleich mit dem Wettbewerb unübliche Leistungen angeboten werden, die der Kunde aber nachfragt und wertschätzt. Das Unternehmen profiliert sich z.B. als besonders zuverlässig; die Zuverlässigkeit stellt eine Hauptkomponente der Serviceleistung dar. Eine strenge Kostenkontrolle muss hier allerdings die Wirtschaftlichkeit fortlaufend überprüfen und gegebenenfalls das Serviceangebot anpassen.

- **Chancen durch bessere Information**: Diese wird dazu genutzt, dem Kunden näher zu sein. Bessere Kenntnis der Produkte des Wettbewerbers, bessere technologische Informationen, bessere Beziehungen zu den Kunden, Meinungsführern („Opinion Leaders") etc. verhelfen zu einem Markteintritt.

Wie neue Marktangebote kreiert werden können, soll das Beispiel einer Vorgehensweise aus der Hotelbranche veranschaulichen. Eine Hotelkette analysierte sehr sorgfältig die einzelnen Serviceelemente der Hotels und stellte sich die Frage, inwieweit der Kunde die einzelnen Merkmale des Marktangebots (Nutzenelemente) wertschätzt und damit auch bereit ist, dafür einen Mehrpreis zu bezahlen. Daraufhin beschränkte man sich auf die Nutzenelemente, die der Kunde wirklich benötigt („**Benefit Selling**") (siehe Abb. 10.2).

Die Hotelkette, die das neue Marktangebot präsentierte, war sehr erfolgreich und konnte sehr schnell expandieren.

Die Vorgehensweise lässt sich durchaus verallgemeinern:
- Welche der Faktoren, die in der Branche unerlässlich erscheinen, können eliminiert werden?
- Welche der Faktoren können unterhalb des Standards reduziert werden, ohne dass es Auswirkungen auf die Kundenbasis hat?
- Welche der Faktoren sollten deutlich über dem Standard angehoben werden?
- Welche der Faktoren sollten zusätzlich angeboten werden, die es in der Branche noch gar nicht gibt?

Produkt bzw. Service-Elemente	Relatives Niveau	
	niedrig	hoch
Essplatz		
Architektur		
Lounges		
Größe der Räume		
Besetzung der Rezeption		
Möblierung der Räume		
Qualität der Betten		
Hygiene		
Ruhe in den Räumen		
Preis		

Neues Marktangebot   1-Sterne Hotel   2-Sterne Hotel

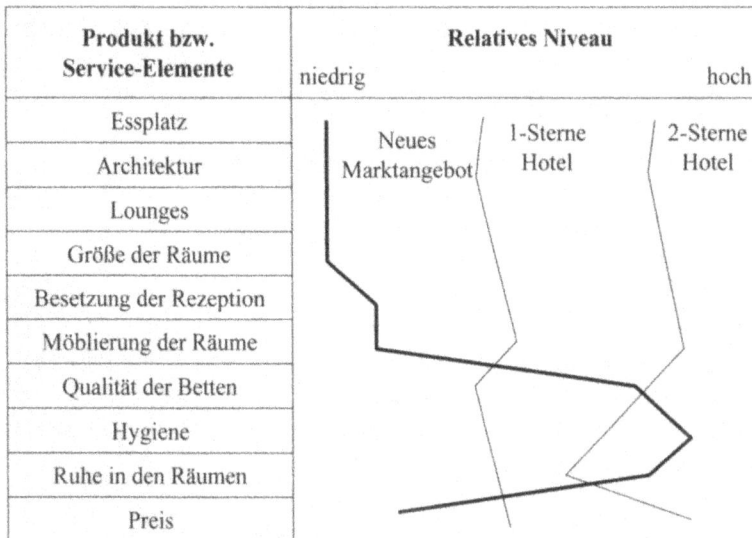

Abb. 10.2: Schaffung eines neuen Marktangebots durch „Benefit Selling"

10.2 Geschäftsplan als Fahrplan

10.2.1 Grundzüge eines Geschäftsplans

Die Basis für die Organisation des Markteintritts ist der Geschäftsplan (Business Plan).

Der Geschäftsplan ist ein zentrales Instrument zur Steuerung und Koordination aller Unternehmensaktivitäten. Er ist die Zusammenfassung aller betrieblichen Teilpläne wie z.B. Beschaffungsplan, Personalplan, Finanzplan.

Hier werden Informationen zusammengestellt, die alle drei **Zielgruppen** eines Geschäftsplans gleichermaßen ansprechen:
- Den Markt
- Die Investoren
- Die Mitarbeiter

Das **Ziel** eines Geschäftsplans ist, überzeugend zu demonstrieren, warum potenzielle Kunden dieses Marktangebot kaufen sollen und wie Investoren angemessene Gewinne mit diesem Geschäft erwirtschaften können.

Der Geschäftsplan muss überzeugend mit den Fragen des Marktes und der Investoren umgehen können. Wenn Investoren einen Geschäftsplan bewerten, betrachten sie nicht nur den Einstieg, sondern auch den Ausstieg. **Typische Fragestellungen** bei einem Geschäftsplan sind:[3]

- Ist der Geschäftsplan komplett? Wurden alle relevanten Aspekte behandelt?
- Würde der Geschäftsplan für potenzielle Investoren interessant sein?
- Hat das „Venture" eine Chance, von Anfang an ein Erfolg zu werden?
- Zeigt der Geschäftsplan die Stärken des Unternehmens auf?
- Funktioniert die Leistungserbringung effizient?
- Können die Leistungen effektiv vermarktet werden?
- Sind die Gewinnmargen hoch genug, um die Kosten der Fertigung bzw. die Bereitstellung der Marktangebote und die Vermarktung abzudecken?
- Können die Funktionen des Unternehmens, z.B. die Organisation, Distribution, Finanzen, richtig gemanagt werden?

Die Erstellung des Geschäftsplans geht dabei die folgende Reihenfolge durch:

Zielgruppe	Stärken	Strategien	Umsetzung
• Marktangebot • Kundenbedürfnisse • Identifizierung der ersten Kunden (Referenzkunden) • Suche nach Kunden mit dem Potenzial zum Stammkunden • Positionierung	• Abgrenzung zum Wettbewerber • Kommunikation der Stärken bei der Positionierung • Darstellung des konkreten Werts für den Kunden (Mehrwert)	• Entscheidung über Kernstrategie (Differenzierung, Nische, Kosten- führerschaft) • Kooperationen ('make or buy') • IP-Strategie • Erhaltbarkeit der eigenen Stärken	• Marketing-Mix: - Marktangebot - Preisgestaltung - Absatzwege - Promotion • Kostenstruktur • Controlling (Wirtschaftlichkeit der Leistungen)

Abb. 10.3: Vorgehensweise bei der Erstellung des Geschäftsplans

Das Wissen, wem man was verkaufen möchte, steht zu Beginn des ganzen Geschäftsplans. Die **Zielgruppe** muss eindeutig definiert, das Marktangebot auf sie abgestimmt und die ersten Kunden erreichbar sein. Je optimaler die Zielgruppe definiert ist, d.h. umso mehr sie das Marktangebot wertschätzt, weil sie über Budgets verfügt und Qualen wegen einem bestimmten Problem erleidet, das dieses Marktangebot lösen kann, umso höhere Preise wird sie akzeptieren. Des Weiteren steht sie später als Referenzkunde zur Verfügung.

---

[3] Vgl. Megginson/Byrd/Scott/Megginson, 1994, S. 139 f.

Dem Kunden werden damit die **Stärken**[4] des Marktangebots kommuniziert, mit deren Hilfe sich das Unternehmen von den Angeboten der Wettbewerber eindeutig abhebt. Diese Stärken muss die Zielgruppe wertschätzen und dafür bereit sein, einen Premiumpreis zu bezahlen. Ferner können die Wettbewerber diese eindeutigen Stärken nicht anbieten.

Auf den Stärken bauen die **Strategien** auf. Verfolgt das Unternehmen in diesem Geschäftsfeld die Kernstrategie der Differenzierung, muss es eindeutige Stärken haben, ebenso bei der Nischenstrategie. Bei der Kostenführerschaft spielen Stärken am Markt an sich keine große Rolle, sondern eine effiziente Fertigung in großen Mengen steht hier im Vordergrund. Strategien können nicht laufend geändert werden, sondern stellen langfristige Ausrichtungen eines Unternehmens dar. Stärken sollten daher durchhaltbar sein, wenn auf ihnen Strategien aufbauen. Durchhaltbar bedeutet, Grundlage für den Premiumpreis, schwer imitierbar und nach Möglichkeit ausbaubar. Es ist zu prüfen, inwieweit die IP[5]-Strategie darauf eingestellt werden muss, etwa durch Patentierung oder den Schutz der Marke.

In der **Umsetzung** werden die Strategien auf den Markt übertragen. Konkret erfolgt die Gestaltung des Marketing-Mix unter Beachtung und Überwachung einer bestimmten Kostenstruktur.

Bei der **Erstellung eines Geschäftsplans** treten **typische Fehler** auf:
- Die **grundsätzliche Einstellung zu neuen Ideen** ist oftmals die, eher die Bedrohungen zu suchen als die Gelegenheiten zu erkennen. Doch im Umgang mit den Gelegenheiten steckt das Potenzial für späteres Wachstum. Daher ist die Einstellung, „Die Lage ist hoffnungslos, ich sehe aber noch eine Möglichkeit" für Entrepreneure die Richtige.
- Die **Furcht vor Fehlschlägen bzw. Misserfolgen** verleitet Mitarbeiter dazu, Entscheidungen nicht zu treffen oder sie mannigfaltig abzusichern. In beiden Fällen werden notwendige Entwicklungen verzögert, oftmals sogar aufgehalten. Es darf nicht vergessen werden, dass Fehler zur Entwicklung dazugehören, man lernt eher aus Fehlern, insbesondere, wenn Dinge drastisch verändert werden müssen.
- Der **Mangel an Wissen über den Markt und den Wettbewerb** ist immer wieder erschütternd. Die Fragen, woher die ersten zwanzig Kunden kommen und warum diese Kunden nicht beim Wettbewerber kaufen sollen, werden oft nicht stichhaltig diskutiert. Dabei sind diese Kenntnisse essenziell für den Aufbau der Unternehmensstrategie.
- Es besteht oftmals eine **extreme Erwartungshaltung** in beide Richtungen, oftmals liegt jedoch die Wahrheit in der Mitte.
- Es bestehen nur **vage formulierte Zielsetzungen**, so dass auch kein zielgerichtetes Handeln erwartet werden kann. Die Vorstellung „der Weg ist das Ziel" sichert kein zukunftsfähiges „Venture".
- Der **Markteintritt erfolgt unter Zeitdruck**. Dies führt etwa bei Verhandlungen mit Kooperationspartnern, Lieferanten etc. zu einer schlechteren Verhandlungsposition, denn

---

[4] Strategische Erfolgspositionen (SEP), „Key Factors of Success" (KFS), kritische Erfolgsfaktoren, Alleinstellungsmerkmale, „Unique Selling Propositions" (USP), strategische Wettbewerbsvorteile etc. sind Synonyme für Stärken.

[5] „Intellectual Property".

ein trainierter und erfahrener Verhandler merkt gleich, wer von den beiden Parteien der Schwächere ist.

- Die **mangelnde Bereitschaft, das eigene Marktangebot dem neuen Markt anzupassen,** führt oft zu unerwarteten Kosten im Nachhinein, insbesondere dann, wenn man nach einer bestimmten Zeit merkt, dass es ohne Anpassungen doch nicht geht. Oftmals wurde auf dem Weg dorthin bei den Kunden schon sehr viel Porzellan zerschlagen, so dass die Reputation des Unternehmens wieder neu aufgebaut werden muss.
- Das **fehlende Servicebewusstsein** mag in deutschen Landen nicht auffallen, weil man es ohnehin nicht gewöhnt ist. In anderen Kulturkreisen wird es allerdings als arrogant und unsympathisch empfunden und verhindert den Aufbau stabiler Geschäftsbeziehungen.

Die **Bedeutung von Geschäftsplänen** wird insbesondere bei kleinen Unternehmen auf die Rolle bei der Kapitalbeschaffung reduziert. Auf der einen Seite ist diese unternehmensexterne Funktion zweifelsohne wichtig, vor allem dann, wenn man unter Kapitalbeschaffung nicht nur an Banken denkt, sondern auch an Fördermittel und vor allem an die Zuführung von Eigenkapital durch „Venture Capital"-Unternehmen oder Privatpersonen, die Risikokapital zur Verfügung stellen. Auf der anderen Seite hat der Geschäftsplan auch **unternehmensinterne Funktionen**:

- Strukturierung und Darstellung eigener Ideen
- Leitfaden für Management und Mitarbeiter
- Definition von Zielsetzungen und Ableitung von Strategien
- Basis für Soll/Ist-Vergleiche

Zusammenfassend stellt der Geschäftsplan somit ein wesentliches Dokument und eine Entscheidungsgrundlage für Beteiligungsgesellschaften dar und ist ein zentrales Dokument für die Entwicklung von Unternehmen oder neuen Geschäftsbereichen. Er muss den Anforderungen Klarheit, Sachlichkeit, Prägnanz und Verständlichkeit nachkommen. Insbesondere bei Letzterem muss beachtet werden, dass sich der Geschäftsplan nicht nur an „gleichgesinnte" Fachleute richtet, sondern auch Entscheidungsträger damit konfrontiert werden, die nicht aus der eigenen Disziplin kommen. Auch sie müssen den Geschäftsplan ohne Weiteres verstehen.

Im Wesentlichen, kann konstatiert werden, gehören zu einem **aussagefähigen Geschäftsplan** die folgenden Komponenten:

- Das **Management-Team** mit seinen jeweiligen Kompetenzen, die für den Erfolg des Unternehmens unerlässlich sind. Durchaus können auch hier Stellvertreterbeziehungen dargestellt werden. Es kann nicht gänzlich ausgeschlossen werden, dass einzelne Mitarbeiter nach einiger Zeit das Unternehmen verlassen, auch dann muss das Unternehmen fortbestehen.

- Das **Marktangebot** mit **Stärken**, die die **Einzigartigkeit** und den spezifischen Nutzen für den Kunden herausstellen.

- **Markt** und **Wettbewerber** sind bekannte Größen. Das Unternehmen weiß, wie es an die ersten zwanzig Kunden kommt und mit ihnen Umsatz realisiert. Es kann den Markt gegenüber anderen Märkten abgrenzen, d.h. es kennt seinen Markt, weiß jedoch auch, welche Märkte es nicht bedienen will. Gelegentlich ist es schwieriger, zu sagen was man tut als zu entscheiden, was man nicht tun möchte.

- Der **Finanzbedarf** ist ermittelt, Vorstellungen bis zu den ersten Umsätzen und dem Erreichen des „Break-even Points" bestehen.

- Der **Realisierungsfahrplan** („Road Map") legt dar, welche Meilensteine bis wann erreicht werden müssen und bis wann man was erreicht haben will.

- Jede Gründung eines neuen Geschäftsfelds birgt **Risiken**. Diese sind offen gelegt und „**Exit Strategies**" legen dar, unter welchen Bedingungen der „Exit" aus diesem „Venture" gemacht wird. Man muss auch den Mut haben, sich zu Fehlschlägen zu bekennen, sich dann auch schnell davon zu verabschieden und kein gutes Geld schlechtem hinterher zu werfen.

10.2.2   Gliederung eines Geschäftsplans

Die Gliederung eines Geschäftsplans kann wie folgt aussehen:[6,7]

1. Deckblatt
- Name des Unternehmens, Adresse, Telefon etc.
- Namen der Geschäftsleitung
- Datum

2. Executive Summary
- Zusammenfassung, Mission des Unternehmens
- Zielsetzungen
- Beschreibung der Marktangebote
- Marketing Planung
- Finanzbudget

3. Inhaltsverzeichnis

4. Unternehmen und Branche
- Historie des Unternehmens: Zentrale Personen und Marktangebote
- Branchenanalyse
- Strategie des Unternehmens in dieser Branche

5. Marktangebote
- Darstellung der Produkte und Dienstleistungen
- Darstellung der strategischen Wettbewerbsvorteile
- Eigentumsrechte: Patente, Markenschutz
- Potenzial für weitere Produktentwicklungen und neue Marktangebote
- Technologien und deren Leistungsmerkmale

6. Marktforschung und Auswertung
- Zielgruppen, Zielregion
- Marktvolumen, Trends und Marktsegmente
- Wettbewerbsanalyse: Stärken/Schwächen
- Marktanteile und Vertrieb
- Bewertung des Marktes

7. Marketing Plan
- IST-Situation („Product Fact Book"): Markt, Produkt, Wettbewerb, Distribution, makro-ökonomisches Umfeld
- SWOT: Stärken & Gelegenheiten, Schwächen & Bedrohungen

- Zielsetzungen: Finanzielle Ziele, Marketing Ziele
- Marketing-Strategie: Marktsegmentierung/Zielmarkt/Positionierung
- Maßnahmenpläne: Marktangebote/Preis/Absatz-wege/Promotion, Außendienst, Service, Werbung, Produktentwicklung
- Gewinnplanungen
- Steuerung & Kontrolle

8. Umsetzungsplanung
- Stand der Umsetzung und offene Aufgaben
- Schwierigkeiten und Risiken
- Kosten

9. Fertigungsplan
- Fertigungsstandorte
- Maschinen und Verbesserungen
- Strategien und Pläne
- Personalplanung

10. Management-Team
- Organisation - Rollen und Verantwortlichkeiten
- Geschäftsleitung und sonstige zentrale Personen, ggf. Besetzung von Aufsichtsrat bzw. Beirat
- Stärken und Schwächen des Management-Teams, Bedarf für Unterstützung oder Training
- Unterstützende Unternehmen, z.B. Consultants

11. Maßnahmenpläne
- Zugeordnet zu jedem Ziel und jeder Strategie
- Alle Maßnahmen versehen mit: Barrieren, Verant-wortlichkeiten und Terminen

12. Wichtige Risiken, Annahmen und Probleme
- Verwendung der Szenario-Technik
- Technologische Durchbrüche

13. Gesellschaftliche Einflussfaktoren
- Politik und Gesetzgebung
- Wirtschaftliche Entwicklung
- Kulturelle Veränderungen

---

[6] Vgl. Megginson/Byrd/Scott/Megginson, 1994, S. 142.

[7] Dies stellt nur ein Beispiel dar. In der Literatur finden sich zahlreiche Gliederungsmöglichkeiten.

14. Finanzplanung
- Gewinnplanung
- Investitions- und Abschreibungsplanung
- Finanzierungsplanung
- Rentabilitätsvorschau auf drei Jahre
- Liquiditätsplanung auf ein Jahr, monatliche Berechnung

15. Angebot des Unternehmens an Kapitalgeber
- Angestrebte Finanzierung
- Angebotene Sicherheiten
- Verwendung der finanziellen Mittel

16. Anhang:
- Lebensläufe des Management-Teams
- Darstellung der wichtigsten Annahmen über die zukünftige Entwicklung
- Produktbroschüren, Firmendarstellung
- Detailplanungen (Produktplanung, Marketing-Planung, Fertigungsplanung etc.)

Abb. 10.4: Gliederung eines Geschäftsplans

Diese Gliederung stellt einen Überblick dar, welche Bestandteile ein Geschäftsplan haben kann. Er muss je nach Branche, Markt, Unternehmen und Aufgabenstellung anders strukturiert werden. Vor Standardisierungen sei gewarnt, da hier der Blick für die Besonderheiten des Marktes genommen wird!

Der Geschäftsplan gibt den Kapitalgebern einen ersten Eindruck über das Unternehmen und seine führenden Köpfe. Die Kapitalgeber suchen nach Belegen, dass das Unternehmen sein eigenes Vermögen sorgfältig behandelt, dann werden sie auch ihr Kapital so behandeln.

Sowohl die **Form des Geschäftsplans** als auch der Inhalt sind von Bedeutung, eine gute Form reflektiert einen guten Inhalt und vice versa:[8] Ein gehefteter Stapel von Kopien wirkt sehr amateurhaft, Kapitalgeber arbeiten aber lieber mit Profis zusammen! Der Umfang sollte vierzig Seiten nicht überschreiten, Hintergrundinformationen gehören in den Anhang. Es sollte jedoch vermieden werden, dass der Leser fortlaufend im Anhang nachschauen muss, um den Sinn zu verstehen. Das bedeutet, dass alles Wichtige im Hauptteil enthalten sein muss.

10.3 Alternativen des Markteintritts

Neue Geschäftsmöglichkeiten können auf neuen Marktangeboten oder neuen Märkten oder auf beidem basieren. Mit beiden kann das Unternehmen bereits mehr oder weniger vertraut sein. Der **selektive Einsatz möglicher Strategien ist bei neuen Geschäftsmöglichkeiten** notwendig. In der folgenden Betrachtung soll in Anlehnung an Roberts & Berry ein Modell dargestellt werden, welches Handlungsempfehlungen für unterschiedliche Situationen gibt,

---

[8] Vgl. Rich/Gumpert, 1985, S. 6.

in denen sich ein Unternehmen befinden kann.[9] Dazu soll zunächst auf die einzelnen Begrifflichkeiten eingegangen werden:

- „Grundlage" liegt vor, wenn der Markt bzw. die Technologien oder Dienstleistungen, die im Marktangebot enthalten sind, im Unternehmen bestens bekannt sind; es stellt sozusagen das Stammgeschäft des Unternehmens dar.
- „Vertraut" liegt vor, wenn der Markt bzw. die Technologien oder Dienstleistungen, die im Marktangebot enthalten sind, bislang im Unternehmen verstanden und verschiedentlich bearbeitet bzw. eingesetzt worden sind.
- „Nicht vertraut" liegt vor, wenn der Markt bzw. die Technologien oder Dienstleistungen, die im Marktangebot enthalten sind, bislang im Unternehmen verstanden, aber noch nicht bearbeitet bzw. eingesetzt worden sind.
- „Neu" liegt vor, wenn der Markt bzw. die Technologien oder Dienstleistungen, die im Marktangebot enthalten sind, bislang im Unternehmen noch gar keine Rolle spielten.

Es handelt sich dabei um ein Kontinuum von der „Grundlage" bis zum „nicht Vertrauten". Daraus kann das **Konzept der Vertrautheitsmatrix** abgeleitet werden:[10]

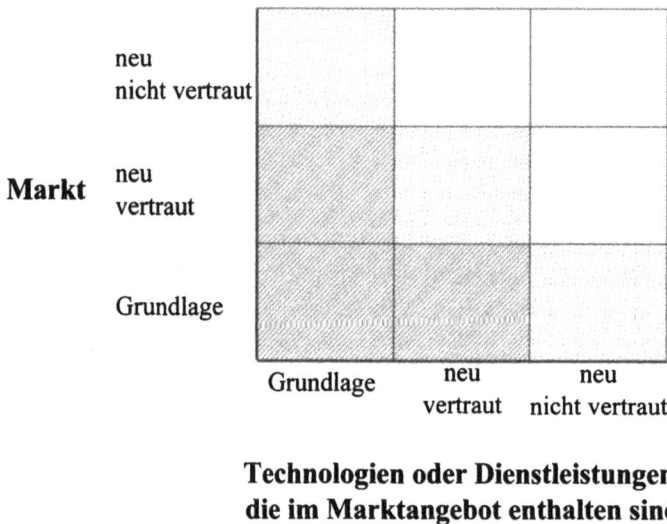

**Technologien oder Dienstleistungen,
die im Marktangebot enthalten sind**

Abb. 10.5: Konzept der Vertrautheitsmatrix

Die weiße Fläche stellt den Bereich dar, in dem das Unternehmen nicht vertraut ist, ihm Wissen über Märkte, Marktangebote und Absatzwege fehlt. Geht man nach links, nimmt die Vertrautheit über den Markt bzw. die Technologien oder Dienstleistungen, die im Marktangebot enthalten sind, weiter zu.

---

[9] Vgl. Roberts/Berry, 1985, S. 3 ff.

[10] Vgl. ebenda, S. 7.

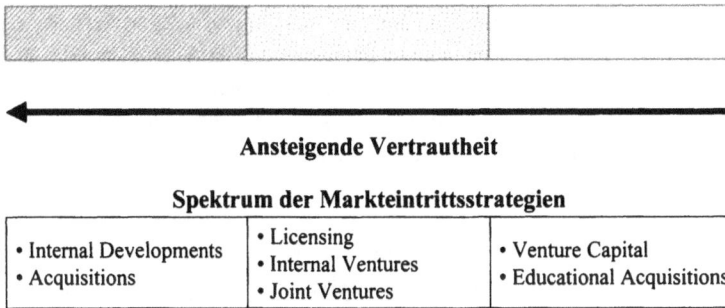

Ansteigende Vertrautheit

Spektrum der Markteintrittsstrategien

• Internal Developments • Acquisitions	• Licensing • Internal Ventures • Joint Ventures	• Venture Capital • Educational Acquisitions

Abb. 10.6: Vertrautheit determiniert Markteintrittsstrategien

Daraus ergeben sich dann **unterschiedliche Formen des Markteintritts.**[11] Im ersten Fall stellt das Geschäftsfeld das Stammgeschäft des Unternehmens dar oder ist ihm zumindest sehr nahe. Interne Ressourcen sind vorhanden, damit kann auf bestehende Erfahrungen und Kontakte zurückgegriffen werden. In diesem Fall bestehen zwei sinnvolle Möglichkeiten für den Markteintritt:

- Durch „**Internal Development**" tritt das Unternehmen eigenständig und direkt in den neuen Markt ein. Es ist dank eigener Ressourcen in der Lage, von innen heraus zu wachsen.
- Eine Alternative stellt in dieser Konstellation die „**Acquisition**" dar. Ohne Zweifel beschleunigt sie die interne Entwicklung eines neuen Geschäftsfelds erheblich. Auch sie setzt voraus, dass das Geschäftsfeld bestens bekannt ist und die Güte der Akquisition auch dementsprechend eingeschätzt werden kann.

Im zweiten Fall ist der Neuigkeitsgehalt schon erheblich. Hier bestehen dann die folgenden Möglichkeiten des Markteintritts:

- Durch „**Licensing**" wird ein Teil des Risikos auf den Lizenznehmer abgewälzt, das eigene Risiko damit reduziert, allerdings auch die Gewinnmöglichkeiten.
- „**Internal Ventures**" werden durch ein Unternehmen selbst gegründet, in dem Teams mit einer neuen Aufgabe betreut und mit den notwendigen Ressourcen ausgestattet werden. Das Risiko wird dabei in der Regel auf einen bestimmten Betrag begrenzt.
- Durch „**Joint Ventures**" wird das Risiko des Markteintritts auf mehrere Unternehmen verteilt. Entweder werden „Joint Venture"-Partner gesucht, die die eigenen Schwächen ausgleichen oder im Sinne einer Risikoverteilung mehrere Unternehmen zusammengetan, um den eigenen Risikobeitrag zu senken. Dieser Markteintritt ist oft auch für große Projekte die einzige Alternative, die man ohne einen Partner nicht bewerkstelligen könnte.

Im dritten Fall ist der Neuigkeitsgehalt sehr hoch. Das Unternehmen ist weder mit dem Markt, noch mit den Technologien oder Dienstleistungen, die im Marktangebot enthalten sind, wirklich vertraut. Dann gibt es zwei Möglichkeiten für den erfolgreichen Markteintritt:

---

[11] Vgl. Roberts/Berry, 1985, S. 9.

- Manche Unternehmen vergeben über eigene „Venture Capital"-Tochterunternehmen **„Venture Capital"** an junge Unternehmen, die in bestimmten Bereichen, die für das Mutterunternehmen interessant werden könnten, Entwicklungen vorantreiben.
- Dies könnte im weiteren Verlauf zu einer **„Educational Acquisition"** führen. Hier wird der Know-how-Träger übernommen. Selbstverständlich muss darauf geachtet werden, dass die Mitarbeiter auch nach der Übernahme im Unternehmen verbleiben.

Die Form des Markteintritts kann auch von der **Bedeutung der Innovation** und dem Zeitablauf abhängen. Abhängig von der **Stellung im Produktlebenszyklus** werden einmal die Marktangebote, das zweite Mal die Prozesse im Vordergrund stehen:[12]

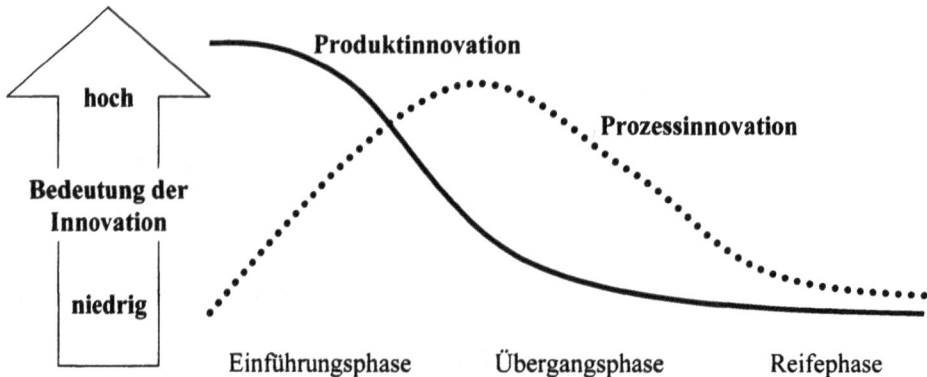

Abb. 10.7: Produkt- und Prozessinnovationen im Produktlebenszyklus

Die Entscheidung über den **Markteintritt hängt somit nicht nur von den Kompetenzen des Unternehmens** ab. Dann stellt sich auch die Frage, ob eher das Marktangebot (**Produktinnovation**) oder eher die Umsetzung (**Prozessinnovation**) im Vordergrund steht. Je mehr die Prozessinnovation im Vordergrund steht, umso eher besteht in diesem Markt ein Preiswettbewerb, d.h. Marktangebote können nur noch über immer geringer werdende Gewinnmargen verkauft werden.

---

[12] Vgl. Roberts/Liu, 2001, S. 26 ff.

> **Empfehlungen für den Entrepreneur:**
>
> - Ein Entrepreneur beginnt mit dem Teil seiner Geschäftsidee, die ihm einen Start ermöglicht. Er arbeitet nicht an seinem Geschäftsplan, bevor er nicht davon überzeugt ist, dass er auch wirklich funktioniert. Ein Auto startet auch zuerst den Motor, bevor es fährt.
> - Der Entrepreneur ist der Motor des Unternehmens. Dazu braucht der Entrepreneur die richtigen Leute. Wenn er in seinem Unternehmen ein Krebsgeschwür entdeckt, setzt er den Mitarbeiter frei, der nicht in das Team passt.
> - Er sucht nur Mitarbeiter, die seine eigenen Stärken verstärken oder komplementieren.
> - Ein Entrepreneur untersucht eine Geschäftsgelegenheit, einen Markteintritt etc. zunächst, bevor er eine Entscheidung trifft. Er betrachtet die strategischen Alternativen mit ihren Vor- und Nachteilen und trifft dann seine Entscheidung.
> - Der Entrepreneur versteht, dass Markteintrittsstrategien von seiner Vertrautheit mit dem Markt und den eingesetzten Technologien oder Dienstleistungen abhängen. Er analysiert die Breite der zur Verfügung stehenden Alternativen für den Markteintritt.

Literaturhinweise

Hamel/Prahalad: Nur Kernkompetenzen sichern das Überleben, in: Harvardmanager, Heft 2/1991, S. 66–78

Kohlert, Helmut: Marketing für Ingenieure, München/Wien 2003

Kohlert, Helmut: Faszination Selbständigkeit – Herausforderung Entrepreneurship, Renningen 2002

Megginson/Byrd/Scott/Megginson: Small Business Development. An Entrepreneur's Guide to Success, Burr Ridge 1994

Rich/Gumpert: How to Write a Winning Business Plan, in: Harvard Business Review, May-June 1985, S. 2–8

Roberts/Berry: Entering New Businesses. Selecting Strategies for Success, in: Sloan Management Review, Spring 1985, S. 3–16

Roberts/Liu: Ally or Acquire. How Technology Leaders Decide, in: MIT Sloan Management Review, Fall 2001, S. 26–34

Glossar über wichtige Fachbegriffe im Entrepreneurship

ABC-Analyse
Hilfsmittel zur Priorisierung von Kunden, Marktangeboten etc. hinsichtlich Umsatz oder Deckungsbeitrag, mit dem Ziel der Identifikation derjenigen Kunden, Produkte etc., die am meisten zum Unternehmenserfolg beitragen.

Abschreibung
Wertminderung des langfristig (länger als ein Jahr) nutzbaren Anlagevermögens.

Agio
Betrag, um den der Rückzahlungsbetrag den Auszahlungsbetrag übersteigt (= Aufgeld), z.B. Auszahlungsbetrag = 100, Rückzahlungsbetrag = 110.

Anhang
Pflichtteil bei Kapital- und KapCo-Gesellschaften; er enthält Angaben über erklärungsbedürftige Positionen im Jahresabschluss, angewandte Bilanzregeln und Bewertungs- und Abschreibungsmethoden sowie Zusatzangaben zur Vermögens-, Finanz- und Ertragslage des Unternehmens.

Anlagespiegel
Überblick über alle Bilanzpositionen des Anlagevermögens sowie über Ingangsetzungs- und Erweiterungsmaßnahmen mit Angaben über Anschaffungs- und Herstellungskosten, Zu- und Abgänge, Zu- und Abschreibungen sowie über die kumulierten Abschreibungen.

Assets
Dieser englische Begriff, übersetzt als Aktivposten, Anlagevermögen, Vermögensgegenstand, wird teilweise als Oberbegriff für die Vermögensgegenstände des Aktivvermögens verwendet; insofern spiegeln die Assets wieder, wie das vorhandene Kapital angelegt ist.

Außerordentliches Ergebnis
Differenz zwischen unregelmäßigen und nicht zum operativen Geschäft gehörenden Erträgen und Aufwendungen.

Barwert
Wert einer künftigen Zahlung zum heutigen Tag unter Berücksichtigung des Zinses.

Basel II

Reform der Eigenkapitalrichtlinien für Banken, mit dem Ziel, die Solvenz der Kreditinstitute zu sichern. Darüber hinaus soll Transparenz und somit Vergleichbarkeit für Investoren und Gläubiger hinsichtlich des Risikos einer Finanzanlage geschaffen werden. Diese Richtlinien sind bindend für die G-10-Staaten, zu denen auch Deutschland gehört. Ab 2006 müssen sich Unternehmen, die Fremdkapital aufnehmen wollen, einem so genannten „Rating" unterziehen. In einem solchen Rating-Verfahren (Bewertung und Risikoprüfung) wird die Bonität des Unternehmens geprüft und ihm eine „Note" gegeben. Auf Grundlage dieser Note muss die kreditgebende Bank Eigenkapital als Sicherheit passivieren. Ist das Eigenkapital der Bank vollständig in diese zu bildende Rückstellung eingebracht, so darf die Bank keine weiteren Kredite mehr vergeben. Die Höhe der Rückstellung, die die Bank für einen (neuen) Kredit bilden muss, ergibt sich aus zwei Komponenten: Der Mindesteigenkapitalquote von 8% und weiteren Faktoren, wie dem Kreditrisiko, Marktrisiko und dem operationalen Risiko. Die Rückstellung (= Mindesteigenkapitalquote) steigt und fällt somit im Wesentlichen mit dieser zweiten Komponente. Umso höher die zu passivierende Rücklage ist, desto schlechter ist das für das Kreditinstitut. Konsequenz ist, dass die Banken von Unternehmen mit schlechterer Bonität höhere Zinsen verlangen werden als von sehr solventen Firmen.

Benchmarking

Vorgehensweise zum Vergleich von Marktangeboten oder Geschäftsprozessen, um aus den Unterschieden Verbesserungsmöglichkeiten für das eigene Unternehmen zu generieren.

Benefit Selling

Ausrichtung in der Argumentation beim Verkauf oder bei der Erstellung eines neuen Marktangebots auf den Kundennutzen, die Kundenvorteile oder die persönliche Zufriedenheit, die ein Käufer von einem bestimmten Marktangebot erwarten kann.

Best Practices

Lernform, die man als Imitationslernen aus herausragenden Beispielen bezeichnen kann, bei der Unternehmen versuchen, die Erfahrungen und das Wissen anderer Unternehmen aus der Realisierung von Spitzenleistungen zu nutzen und auf das eigene Unternehmen zu übertragen, um damit die eigene Leistungsfähigkeit zu verbessern.

Betriebsausgaben

Aufwendungen, die durch den Betrieb veranlasst sind; sie sind bei der Gewinnermittlung im Rahmen der Gewinneinkunftsarten steuerlich abzugsfähig; äquivalent dazu sind dies bei den Überschusseinkunftsarten die Werbungskosten.

Betriebsnotwendiges Vermögen	Sämtliche Vermögensgegenstände, die zur Aufrechterhaltung des Betriebszwecks erforderlich sind.
Bilanz	Gegenüberstellung des Vermögens und des Kapitals eines Unternehmens; hierbei stellt das Kapital, das in das Unternehmen investierte Geld und damit die Mittelherkunft dar, während das Vermögen die Mittelverwendung aufzeigt.
Bilanzanalyse	Verfahren zur Informationsgewinnung und -auswertung, mit dessen Hilfe Erkenntnisse über die Vermögens-, Finanz- und Ertragslage des untersuchten Unternehmens aus vorhandenen (externen) Daten (Bilanz, GuV, Kapitalflussrechnung, Anhang und Lagebericht) gewonnen wird.
Bilanzgewinn/Bilanzverlust	Gewinn, der zur Ausschüttung von Dividenden oder zur Einstellung in Gewinnrücklagen verwendet werden kann; er errechnet sich wie der Bilanzverlust aus dem Jahresüberschuss (Jahresfehlbetrag) + Gewinnvortrag (./. Verlustvortrag) + Entnahmen aus (./. Einstellungen in die) Gewinnrücklagen + Entnahmen aus der Kapitalrücklage.
Bilanzkurs	Spiegelt das Verhältnis zwischen dem in der Bilanz ausgewiesenen Nettosubstanzwert und dem Nominalwert des Grundkapitals wider.
Branding	Marktangebote werden mit eigenen Persönlichkeiten bzw. Marken ausgestattet, die eine bestimmte Aussage transportieren und dem Kunden leichter im Gedächtnis bleiben und zum identifizierbaren Objekt machen.
Break-even-Analyse	Gegenüberstellung der Erlöse und Aufwendungen in Abhängigkeit der Auslastung; Ziel ist die Ermittlung der kritischen Menge, die man verkaufen muss, um nicht in die Verlustzone zu geraten.
Buchführung	Bestandteil des betrieblichen Rechnungswesens, der die Beziehungen des Unternehmens nach außen erfasst und darstellt; Aufgabe der Buchführung ist es, alle wirtschaftlich bedeutsamen Vorgänge (Geschäftsvorfälle) einer Unternehmung aufzuzeichnen.
Cash Flow	Saldo aus Ein- und Auszahlungen eines Unternehmens. Er stellt damit eine Kennzahl für die Liquidität des Unternehmens dar.
Clienting	Konsequente und systematische Ausrichtung aller Unternehmensaktivitäten auf die Interessen des Kunden.
Communities	Gruppen, die sich mit einer gemeinsamen Zielsetzung zusammenfinden, heute sehr oft virtuell.

Complementary Assets	Beherrschung derjenigen Fähigkeiten, die notwendig sind, um das Know-how auch wirklich zu nutzen bzw. im Markt umzusetzen.
Cross-Selling	Teilbereich des „Customer Relationship Managements" mit dem Ziel, durch den Verkauf sowohl mehrerer komplementärer als auch voneinander verschiedener Marktangebote des Unternehmens die Kundenzufriedenheit und Kundenbindung zu erhöhen und den Kundenlebenszyklus zu verlängern.
Deckungsbeitrag	Anteil des Umsatzes nach Abzug der direkt zurechenbaren Kosten, der zur Deckung anderer Kosten zur Verfügung steht.
Differenzierung	Herausstellen von Unterscheidungsmerkmalen zu den Marktangeboten der Wettbewerber, um im Markt als unverwechselbar anerkannt zu werden.
Disagio, Damnum	Vorgezogene Zinszahlung, indem eine verminderte Darlehensauszahlung vorgenommen wird (= Abgeld). Somit ist der Effektivzins um mehr als das auf die Laufzeit verteilte Disagio höher, da er sich aus dem Nominalzins zzgl. dem aufgezinsten Disagio ergibt.
Economies of Scale	Kostenvorteile in der Fertigung pro Stück, die sich aus einer erhöhten Fertigungsmenge ergeben.
Educational Acquisition	Eintrittsstrategie in Märkte, mit denen das Unternehmen nicht vertraut ist, durch Akquisition eines Unternehmens mit dem entsprechenden Know-how,
Entrepreneur	Unternehmerisch denkende und handelnde aktive Menschen in Unternehmen, die, durch Geschäftsgelegenheiten getrieben, auf eigenes Risiko handeln; also visionäre, innovative, auf Wachstum ausgerichtete Unternehmerpersönlichkeiten.
Ergebnisspaltung	Man spaltet das Gesamtergebnis in das ordentliche Betriebsergebnis, das Finanzergebnis und das außerordentliche Ergebnis.
Erfahrungskurveneffekte	Zusammenhang zwischen der Erfahrung, gemessen am kumulierten Absatz des Produkts (Marktangebot) und dem Verlauf der Stückkosten, der sich in einem Kostenreduzierungspotenzial darstellt.
Event	Erlebnisorientiertes kommunikationspolitisches Instrument für zielgruppenspezifische Adressaten zur Umsetzung der Marketingziele.
Exit Strategy	Strategie, die es im Falle eines Misserfolgs ermöglicht, mit geringst möglichen Kosten eine fragwürdige Entscheidung wieder rückgängig zu machen.

Experience Curve Effects	→ Erfahrungskurveneffekte
Factoring	Ankauf von Forderungen aus Lieferungen und Leistungen bei oder vor Fälligkeit durch eine so genannte Factoring-Gesellschaft. Dies hat für den Abtretenden beim „echten Factoring" Vorteile bezüglich des Risikos und der Liquidität. Die verbesserte Liquiditätslage hat wiederum positive Auswirkungen auf die Bilanzanalyse. Das „unechte Factoring" hingegen ist eher mit einem erweiterten Inkasso (Forderungseinzug) vergleichbar.
Feature	Einzelne Bestandteile und Eigenschaften eines Marktangebots.
Finanzierungsinstrumente	Finanzierungsformen, die Einlagen-, Kredit- und Wertpapiergeschäfte sowie Derivate umfassen.
Firmenwert	Der derivative Firmenwert, z.T. auch als „Goodwill" bezeichnet, errechnet sich im Falle einer Unternehmensakquisition wie folgt: Kaufpreis für das Unternehmen ./. Verkehrswerte aller Vermögensgegenstände + Verkehrswerte der Schulden (falls sie beim Kauf übernommen werden). Für den Käufer besteht das Wahlrecht, den Firmenwert in der Bilanz zu aktivieren und abzuschreiben oder sofort als Aufwand in der GuV zu erfassen (§ 255 Abs. 4 HGB). Der so genannte originäre Firmenwert kann entstehen, wenn im Unternehmen über die Jahre hinweg durch eigenen Einsatz, z.B. Know-how oder Kundentreue, Standortvorteile generiert wurden. Diese selbst geschaffenen immateriellen Vermögensgegenstände dürfen nicht in die Bilanz aufgenommen werden, obwohl ihnen ein positiver Wert zuzuschreiben ist. Erst in einem Verkaufsfall realisiert sich dieser Wert.
Fonds	Grundsätzlich eine Zusammenfassung von mehreren Bilanzposten; er kann aber auch nur einen einzelnen Posten der Bilanz oder Teile von Bilanzposten enthalten.
Frühwarnsystem	Dies gibt dem Unternehmer zeitnah Informationen über eventuelle Schieflagen bzw. finanzielle Risiken, die den Fortbestand des Unternehmens gefährden könnten.
Gesamtkostenverfahren	Verfahren zur periodengerechten Erfolgsermittlung im Rahmen der GuV, bei dem sämtliche in der Periode angefallenen Erträge sämtlichen Aufwendungen in diesem Zeitraum gegenüber gestellt werden (Alternativverfahren: Umsatzkostenverfahren).
Geschäftsmodell	Modellhafte Beschreibung eines Geschäftes, bestehend aus den drei Komponenten Kundenwerte, Gestaltung der Wertschöpfungskette und Darstellung der Gewinnaussichten.

Geschäftsprozess	Menge miteinander verknüpfter Aktivitäten, welche in einer bestimmten Reihenfolge sequentiell und/oder parallel ausgeführt werden, um ein festgelegtes Ergebnis für einen bestimmten Kunden oder Markt zu erreichen.
Gewinn- und Verlust-rechnung (GuV)	Entstehung des Ergebnisses eines Unternehmens durch Darstellung der Erträge und Aufwendungen eines Geschäftsjahres; Bestandteil des Jahresabschlusses.
Goodwill	→ Firmenwert
Handlungsempfehlungen	Im kulturellen Kontext des Unternehmens gewichtete Schlussfolgerungen, die damit eine gewisse Subjektivität haben und sich am Umsetzbaren im Unternehmen orientieren.
Hedging	Eingrenzung eines bestehenden Risikos, z.B. Fremdwährungsrisiko, durch das Abschließen eines entsprechenden Gegengeschäftes, z.B. Fremdwährungskontrakt, welches das Risiko ganz oder zumindest teilweise eliminiert.
HR Blueprint	(Blaupause, Grundidee) Damit werden die grundlegenden Eckpfeiler der Personalpolitik und der Kulturvorstellungen des Entrepreneurs beschrieben.
Image	Wahrnehmung eines Marktangebots oder Unternehmens in der Marktöffentlichkeit und die Verbindung mit bestimmten Attributen durch die Kunden.
Immaterielle Vermögensgegenstände	Vermögensgegenstände, die keine physische Präsenz haben, z.B. Patente, Lizenzen, Software, aber auch der Firmenwert und Know-how. Selbst erstellte immaterielle Vermögensgegenstände des Anlagevermögens dürfen nicht aktiviert werden. Wird dagegen z.B. ein Patent gekauft, so besteht Aktivierungspflicht, da jetzt ein Verkehrswert aus dem Verkaufspreis abgeleitet wird (derivativer Wert).
Incentive	Nicht-materieller Anreiz, mit dem die Motivation, insbesondere bei Mitarbeitern im Außendienst, verstärkt werden soll.
Innovation	Weiterentwicklung (kontinuierliche Innovation) eines bestehenden Produkts, die dem Kunden oft gar nicht auffällt und von ihm keine Verhaltensänderung erfordert oder Weiterentwicklungen, die vom Kunden eine Verhaltensänderung erfordern (diskontinuierliche Innovationen); für die Kunden sind Diskontinuitäten wichtig, da nur durch sie bahnbrechende Verbesserungen möglich sind.
Innovationsmanagement	Transfer von Wissen in Nutzen bzw. Kundenwerte.
Intangible Assets	→ Immaterielle Vermögensgegenstände

Interner Zinsfuß	Effektivverzinsung bzw. die interne Rendite einer Investition oder die durchschnittliche Wachstumsrate des investierten Kapitals während des Planungszeitraums.
Jahresabschluss	Besteht grundsätzlich aus den Bestandteilen Bilanz der Unternehmung zum Stichtag, GuV-Rechnung nach Gesamt- oder Umsatzkostenverfahren, Anhang (nur bei Kapitalgesellschaften und gleichgestellten KapCo-Gesellschaften) und Lagebericht (nur bei großen und mittelgroßen Kapitalgesellschaften).
Jahresüber-schuss/Jahresfehlbetrag	Gibt den nach dem HGB ermittelten Gewinn oder Verlust des Unternehmens in der Gewinnermittlungsperiode wider.
KapCo-Gesellschaften	Personengesellschaften, bei denen nicht wenigstens eine natürliche Person voll haftender Gesellschafter ist, in der Praxis insbesondere die GmbH & Co. KG.
Kapitalflussrechnung	Darstellung der Herkunft und Verwendung der liquiden Mittel; wichtige Formen der Kapitalflussrechnung sind die Beständedifferenzenbilanz, die Veränderungs- bzw. Bewegungsbilanz sowie die Kapitalflussrechnung mit ausgegliederten Fonds.
Key Account Management	Organisation der Mitarbeiter im Verkauf nach großen Kunden bzw. Schlüsselkunden, denen besondere Aufmerksamkeit gewidmet werden muss.
Kooperation	Zusammenarbeit von Unternehmen auf freiwilliger Basis unter Beibehaltung ihrer wirtschaftlichen und rechtlichen Selbständigkeit.
Kosten- und Leistungsrechnung	Teil des internen Rechnungswesens, der sich mit der systematischen Erfassung und Auswertung von Kosten beschäftigt. Dadurch sollen der Unternehmensleitung aussagekräftige Daten für die Planung, Steuerung und Kontrolle der Unternehmen zur Verfügung gestellt werden (= Controlling). Hier gibt es keine gesetzlichen Vorschriften. Die Rechnungsziele können folglich individuell festgelegt werden. Die Kosten- und Leistungsrechnung stellt zumeist ein Kontrollinstrument im Sinne einer Nachkalkulation entstandener Kosten dar.
Kundenwert	Differenz des vom Kunden empfundenen Nutzens und den Kosten des Marktangebots.
Lead Customer	→ Referenzkunde
Lock-in-Effekt	Kosten für den Wechsel vom einen zum anderen Anbieter sind größer als der durch den Wechsel entstehende Nutzen, so dass der Wechsel praktisch keine Option mehr darstellt.

Management-by-Objectives   Personalführungsmodell, bei dem das Handeln anhand von Zielsetzungen gesteuert wird.

Marke   Ein Marktangebot oder Unternehmen mit stets gleichbleibender Aussage, etwa über Qualität und Design, das die Kunden dadurch im Gedächtnis behalten, wieder erkennen und mit bestimmten positiven Eigenschaften verbinden.

Marketing   Auseinandersetzung mit dem Wettbewerber um Kunden.

Marketing-Mix   Strukturierung des Marketings in Marktangebot, Preis, Absatzwege und Promotion, die vom Unternehmen festgelegt werden, um die Marketing-Strategien auf dem Markt umzusetzen.

Marketingstrategie   Grundlegende Ausrichtung eines Unternehmens am Markt, z.B. als Kostenführer oder Technologieführer.

Marktangebot   Kombination aus Produkten und Dienstleistungen, die, aufeinander abgestimmt, die Aufgabenstellung eines spezifischen Kundenproblems lösen.

Marktanteil   Verhältnis des vom Unternehmen realisierten Umsatzes zum Marktvolumen.

Marktforschung   Beschaffung und Analyse von Daten für die Ableitung von Handlungsempfehlungen zur Lösung einer spezifischen Aufgabenstellung.

Marktsegmentierung   Aufteilung eines Gesamtmarktes bezüglich seines Kaufverhaltens in Untergruppen, die eine homogene, gegenuber anderen Untergruppen heterogene Struktur, aufweisen.

Marktvolumen   Absatzmenge, die von allen Anbietern realisiert wird.

Maßgeblichkeitsprinzip   Besagt, dass Ansatz und Bewertung eines Vermögensgegenstandes in der Handelsbilanz grundsätzlich in die Steuerbilanz zu übernehmen sind.

Meinungsführer   Person innerhalb einer sozialen Gruppe, die hinsichtlich ihrer Kompetenz oder Autorität auf Ansichten, Meinungen und Verhaltensweisen der Gruppenmitglieder einen bestimmten Einfluss ausübt.

Mission   Gemeinsames Verständnis der Mitarbeiter über als besonders wichtig erachtete Unternehmensziele, grundlegende Strategien und mögliche Entwicklungsrichtungen.

Mystery Shopping   Testkauf, bei dem der Beobachter als Testkunde auftritt, um Informationen zu erhalten.

Network Marketing   Vermarktung von Marktangeboten über das eigene Netzwerk von Kontakten zu anderen Marktteilnehmern.

Newcomer	Neu in einen Markt eintretendes Unternehmen.
OEM	Original Equipment Manufacturer sind die Hersteller von Produkten, im Zuliefergeschäft sind sie die Erstausrüster.
Opportunity Management	Mehrstufige Erfassung, Pflege und Qualifizierung eines jeden Kundenkontakts, von der noch anonymen Adresse bis zum letztendlichen Vertragsabschluss.
Portfolio	Modelle, die eine Aufteilung von Vermögensbestandteilen, z.B. Wertpapiere, strategische Geschäftseinheiten, auf verschiedene Anlageformen oder Märkte zum Zweck der Gewinnmaximierung und der Risikominimierung, sicherstellen sollen.
Positionierung	Kommunikation von Marktangeboten durch das Unternehmen an die Zielgruppen, um einen bestimmten Platz in deren Wahrnehmung zu besetzen.
Prognose	Auf Erfahrungen, Beobachtungen oder sonstigen Erkenntnissen beruhende Aussagen über zukünftige Ereignisse.
Publizitätsgesetz (PublG)	Regelt für Unternehmen gewisser Größenordnung, die nicht Aktiengesellschaften sind, die Rechnungslegung und deren Publikationspflichten.
Rechnungsabgrenzungs-posten (RAP)	Dienen der periodengerechten Erfolgsermittlung, indem Einnahmen und Ausgaben, die mehrere Perioden betreffen, der jeweiligen Periode zugeordnet werden.
Referenzkunde	Kunde, der zum Zweck der gemeinsamen Weiterentwicklung ein noch nicht ausgereiftes Marktangebot erhält, oft mit einem Preisabschlag verbunden, um es gemeinsam mit dem Anbieter zur Serienreife zu führen und weiteren potenziellen Kunden die Leistungsfähigkeit des neuen Marktangebots zu belegen.
Rentabilität	Ist darauf gerichtet, die Fähigkeit eines Unternehmens zur künftigen Gewinnerwirtschaftung zu ermitteln; Rentabilitätskennzahlen werden berechnet, indem eine absolute Ergebnisgröße (z.B. der Jahresüberschuss) zu einer diese maßgeblich bestimmenden Einflussgröße (z.B. dem Eigenkapital) in Relation gesetzt wird.
Re-Order	Weitere Bestellungen von Altkunden (bestehenden Kunden).
Return on Investment (RoI)	Rückflüsse aus dem Markt an das Unternehmen aus einer getätigten Investition, z.B. interne Verzinsung; gemessen in % von der Investition.
Risikomanagementsystem	Hier werden betriebliche Risiken identifiziert und deren eventuelle Auswirkungen für das Unternehmen erfasst; es beinhaltet die systematische Risikosteuerung und Kontrolle.

Rücklagen	Bestandteile des Eigenkapitals, die aufgrund von gesetzlichen oder satzungsmäßigen Bestimmungen oder freiwillig gebildet werden; in der Bilanz werden Rücklagen (so genannte offene Rücklagen) nur von Kapitalgesellschaften gebildet.
Rückstellungen	Ausweisung von zukünftigen Verpflichtungen, die nach Grund, Höhe und/oder Zeitpunkt noch ungewiss sind; Voraussetzung für ihre Bildung ist, dass der Aufwand zwar nicht mit völliger Sicherheit, aber ausreichend sicher erwartet wird und nicht lediglich einzelne in der Bilanz ausgewiesene Vermögensgegenstände betrifft.
Rückwärtsintegration	Kauf von Lieferanten eines Unternehmens mit dem Ziel der Sicherung von Zulieferungen.
Segmentierung	→ Marktsegmentierung
Service-Management	Aktive Nutzung von Serviceleistungen als Differenzierungsmerkmal für das eigene Marktangebot gegenüber dem der Wettbewerber.
Sonderabschreibungen	Abschreibungsart, die zusätzlich zu den Absetzungen für Abnutzung (AfA) möglich ist. Sie spiegeln nicht den Werteverzehr eines Vermögensgegenstandes wider, sondern stellen ein steuerliches Lenkungsinstrument des Gesetzgebers dar. Sonderabschreibungen bieten Anreize, bestimmte Investitionen zu tätigen, da hierbei der Aufwand in frühere Perioden vorverlagert wird, dadurch der Gewinn des Unternehmens sinkt und es folglich zu einer niedrigeren Besteuerung heute, aber höherer Besteuerung in Zukunft kommt. Der Vorteil liegt somit in einem Liquiditäts- und Zinseffekt.
Spin-off	Eine Unternehmensgründung erfolgt durch die Verselbständigung einer Teileinheit eines Unternehmens durch deren Mitarbeiter, hierbei wird ein Teil der Aktiva mitgenommen und als Basis für das neue Unternehmen genutzt.
Stärke	Vorgaben in einem Marktangebot, die einem Unternehmen durch Differenzierung vom Wettbewerber Vorteile in einem Markt(segment) verschaffen.
Stille Reserven	Aus der Bilanz nicht ersichtliche Reserven, die durch zu niedrige Ansätze auf der Aktivseite oder zu hohe Ansätze auf der Passivseite und durch Nichtaktivierung von Vermögensgegenständen entstehen können; Grund für die Entstehung stiller Reserven ist in erster Linie, dass nicht realisierte Gewinne in der Bilanz nicht ausgewiesen werden dürfen.

Stock Options	Aktienbezugsrechte als Bestandteil der Mitarbeitervergütung. Die Mitarbeiter erhalten das Recht, Aktien des Unternehmens als Vergütung für die Arbeitsleistung zu einem fest bestimmten Preis nach Ablauf einer Sperrfrist zu erwerben. Steigt der Wert der Aktien, werden die Mitarbeiter ihre Option ausüben und durch den Verkauf der Aktien einen Gewinn realisieren; sinkt jener hingegen, werden die Mitarbeiter das Recht auf die Aktien verfallen lassen, da sie ansonsten einen Verlust in Kauf nehmen müssten. Demnach besteht ein Leistungsanreiz für die Mitarbeiter, der einen Anstieg des Börsenkurses bewirken kann. Die Begünstigten sind dann unmittelbar an den steigenden Aktienkursen beteiligt. Stock Options stellen insbesondere für die oberen Führungskräfte ein geeignetes Vergütungsmodell dar. Für das ausgebende Unternehmen stellt die Ausgabe von Stock Options einen Personalaufwand dar. Auf der anderen Seite stellt der realisierte Gewinn aus einem Börsenkursanstieg beim Mitarbeiter steuerpflichtige Einkünfte dar.
Strategien	Grundsatzregelungen von Unternehmen, die mittel- bis langfristig angelegt, auf ein Ziel ausgerichtet sind und den Charakter einer Leitlinie haben.
Substitutionsprodukte	Problemlösungen, die vom Kunden als Alternative in Betracht gezogen werden können.
SWOT	Methode zur Erkennung der eigenen Stärken, steht für Strengths/Weaknesses und Opportunities/Threats.
Technologie	Technologien sind die Verfahren und Prozesse, die einem Unternehmen zur Herstellung von Produkten grundsätzlich zur Verfügung stehen.
Teilwert	Steuerrechtlicher Begriff. Er ist an den Verkehrswert angelehnt und stellt den Betrag dar, den ein Erwerber eines ganzen Betriebs im Rahmen des Gesamtkaufpreises für einen einzelnen Vermögensgegenstand (Teil des Unternehmens) ansetzen würde. Dabei geht man von der Unternehmensfortführung („Going Concern") nach dem Erwerb aus. I.d.R. entspricht der Teilwert dem Verkehrswert.
Time to Market	Schnelligkeit, mit der innovative Marktangebote von der Entwicklung bis zur Markteinführung umgesetzt werden können.
Trend	Grundrichtung einer Entwicklung über einen bestimmten Zeitraum hinweg, die aus vergangenheitsbezogenen Datenmengen abgeleitet wird.

Unique Selling Proposition → Stärke

Unternehmenskultur	Persönlichkeit eines Unternehmens basierend auf seinen gewachsenen Wertestrukturen, die sich in bestimmten Denkschemata und Problemlösungsmustern ausdrücken.
Verkehrswert	Preis, der im tatsächlichen Verkehr für Güter gleicher Art und Beschaffenheit am Markt gezahlt wird. Die Ermittlung ist problematisch, wenn kein Markt vorhanden ist.
Vision	Vorgabe der grundlegenden Richtung, in die sich ein Unternehmen entwickeln soll.
Vorwärtsintegration	Kauf von Vertriebsunternehmen eines Unternehmens mit dem Ziel der Sicherung von Absatzwegen.
Wertschöpfungskette	Umfasst alle Tätigkeiten von strategischer Relevanz, die mit der Erstellung eines Marktangebots verbunden sind, von der Versorgung mit Rohstoffen über die Fertigung bis zur Auslieferung an den Kunden.
Win/Win-Strategie	Gemeinsame Strategie zweier Unternehmen, die aufgrund ihrer Abstimmung größeren Nutzen erzielen als durch eine getrennte Umsetzung ihrer jeweiligen Strategie.
Wirtschaftlichkeit	Mit einem minimalem Einsatz muss ein maximales Ergebnis erreicht werden oder ein bestimmtes vorgegebenes Ergebnis muss mit einem minimalen Einsatz erreicht werden.
Working Capital	Indikator für die Finanz- und Ertragskraft eines Unternehmens; es entspricht dem Nettoumlaufvermögen (Umlaufvermögen ./. kurzfristiges Fremdkapital).
Workshop	Aufarbeiten eines spezifischen Problems im Unternehmen durch die Mitarbeiter unter Hinzuziehung eines (externen) Moderators, der oft die entsprechenden Methoden vorstellt, die die Teilnehmer dann im Workshop einsetzen.

Stichwortverzeichnis

www.ingramcontent.com/pod-product-compliance
Lightning Source LLC
Chambersburg PA
CBHW080358030426
42334CB00024B/2918